此项研究得到国家社科基金一般项目"城镇化进程中郊区城市化与城乡社会管理一体化研究"（项目编号：13BZZ038）、中国博士后科学基金第八批特别资助项目"推进农村基层治理现代化对策研究"（项目编号：2015T80690）、中国博士后科学基金第55批资助项目"现代治理背景下农村基层善治研究"（资助编号：2014M551864）的支持。

江西师范大学政治学学术文库

中国乡村关系
——基层治理结构与治理能力研究

尤琳 著

中国社会科学出版社

图书在版编目(CIP)数据

中国乡村关系：基层治理结构与治理能力研究 / 尤琳著 . —北京：中国社会科学出版社，2015. 12

（江西师范大学政治学学术文库）

ISBN 978-7-5161-7374-9

Ⅰ. ①中… Ⅱ. ①尤… Ⅲ. ①农村—社会管理—研究—中国 Ⅳ. ①C912.82

中国版本图书馆 CIP 数据核字（2015）第 313156 号

出 版 人	赵剑英
责任编辑	孙　萍
特约编辑	马　明
责任校对	胡新芳
责任印制	王　超

出　　版	中国社会科学出版社
社　　址	北京鼓楼西大街甲 158 号
邮　　编	100720
网　　址	http://www.csspw.cn
发 行 部	010-84083685
门 市 部	010-84029450
经　　销	新华书店及其他书店
印　　刷	北京君升印刷有限公司
装　　订	廊坊市广阳区广增装订厂
版　　次	2015 年 12 月第 1 版
印　　次	2015 年 12 月第 1 次印刷
开　　本	710×1000　1/16
印　　张	17.25
插　　页	2
字　　数	274 千字
定　　价	65.00 元

凡购买中国社会科学出版社图书，如有质量问题请与本社营销中心联系调换
电话：010-84083683
版权所有　侵权必究

序 言

取予之间的治道变革与关系重建

中国是个农业大国，人们据此往往把乡村社会视为国家政治稳定的基础。乡村社会的稳定和发展，在很大程度上取决于乡村社会的国家能力与社会自治能力之间的均衡。在国家权力与乡村社区自治力量博弈与互构的过程中，形成了国家权力与乡村社区自治力量之间错综复杂的关系，即我们通常说的乡村关系。在不同时期，由于乡村社会的国家能力不同，乡村社区自治力量发育不同，二者在互构与博弈中力量对比不同，形成了不同时期的乡村关系。

20世纪80年代村民自治在全国推行之后，乡村关系特指由"乡政村治"体制形塑的乡镇政府与村委会之间的关系。目前，学术界对乡村关系的研究主要聚焦于两个基本问题：一是乡村关系到底是什么关系？法律文本与实践中的乡村关系存在相当大的张力，学术界有多种不同的说法。从文本上来看，1987年《中华人民共和国村民委员会组织法（试行）》规定，"乡、民族乡、镇的人民政府对村民委员会的工作给予指导、支持和帮助"，1998年颁布实施的《中华人民共和国村民委员会组织法》及2010年修订后的新法继续沿用了试行法的规定，乡村关系在制度文本上被规定为"指导与被指导"的关系。但是，在实践中，随着国家行政权力在农村社会撤离与乡村社区自治力量生长，乡镇政府与村委会形成对立统一与交错互动的关系，乡村关系呈现出复杂和多样的特征。按照不同的分类标准，学者对乡村关系进行概括，代表性的观点有：张厚安、徐勇、项继权依照乡村两级对村庄事务主导地位，将乡村关系分为乡镇所控制的行政命令性指导关系、乡镇部分控制村级治理的控制影响性指导关系、乡与村有明确事权划分的影响性指导关系、村居于主导地位的无力性指导关系。程同顺以乡村关系的文本规定为标准，将其分为指导与被指导的乡村关系、行政化的乡村关系和放任型的乡村关系。贺雪峰、苏明华从村庄自主生产价值的能力、村干部可以调用资源的状况和乡村财政状况三个因素出发，将村庄划分为村庄主导型的弱乡强村关系、乡镇主导型的强乡弱村关系、对乡村两级发展都无益处的强乡弱村型关系和弱乡强村型关系、乡村两级可以通过协商达成一致的强乡强村型关系。罗兴佐从乡镇政府对村庄的控制能力和村庄的自主能力出发，将乡村关系划分为强乡强村、弱乡强村、强乡弱村、弱乡弱村等四种类型。总体来看，在农业税费时期，国家实行的是"农业支持工业"的宏观发展战略，国家汲取农村资源以支持城市工业发展，为了更好地完成行政任务，乡镇政府加强对村委会的控制，乡村关系行政化问题严重，只是表现形式多样。二是乡村关系未来走向是什么？在解决行政化乡村关系路径选择上，目前学术界有两种改革思路。一种改革思路是在现有宏观政策体制下，完善和改进相关法律制度，推进乡村两级民主建设进程。另一种改革思路认为，行政化乡村关系的根源在于"乡政村治"的体制格局，仅仅完善和改进现行法律、制度，不改变现有"乡政村治"体制，乡镇政府就不能从支配式政府体系中彻底解脱出来，乡村两级依然面临上级政府下达的行政任务，行政化乡村关系得不到根本改观。因此，改变现行乡村治理结构是关键。代表性的观点有温铁军的"乡绅自治回归论"、张晓山的"乡镇自治论"、徐勇的"县政、乡派、村治"论、沈延生的"乡治、村政、社有论"等。这些对乡村治理结构改革的设想，其目的在于约束国家行政权力在乡村社会扩张，为乡村社会发育提供更多的自主空间。

但是，这些对乡村关系的认识和改革设想主要是基于税费改革之前的乡村。实际上，税费改革前后的乡村关系发生了很大的变化，特别是惠农政策给乡村关系带来了新的变量。随着城乡结构转型及国家发展战略的转变，国家对农村由"资源汲取"到"资源供给"，标志着我国城乡关系进入"以工促农、以城带乡、工农互惠、城乡一体"的发展新阶段。在城乡一体化进程中，以税费改革、减免农业税、粮食补贴等为代表的一系列惠农政策的实施，促使乡镇政府的财政基础、领导人权力来源、行政管理方式和内容、治理目标等方面发生相应改变。同时，也为乡村社区自治力量发育提供更广阔的空间，村委会等自治组织自治权行使趋于规范，乡村社区社会组织、乡村社区经济组织等自治力量得以发育，乡村社区自治主体和发展方向相应发生改变。因此，在惠农政策背景下，乡村关系产生怎样的改变？乡村关系未来走向是什么？这些都是现阶段急需解决的重大课题。

尤琳教授所著的《中国乡村关系——基层治理结构与治理能力研究》就是在国家实施惠农政策大背景下对乡村关系及其走向的理论回应。作者以国家治理能力为分析框架，以乡村关系的历史和现实形态为研究对象，以国家权力与乡村社区自治力量的消长与合作博弈为主线，从资源汲取能力、发展经济能力、社会管理能力、公共服务能力和制度规制能力等五个层面横向解剖现实乡村关系。作者认为，改革开放以来特别是农村税费改革以来，在汹涌的现代化、市场化、工业化浪潮冲击下，传统相对封闭、单一的乡村社会变得更加多元、开放，围绕国家建构和乡村整合的目标，一方面，国家大力加强在乡村的国家能力建设，大力发展乡村经济，加强社会管理创新，加大公共服务供给的力度，实施了一系列"强农"、"惠农"政策，国家能力不断增强；另一方面，国家放权社会，村民自治的实施为乡村自治力量的增强提供了广阔的空间和深厚的土壤，30多年来，农民从"民主学步"到维权自主，从"日常抗争"到"依法抗争"、"以法抗争"，乡村社会对国家治理形成了越来越强的制衡和倒逼机制。但是，从整体而言，国家能力增强和国家与社会的制度化关系是"非均衡"的，乡村社会的国家治理能力依然较为薄弱。在此基础上，作者认为，乡村关系未来的发展方向是，在大力加强国家治理能力建设和进一步向乡村社会赋权的同时，以"多元合作共治"为目标强化制度化建设，通过合理界定乡镇政府行政管理权与乡村社区自治力量的权力、职能和行为边界，把乡镇政府、乡村社区各类组织纳入制度化、规范化、程序化轨道，最终促进乡镇政府行政管理权与乡村社区自治力量共生共强。

  当前，我国正在深入推进国家乡村治理体系和治理能力现代化，乡村治理现代化的过程本质上是国家整合乡村与乡村自治再造的双向互动过程。从这个意义上说，尤琳教授的研究不仅为我们了解和观察乡村关系提供了新的分析视角，也为我们判断和把握乡村关系的未来走向提供了可资参考的理论框架。

唐　鸣

2015年9月20日于华中师范大学

目 录

绪 论 …………………………………………………………（1）
  一 选题的缘起及意义 ……………………………………（1）
    （一）研究的缘起 ………………………………………（1）
    （二）研究意义 …………………………………………（5）
  二 相关研究进展及理论综述 ……………………………（6）
    （一）国家对乡村治理能力研究 ………………………（6）
    （二）乡村社区自治力量发展研究 …………………（14）
    （三）"乡政村治"时期的乡村关系研究 ……………（20）
  三 研究思路与本书结构 …………………………………（30）
    （一）研究思路 …………………………………………（30）
    （二）本书结构 …………………………………………（30）
  四 研究方法与资料来源 …………………………………（33）
  五 本书的特色与创新之处 ………………………………（34）

第一章 国家治理能力：研究乡村关系的一个分析框架 ……（35）
  一 国家治理能力的概念 …………………………………（36）
  二 国家治理能力的构成要件 ……………………………（38）
    （一）国家能力 …………………………………………（38）
    （二）国家与社会合作治理能力 ………………………（44）
  三 国家治理能力建设路径选择 …………………………（46）
    （一）学术界对国家治理能力建设的几种阐释 ………（46）
    （二）国家治理能力建设可行性建议 …………………（50）

四　国家治理能力：一个研究乡村关系的分析框架 ………… (51)

第二章　国家治理能力视角下乡村关系演进逻辑 ………… (53)
　一　传统时期 …………………………………………………… (53)
　　（一）乡里制度 ……………………………………………… (54)
　　（二）乡绅自治 ……………………………………………… (57)
　　（三）国家权力与乡村社区自治力量共存共生 …………… (58)
　二　近代时期 …………………………………………………… (61)
　　（一）乡村建制 ……………………………………………… (61)
　　（二）国家政权内卷化 ……………………………………… (62)
　　（三）赢利型经纪 …………………………………………… (64)
　三　新中国成立至人民公社时期 ……………………………… (65)
　　（一）土地改革时期 ………………………………………… (66)
　　（二）合作化时期 …………………………………………… (67)
　　（三）人民公社时期 ………………………………………… (68)
　四　"乡政村治"时期 ………………………………………… (71)
　　（一）乡镇政府的设立与村民自治的推行 ………………… (71)
　　（二）国家对乡村治理能力逐渐增强与村民
　　　　　自治的发育 …………………………………………… (74)

第三章　制度规制能力中的乡村关系 ……………………… (76)
　一　乡镇政府与村委会的法律地位 …………………………… (77)
　　（一）乡镇政府在本辖区内行使行政管理职权 …………… (77)
　　（二）村委会享有对乡村社区的自治权 …………………… (80)
　二　乡镇政府与村委会之间的制度化关系 …………………… (108)
　　（一）乡村关系的本质 ……………………………………… (108)
　　（二）乡镇政府与村委会之间的互动 ……………………… (111)

第四章　资源汲取能力中的乡村关系 ……………………… (114)
　一　改革开放以来乡镇财政体制变迁 ………………………… (115)

二 乡镇政府加强对村委会的干预 (118)
(一) 人事安排 (118)
(二) 财务管理 (119)
(三) 任务指标 (120)
(四) 日常管理 (121)
三 村干部在税费征缴中的角色及行为 (123)
(一) 村委会"准政权组织"的性质 (123)
(二) 村干部角色与身份的多重性 (123)
四 税费征缴中的乡村关系 (126)
(一) 乡镇政府与村委会之间的关系主要表现为行政化的关系 (126)
(二) 乡镇政府干部与村干部之间辅之以"原则+情感"的关系 (127)

第五章 发展经济能力中的乡村关系 (131)
一 乡镇企业发展及改制中的乡村关系 (131)
(一) 乡镇政府主导乡镇企业发展的原因分析 (131)
(二) 乡镇企业改制前的乡村关系 (135)
(三) 乡镇企业改制后的乡村关系 (137)
二 土地承包经营权流转下的乡村关系 (139)
(一) 土地承包经营权流转的探索 (140)
(二) 土地承包经营权流转的几种典型模式 (141)
(三) 土地承包经营权流转下的乡村关系新变化 (148)

第六章 社会管理能力中的乡村关系 (156)
一 现阶段农村社会管理的困境 (157)
(一) 村委会人员构成上的封闭性与乡村社区日益开放之间的矛盾 (157)
(二) 村社一体的组织体制与乡村社区多元主体政治参与之间的矛盾 (159)

（三）城乡分离二元体制与城乡公共服务一体化
之间的矛盾 …………………………………… (160)
二　农村社会管理创新实践 ……………………………… (162)
（一）农村社区重建 ……………………………… (163)
（二）农村社区组织重构 ………………………… (172)
三　农村基层社会管理创新下的乡村关系嬗变 ………… (183)
（一）乡级管理机构的延伸对乡村关系的影响 … (183)
（二）村级组织架构的拓展对乡村关系的影响 … (185)

第七章　公共服务能力中的乡村关系 …………………… (188)
一　改革开放以来我国农村公共产品供给体制的变迁 …… (190)
（一）税费时期农村公共产品运行机制及困境 …… (190)
（二）后税费时期农村公共服务运行机制的
成效与限度 ……………………………………… (198)
二　农村公共服务供给的理想类型 ………………………… (204)
（一）公共服务"多中心体制"的理论基础 ……… (205)
（二）公共服务"多中心体制"的分析模型 ……… (206)
（三）公共服务"多中心体制"的供给主体 ……… (208)
三　农村公共服务供给"多中心体制"中的乡村关系 …… (214)
（一）乡镇政府与村委会的关系 …………………… (214)
（二）乡镇政府与乡村社区各类组织的关系 ……… (217)

结论与展望 ……………………………………………………… (221)
一　"乡政村治"时期的国家治理能力 …………………… (221)
（一）国家对乡村治理能力逐渐增强 ……………… (221)
（二）乡村社区自治力量的生长 …………………… (228)
（三）乡镇政府治理能力与乡村社区自治能力
发展不均衡 ……………………………………… (230)
二　合作治理与国家治理能力的现代化 …………………… (234)
（一）合作治理提出的历史背景 …………………… (234)
（二）合作治理与国家治理能力的现代化 ………… (235)

三　合作治理下的国家乡村治理与乡村社区自治 …………（237）
　（一）"强政府—强社会"和谐共生模式 ……………（237）
　（二）国家权力与乡村社区自治力量互构 ……………（238）
　（三）国家权力与乡村社区自治力量博弈 ……………（240）

参考文献 ………………………………………………………（242）

后　记 …………………………………………………………（261）

绪　论

一　选题的缘起及意义

（一）研究的缘起

中国是个农业大国，一直以来乡村社会被视为国家政治统治稳定的基础。乡村社会的稳定和发展，取决于国家治理能力的建设与增强。国家治理能力的增强不仅表现为国家在乡村的国家能力增强，还包括国家能力行使过程中国家与乡村社会合作能力增强。为了实现对乡村社会的有效治理，国家向乡村社会汲取资源，并积极发展乡村经济、进行社会管理和提供公共服务，这就不可避免地和乡村社会产生联系，形成了国家权力与乡村社区自治力量之间错综复杂的关系，也就是我们通常说的乡村关系。在不同的历史时期，由于国家权力与乡村社区自治力量的此消彼长，乡村关系表现为不同的形态。

"乡政村治"时期起源于20世纪80年代初期。随着家庭联产承包责任制的推行和国家权力在农村撤离导致治理真空，村民自治在实践中孕育而生。自1982年《宪法》规定村民委员会是农村的基层群众性自治组织以来，村民自治逐渐在全国得以推行，"乡政村治"这一乡村治理基本架构逐渐形成。徐勇认为"乡政村治"体制中存在两个层面但是又相互独立的权力载体，一是代表国家行使自上而下行政权的乡镇政府，二是代表村民行使村庄自治权的村委会。[①] 这表明，进入"乡政村治"时期，乡村社区存在这两种权力

[①] 徐勇：《论乡镇管理与村民自治的有机衔接》，《华中师范大学学报》1997年第1期。

载体，一是作为国家基层政府代表的乡镇政府，二是作为乡村社区自治组织代表的村委会，因此，这一时期乡村关系主要表现为乡镇政府与村委会之间的关系。乡村关系到底是什么关系，乡村关系是不是仅仅表现为指导与被指导关系，一直以来是个各方争论的话题。

乡村关系到底表现为什么样的关系？1987年《中华人民共和国村民委员会组织法（试行）》规定，"乡、民族乡、镇的人民政府对村民委员会的工作给予指导、支持和帮助"，1998年颁布实施的《中华人民共和国村民委员会组织法》及2010年修订后的新法继续沿用了试行法的规定，乡村关系在制度文本上被规定为"指导与被指导"的关系。以上文本的规定还存在以下的困惑：作为国家基层政权，乡镇政府对乡村社区有以下职责：将党的路线、方针、政策在村庄社区贯彻实施、确保法律在村庄社区得以遵守、对村庄社区政治、经济、文化等事务全面管理。那么，乡镇政府对村委会的指导，是表现为以上三个方面还是仅仅表现为对村民自治活动的指导？如果是后者，对村庄社区政治、经济、文化等事务全面管理过程中又表现为什么关系？实践中乡村关系与文本制度规定的乡村关系是一致的吗？如果不是，又存在多大的差距？

事实上，乡镇政府和村委会作为乡村治理的两个权力实体在政治进程中存在着复杂的互动关系，这种互动关系实质上是国家行政与村民自治、国家权力与社会权力之间的权力交换和互动的反映，乡村关系格局也是乡村双方权力互动的结果和产物。[1] 乡镇政府与村委会作为两个在法律上具有独立地位的个体，除了在村民自治活动上是指导方与被指导方之外，在村庄社区经济、文化、管理、服务等领域都存在合作与博弈的情形。在不同时期，由于国家治理体制和政策取向不同，乡村两级组织利益诉求和行为选择相应也不同，乡村两级组织在博弈与妥协中形成的乡村关系表现也各有不同。何清涟认为，1978年改革开放以来，是由计划经济体制向市场经济体制转轨的过程，其实质就是对社会资源重新配置，对各种利

---

[1] 项继权：《乡村关系的调适与嬗变》，《华中师范大学学报》1998年第2期。

益关系重新调整。① 在这一过程中，县、乡、村三级组织成为以发展经济和谋求利益为目标的"公司化"集团，学者们将它们界定为"地方政府法团主义"、"政权经营者"、"干部/经营者"等。② 它们作为乡村社会经济发展的"推动机"，在促进当地经济发展的同时，也因直接参与和介入到乡村社会经济发展过程中，导致政府的财政需求不断增长，财政上日渐入不敷出。到了20世纪90年代，"经济增长至上"成为政府中心工作，③ 各种达标升级任务急剧增加，为确保行政任务得以完成，上级政府采取了依靠政治压力和行政命令的方式，将指标和任务层层下达至乡镇政府。在"压力型体制"下，为了更好实现在农村征收税费的目标，乡镇政府加强了对村委会在人事、财务及事务等方面的干预和控制，村委会日益成为乡镇政府的"一条腿"。针对村民自治发展中村委会行政化倾向，有学者认为乡村关系失调的根源在于宏观体制中存在的问题，而行政化乡村关系只是宏观体制困境在微观层面的映射。项继权进而指出，在国家主导和推动现代化战略没有根本改变，上级政府向地方和基层政府层层施压的"压力型"或"动员型"体制并没有改变的背景下，乡镇政府对村委会的控制不可避免。④ 那么，在国家宏观政策调整背景下，村委会能不能走出行政化倾向的困局？乡村关系的走向如何？

进入21世纪，随着城乡结构转型及国家发展战略的转变，国家对农村由"资源汲取"转变为"资源供给"。中央2000年初在安徽省进行农村税费改革的全面试点，2003年在全国范围内推开农村税费制度改革，并于2006年全面取消农业税。农村税费改革不仅仅

---

① 何清涟：《现代化的陷阱——当代中国的经济社会问题》，今日中国出版社1997年版，第20页。

② Jean C. Oi, *Rural China Takes Off*: *Institutional Foundations of Economic Reform*, Berkeley: University of California Press, 1999; 张静：《基层政权——乡村制度诸问题》，浙江人民出版社2000年版，第50—85页；Vivienne Shue, *The Reach of the State*: *Sketches of the Chinese Body Politic*, University of Stanford Press, 1990。

③ 渠敬东、周飞舟、应星：《从总体支配到技术治理——基于中国30年改革经验的社会学分析》，《中国社会科学》2009年第6期。

④ 项继权：《乡村关系行政化的根源与调解对策》，《北京行政学院学报》2002年第2期。

是乡村社会经济领域利益的调整，更是一项涉及政治、社会等方面的综合性改革。伴随国家对农村由"资源汲取"到"资源供给"，国家加快推进公共财政覆盖农村的步伐，强调对农村和农民实行"多予、少取、放活"的政策。党的十六届六中全会提出"加大对欠发达地区和困难地区的扶持。中央财政转移支付资金重点用于中西部地区，尽快使中西部地区基础设施和教育、卫生、文化等公共服务设施得到改善，逐步缩小地区间基本公共服务差距"，"逐步实现基本公共服务均等化"。党的十七大进一步强调"加快推进以改善民生为重点的社会建设"，十七届三中全会则将"城乡基本公共服务均等化明显推进"作为2020年全面建设小康社会的基本目标之一。党的十八大提出"加快形成政府主导、覆盖城乡、可持续的基本公共服务体系"。党的十八届三中全会提出"推进基本公共服务均等化"的战略。随着基本公共服务均等化战略推进，中央加大对农村财政转移支付力度，为更好地提供公共服务，各地进行乡镇综合配套改革，坚持"行政职能整体转移、经营职能走向市场、公益服务职能面向社会"的总体思路，对乡镇站所进行整体改制，坚持农村公共服务提供方式的市场化、社会化、民营化、多元化和契约化，吸纳多元主体参与公共服务供给。随着多元主体参与乡村社区公共服务供给，乡村关系将发生怎样的改变？

随着市场经济发展和城乡一体化格局形成，我国农村人口流动加剧，村庄社区由封闭走向开放，乡村社会经济社会结构发生了较大的改变。但是，长期以来，村委会及村集体经济组织是建立在村集体土地所有制基础上，村集体的土地边界也是村集体和村委会的边界，具有强烈的封闭性和排他性，因此，如何将外来人口纳入村庄管理，对他们提供有效社会管理和无缝隙的公共服务、重构村民的村庄社会认同感和归属感，是目前亟须解决的问题。2006年10月，中共十六届六中全会《中共中央关于构建社会主义和谐社会若干重大问题的决定》提出"全面开展城市社区建设，积极推进农村社区建设，健全新型社区管理和服务体制，把社区建设成为管理有序、服务完善、文明祥和的社会生活共同体"。2007年党的十七大提出，要"建立健全党委领导、政府负责、社会协同、公众参与的社会管理格局","把城乡社区建设成为管理有序、服务完善、文明祥和的社会生活共同体"。从2007年开始，民政部先后在全国确定了304个"全国农村社区建设实验县（市、区）"，大力推进农村社区建设工作。国家力图通过农村社区建设，进行农村社会管理创新。在农村社会管理创新过程中，出现这两种现象：一方面是乡镇政府加大对乡村社区社会管理，另一方面是乡村社区自治力量增强，那么，乡村关系将有哪些改变？

党的十七大报告指出："深化乡镇机构改革，加强基层政权建设，完善政务公开、村务公开等制度，实现政府行政管理与基层群众自治有效衔接和良性互动。"2008年5月，国务院颁布的《关于加强市县政府依法行政的决定》重申了这一要求。具体到农村社会管理，政府行政管理与基层群众自治有效衔接和良性互动是指乡镇政府行政管理与村民自治有效衔接和良性互动，这既是加强基层民主建设的重要内容，也是建立新型乡村管理服务体制的重要标志。党的十八大提出："发挥基层各类组织协同作用，实现政府管理和基层民主有机结合。"党的十八届三中全会指出："坚持系统治理，加强党委领导，发挥政府主导作用，鼓励和支持社会各方面参与，实现政府治理和社会自我调节、居民自治良性互动。"这为我们研究乡镇政府与村委会关系提供理论参照，在此，我们应结合国家宏观政策调整与制定这一背景，研究自农村税费改革以来，伴随国家对乡村社区公共服务和公共管理力度加大，乡镇政府对乡村社区治理能力增强，乡镇政府行政功能进一步向乡村社区弥散化，村委会表现为对乡镇政府的依附，受到乡镇政府一定程度上的控制与约束，乡镇政府是否会加大对村委会的干预与控制？与此同时，在参与乡镇政府乡村治理中，村委会等乡村社区各类组织自治能力得以增强，乡村社区自治力量不断发育，乡镇政府又该做出怎样的调适？乡村关系未来走向是什么？

（二）研究意义

1. 理论意义

以国家治理能力作为分析框架，以资源汲取能力、发展经济能力、社会管理能力、公共服务能力和制度规制能力作为检测指标，从纵、横两个方面考察乡村关系的历史变迁和现实形态，并以合作治理为理论基础，提出未来乡村关系"强政府—强社会"的理想类型及实现路径，为规制乡村关系提供了有益的参考。

2. 实践意义

一是通过对乡村关系表现形式的梳理，为实践中乡镇政府与村委会权力边界划分提供参照；二是指出乡村关系将向"强政府—强社会"的理想类型演变，要求乡镇政府治理转型，未来的乡村社区建设向多元参与发展，乡镇政府与乡村社区自治力量在合作治理中，重建农民对政府、社会的信任和认同，有助于减少社会冲突，加强社会融合。

二 相关研究进展及理论综述

（一）国家对乡村治理能力研究

从现有资料来看，学术界对国家对乡村治理能力研究，分别从四个不同时期进行。

1. 传统时期国家对乡村治理能力研究

马克斯·韦伯将乡村界定为"一个没有朝廷官员的自治的居民点"。[1] 费孝通指出，乡土中国是一种"无为政治"，"横暴权力"在人民看来，"是松弛和微弱的，是挂名的，是无为的"。[2] 费正清从皇权实际政治运作的角度，认为皇帝在农村老百姓看来，只是一个象征。[3] 研究表明，这一时期国家权力较少渗透到乡村社区，地方乡绅在乡村社会享有实际的治理权。

2. 近代时期国家对乡村治理能力研究

晚清以降，为了汲取乡村社区资源以推进现代化进程，国家权

---

[1] Weber, Max, *The Religion of China: Confucianism and Taoism*, Free Press, 1951.
[2] 费孝通：《乡土中国生育制度》，北京大学出版社1998年版，第63页。
[3] ［美］费正清编：《剑桥中国晚清史：1800—1911（上卷）》，中国社会科学出版社1985年版，第32页。

力不断向乡村社会渗透。萧凤霞认为，近代以来国家政权渗透到村庄的途径是，国家培植和拉拢地方精英，利用地方精英将国家权力下沉，村庄成为被国家权力控制的政治单位或"细胞组织"，从而造成了乡村社区国家化的倾向。① 斯考切波指出，19世纪中晚期，"士绅在拥有正式或非正式地方政治权力基础上，充任了清政府为羁绊他们而设置的地方官员。另外，他们还控制地方税收财政和治安，加强了他们对农民的控制和剥削"。② 由于"国家对乡村社会的控制能力低于其对乡村社会的榨取能力，国家政权的现代化在中国只是部分地得到实现"。③ 研究表明，虽然这一时期国家权力开始渗透乡村社区，但国家不能较好保持资源汲取、权力渗透和秩序控制三方面的平衡，导致国家政权"内卷化"。

3. 人民公社时期国家对乡村治理能力研究

新中国成立后，为了赶超西方发达国家，进行现代化建设，国家通过土地改革、互助组、初级合作社、高级合作社、人民公社等道路，实现国家基层政权与乡村社会经济组织的重合，成功将农村社会整合到国家政权机关体系。"历史已经昭示，中国的现代化要取得成功，必须依靠新的社会力量和政治体系，对中国社会进行革命性的改组。"④ 因此，弗朗茨指出国家权力在农村渗透的首要任务，即在中国共产主义体制的新国家产生的同时，瓦解了原有的传统社会。⑤ 并在人民公社时期，国家权力对乡村社会的渗透达到顶峰。对人民公社时期的研究，学者们主要从以下角度予以论述。陈吉元从农民对人民公社依附的角度，指出"在人民公社成为基层社会组织，全面掌握了它管辖范围内的政治、经济、文化、军事等权

---

① Helen F. Siu, *Agents and Victims in South China: Accomplices in Rural Revolution*, University of Yale Press, 1989.

② [美] 西达·斯考切波：《国家与社会革命：对法国、俄国和中国的比较分析》，何俊志、王学东译，上海世纪出版社2007年版，第293页。

③ [美] 杜赞奇：《文化、权力与国家：1900—1942年的华北农村》，王福明译，江苏人民出版社2010年版，第53页。

④ 彭勃：《乡村治理：国家介入与体制选择》，中国社会出版社2002年版，第83页。

⑤ Franz Schurmann, *Ideology and Organization in Communist China*, University of California Press, 1968.

力的情况下，任何农民个人无法脱离公社而独立存在。这在事实上造成农民个人对公社的全面的依附"。① 金太军从村庄权力结构角度，认为人民公社时期行政权力的深度渗入到村庄，对村庄进行全面控制，村庄的权力结构是单一权力结构。② 由此，张乐天从乡村政治结构的角度，指出在人民公社体制内，党对公社的绝对领导权、具有科层制色彩的组织系统、忠诚的干部、国家对农村市场的控制等，人民公社制度是高度集权体制。③ 于建嵘将人民公社时期乡村政治结构的特征概括为，以集体经济为基础、以行政控制为手段的"集权式乡村动员体制"。④ 朱新山分析人民公社时期的特征为乡村社会对国家高度依附，国家垄断乡村社会所有资源，严格科层化组织系统，所有农民对人民公社的全面依附等，他将人民公社界定为"总体性社会"。

4. "乡政村治"时期国家对乡村治理能力研究

随着家庭联产承包责任制的推行和国家权力在农村撤离导致治理真空，村民自治在实践中孕育而生并逐渐在全国得以推行，"乡政村治"这一乡村治理基本架构逐渐形成。这一时期，由于国家对乡村社区宏观战略调整，国家对乡村社区由"资源汲取"转变到"资源供给"，这就使得作为国家权力代表的乡镇政府，税费改革前后对乡村社区的治理能力是不同的。

（1）税费改革前乡镇政府对乡村治理能力研究。首先，对乡镇政府经济发展能力的研究，主要从以下三个方面着手：一是对乡镇政府发展经济重要性研究。周飞舟在分析计划经济向市场经济转型期地方政府的行为模式基础上，指出在经济和社会的转型过程中，地方政府积极改变了其作用方式，或者说以一种新的方式在市场经济的成长过程中发挥作用，他进而指出，地方政府的转型在很大程

---

① 陈吉元：《中国农村社会经济变迁（1949—1989）》，山西经济出版社2000年版，第317页。

② 金太军：《村庄治理与权力结构》，广东人民出版社2008年版，第41页。

③ 张乐天：《告别理想——人民公社制度研究》，东方出版中心1998年版，第237—254页。

④ 于建嵘：《岳村政治——转型期中国乡村政治结构的变迁》，商务印书馆2005年版，第285页。

度上主导了经济和社会的转型。① 潘维从市场经济发展的角度,指出农村基层政权的功能是作为农民与新兴市场的中介,并得出农村基层干部是中国社会的脊梁这一结论。② 崔大伟通过对中国农村非集体化改革的考察,认为农村改革是国家、地方、基层干部和农民多方互动和作用的结果,尤其是不能忽视地方及基层干部的态度对改革进程的决定性影响。③ 二是对乡镇政府发展经济主动性原因研究。孙立平认为,我国体制改革是"目标开放性改革",在无先例可循的情况下,上级政府鼓励下级政府在改革中积极探索,因此,"变通"做法在实践中常规化和普遍化。④ 曹正汉、史晋川指出,中国治理体制是"上下分治的治理体制",中央政府主要执掌治官权,地方政府掌管治理本地区民众的权力,地方政府在遵循中央政府大政方针前提下,可以自由行使行政权力,灵活处理本地区事务,他们在制定发展战略时,其目标和依据是"抓住经济发展的主动权"。⑤ 钱颖一等认为"中国特色的联邦主义"是以行政分权和财政分权为主要特征,财政分权是激励地方政府发展本地经济的重要原因。⑥ 周黎安认为,在"晋升锦标赛"行政治理模式的指引下,地方官员之间在发展本地经济上展开了激烈竞争。⑦ 杨瑞龙认为,在中央主导的制度变迁与民众表达的诱致型制度变迁过程中,地方政府联系着中央政府和民众,在制度变迁的特定阶段起着"第一行

---

① 周飞舟:《生财有道:土地开发和转让中的政府和农民》,《社会学研究》2007年第1期。

② 潘维:《农民与市场:中国基层政权与乡镇企业》,商务印书馆2005年版,第364页。

③ David Zweig, "Freeing China's Farmers: Rural Restructuring in the Reform Era", M. E. Sharpe, 1997.

④ 孙立平:《向市场经济过渡过程中的国家自主性问题》,《战略与管理》1996年第4期。

⑤ 曹正汉:《中国上下分治的治理体制及其稳定机制》,《社会学研究》2011年第11期;曹正汉、史晋川:《中国地方政府应对市场化改革的策略:抓住经济发展的主动权——理论假说与案例研究》,《社会学研究》2009年第4期。

⑥ Montinola, G., Yingyi Qian, Berry R. Weingast, "Federalism, Chinese Style: the Political Basisfor Economic Success in China", *World Politics*, Vol. 48, No. 1, Oct. 1995.

⑦ 周黎安:《中国地方官员的晋升锦标赛模式研究》,《经济研究》2007年第7期。

动集团"的作用和角色。① 三是对乡镇政府发展经济行为的研究。戴慕珍认为，随着市场经济体制的发展，在发展经济的激励下，基层政府积极投身于发展本地乡镇企业和集体企业，形成了"地方政府法团主义"现象。② 张静认为乡村基层政权是"政权经营者"。她指出，在市场经济条件下，政权经营者享有一般经营者没有的特权：他们可以无偿运营公共资产，因此他们只享有收益而不承担任何经营风险；他们凭借行政地位，在竞争中拥有相当多的恣意空间。③ 许慧文提出了改革后乡村基层干部是"干部/经营者"的概念。她认为，在以市场为基础的"网状"结构下，地方干部的角色类似于公司的经营者，当他们进入市场时，他们会谋求经济利益而偏离服务国家的既定方向。④ 白苏珊通过对乡村工业化进程的研究，认为在乡村工业化发展进程中，地方干部会根据本地集体传统和经济基础等因素，相应采取了不同的发展策略。⑤ 其次，对乡镇政府资源汲取能力与社会管理能力的研究。由于这一时期乡镇政府中心工作是完成税费征缴任务，"压力型体制"下乡镇政府加强对村委会的支配和控制。关于乡镇政府完成任务时与村委会关系的研究，王荣武、王思斌从乡村干部之间交往结构分析，认为改革以来乡村干部之间的交往虽然以工作为基础，但是交往中常常呈现出工作交往和私人交往的相互缠合的特点。⑥ 他们的研究表明，乡镇政府对村干部除了采取传统的支配和控制手段，还采取一些策略性行为。黄辉祥、徐勇认为，乡镇政府为了激励村干部完成工作目标，除了

---

① 杨瑞龙：《我国制度变迁方式转换的三阶段论——兼论地方政府的制度创新行为》，《经济研究》1998年第1期。
② Jean C. Oi, *Rural China Takes Off: Institutional Foundations of Economic Reform*, Berkeley: University of California Press, 1999.
③ 张静：《基层政权——乡村制度诸问题》，浙江人民出版社2000年版，第50—85页。
④ Vivienne Shue, *The Reach of the State: Sketches of the Chinese Body Politic*, University of Stanford Press, 1990.
⑤ [美]白苏珊：《乡村中国的权力与财富：制度变迁的政治经济学》，浙江人民出版社2009年版，第52页。
⑥ 王荣武、王思斌：《乡村干部之间的交往结构分析——河南省一乡三村调查》，《社会学研究》1995年第3期。

采取传统的奖惩措施外，还采取"原则+感情"的工作方式，乡镇政府通过与村干部之间情感交流来确保领导实效。① 项继权通过对村集体经济发达地区的考察，认为乡镇政府对村委会的影响通过以下多种手段实现：与村委会之间人情往来；参与、帮助和协助村委会工作等。② 任宝玉、贺庆华从乡村两级之间权力互动角度，认为乡公共权力对村公共权力控制上表现为准行政化，乡公共权力对村公共权力诱导上采用契约化手段，乡村关系呈现出准行政化与准契约化二重性特征。③ 吴淼认为，在目标完成的行政压力下，乡镇政府对村委会采取选择性控制，表现为结果控制和程序放纵的双重特性。④ 孙立平、郭于华、吴毅通过"过程—事件"分析方法，描述乡镇政府在向农民收粮和收税过程中，对正式权力的运用相当谨慎，他们往往借助日常生活中的"道理"、人情和说服方式，采取软硬兼施的办法，达到了向农民收粮和收税的预期目的。⑤ 萧楼从柔性政权的表达的角度，认为作为"柔性政府"的乡镇政府在低速变迁的同时，不断修正自身的行为规则，并有原则地将自身资源让与给村庄精英，村庄精英将国家权力和乡村情理有机结合，在拓展村庄政治空间的同时，将国家政治文化与话语体系引入村庄，增强国家与村庄的互构性。⑥ 与此同时，学者们还指出乡镇政府在完成

---

① 黄辉祥、徐勇：《目标责任制：行政主控型的乡村治理及绩效——以湖南 L 乡为个案》，载徐勇、项继权主编《村民自治进程中的乡村关系》，华中师范大学出版社 2003 年版，第 40—42 页。

② 项继权：《乡村关系的调适与嬗变》，《华中师范大学学报》（人文社会科学版）1998 年第 2 期。

③ 任宝玉、贺庆华：《准行政化与准契约化：乡村公共权力关系的二重性——以河南省刘乡为个案》，载徐勇、项继权主编《村民自治进程中的乡村关系》，华中师范大学出版社 2003 年版，第 186—205 页。

④ 吴淼：《选择性控制：行政视角下的乡村关系——对湖南省 H 镇政府与村关系的个案阐释》，载徐勇、项继权主编《村民自治进程中的乡村关系》，华中师范大学出版社 2003 年版，第 57 页。

⑤ 孙立平、郭于华：《"软硬兼施"：正式权力非正式运作的过程分析——华北 B 镇定购粮收购的个案研究》，载《清华社会学评论·特辑》，鹭江出版社 2000 年版；吴毅：《小镇喧嚣——一个乡镇政治运转的演绎与阐释》，生活·读书·新知三联书店 2007 年版。

⑥ 萧楼：《柔性政权："政治动员"下的乡镇和村庄——东南沿海 D 镇个案分析》，《浙江学刊》2002 年第 4 期。

收缴任务的同时有着独立自主利益，是谋求自我利益的个体。楚成亚从断裂的"单轨政治"角度，认为乡镇政府既没有维护国家的利益，也没有代表乡民的利益，在相当程度上成为利用手中权力谋求个体利益的主体，有着独立行为的生存空间。[①] 杨善华、苏红从改革前后乡镇政府的角色和职能转变的角度，认为人民公社自主空间较小，它们不大会凭借行政权力谋求自身利益，主要任务是接受中央政府的委托管理本辖区的经济，由此它们是"代理型政权经营者"。改革开放后随着国家财政体制改革深入，乡镇政府有了独立利益要求，由此，乡镇政府逐步转向了"谋利型政权经营者"。[②] 吴理财也认为，随着财政体制改革，乡镇政府完成了由国家代言人（或代理人）向国家型经纪角色的转变。[③] 唐晓腾认为，当前农村社会正从"整体社会"向"利益社会"转变，作为联系农村社会和国家的乡镇干部，乡镇干部与村干部、村民利益取向不同，他们甚至有着独立于国家的自身利益要求，因此乡镇干部对国家和农村社会起到"离散作用"。[④] 也有学者提出与唐晓腾相反的观点，贺雪峰、苏明华认为，为调动村干部完成行政任务的积极性，乡镇政府对村干部收取税费时实施不法行为持默许甚至纵容态度，乡村之间结成利益共同体。[⑤] 最后，对乡镇政府公共服务能力的研究。赵树凯认为自上而下的"逆向问责过程"缺乏农民的参与，乡镇政府以考核为标准安排自己的工作，乡镇政府向农村提供的公共服务是面向上级政府的考核性产品。[⑥] 赵树凯进一步指出，乡镇政府诸如会议、文件、汇报、接待、检查等工作属于"应酬"活动，这些"应酬"

[①] 楚成亚：《乡（镇）政府自我利益的扩张与矫治》，《当代世界社会主义问题研究》2000 年第 2 期。

[②] 杨善华、苏红：《从"代理型政权经营者"到"谋利型政权经营者"——向市场经济转型背景下的乡镇政权》，《社会学研究》2002 年第 1 期。

[③] 吴理财：《村民自治与国家重建》，《经济社会体制比较》2002 年第 4 期。

[④] 唐晓腾：《价值取向、利益冲突与乡村民主政治的困惑——村民自治中乡村干部和村民的行为取向分析》，2002 年 6 月 10 日（http://www.chinaelections.org/PrintNews.asp? NewsID=13096）。

[⑤] 贺雪峰、苏明华：《乡村关系研究的视角与进路》，《社会科学研究》2006 年第 1 期。

[⑥] 赵树凯：《逆向的乡镇问责》，《乡镇论坛》2005 年第 6 期。

让乡镇政府疲于应付，但是在实际中无法取得任何成效。①

（2）税费改革后乡镇政府对乡村治理能力研究。对税费改革后乡镇政府对乡村社区治理能力研究，目前有两种针锋相对的观点。一种观点认为，后税费时期因治理资源缺乏，乡镇政府日益"悬浮"，乡村面临因"治理缺位"引发的治理危机。李芝兰、吴理财认为，税费改革后，基层政府面对中央政府倒逼行为，使用"弱者的武器"，"变通"执行中央政策、向上级政府诉苦、怠于履行职责等，导致新一轮治理缺位。②周飞舟对税费改革过程中政府间财政关系的考察，发现乡镇财政变得越来越"空壳化"，乡镇财政越来越依赖上级财政转移支付，乡镇政权从过去的"汲取型"政权变为与农民关系更为松散的"悬浮型"政权。③贺雪峰、刘岳以取消农业税为背景，认为取消农业税后乡镇政府治理能力弱化，在信访工作考核"一票否决"和维稳高于一切的局面下，乡镇政府开始奉行"不出事逻辑"，这就导致税改后乡镇政府与农民日益脱节。④申端锋认为，后税费时期乡村两级组织的权力弱化，治理资源枯竭，在农民权利不被侵犯成了硬道理情况下，乡镇政府选择"消极行政"，"软指标硬指标化"成为一个必然选择。⑤赵晓峰指出，后税费时代乡村基层组织治理资源短缺，导致乡村基层组织悬浮于社会之上，引发了新一轮的以"治理缺位"为轴心的治理性危机。⑥另一种观点认为，作为国家基层政权的乡镇政府，虽然后税费时期乡镇政府治理资源短缺，但是乡镇政府通过"自主空间"的营造，增加治理资源，策略性完成行政任务，维持本级政权正常运转。杨善华、宋

---

① 赵树凯：《乡镇政府的应酬政治——10省（区）20乡镇调查》，2005年8月15日，中国农村研究网。
② 李芝兰、吴理财：《"倒逼"还是"反倒逼"——农村税费改革前后中央与地方之间的互动》，《社会学研究》2005年第4期。
③ 周飞舟：《从汲取型政权到"悬浮型"政权——税费改革对国家与农民关系之影响》，《社会学研究》2006年第3期。
④ 贺雪峰、刘岳：《基层治理中的"不出事逻辑"》，《学术研究》2010年第6期。
⑤ 申端锋：《税费改革后乡村组织的职能转变：问题与走向》，《古今农业》2007年第1期。
⑥ 赵晓峰：《税改前后乡村治理性危机的演变逻辑》，《天津行政学院学报》2009年第3期。

倩认为，面对后税费时期治理资源短缺，乡镇政府通过各种手段塑造自主空间，在乡村治理中依然发挥主导作用。他们指出，税改后乡镇政府在财政收入减少情况下，通过有选择性做事、软性反抗、运用各种权术与村民交往、建立本机关行为规则等措施，塑造自主空间。① 吴理财以税改后农村的利益结构变化为角度，认为乡镇政府在治理资源缺乏情况下，倾向于推进村民自治，试图通过与村委会的合作实现政务。② 尤琳、陈世伟认为，后税费时期的乡镇政府在发展经济、社会管理和公共服务等方面的治理能力得到增强，巩固了国家在乡村社区统治的合法性基础。③

（二）乡村社区自治力量发展研究

与对国家权力在乡村社区的治理能力研究相类似，学术界对乡村社区自治力量发展研究，分别从三个不同时期进行。

1. 传统时期乡村社区自治力量发展研究

传统时期"皇权不下县"，国家与乡村社会呈现上下隔离的状态，国家通过乡绅间接治理乡村社会，士绅是联系地方官员和村庄的桥梁。关于士绅的功能及角色，学者们有以下的论述。费正清指出，"旧中国官吏以士绅家族为收捐征税的媒介，他们是平民大众与官方之间的缓冲阶层。""士绅的产生是用来填补早期的官僚政府与中国社会之间的真空"。④ 瞿同祖提出，在乡村社会中，士绅既能够影响农民，又能够影响地方政府，他们居于村庄的领导地位和享有治理村庄的权力。⑤ 张仲礼指出，士绅是地方领袖，他们充当着地方官员和村庄的中介。⑥ 黄宗智提出"第三领域"的概念，他认为，"在国家和社会之间存在着一个第三空间，而国家和社会又都

---

① 杨善华、宋倩：《税费改革后中西部地区乡镇政权自主空间的营造——以河北Y县为例》，《社会》2008年第4期。
② 吴理财：《从税费征收视角审视乡村关系的变迁》，《中州学刊》2005年第6期。
③ 尤琳、陈世伟：《后税费时期乡镇政府治理能力研究》，《社会主义研究》2013年第6期。
④ ［美］费正清：《美国与中国》，商务印书馆1987年版，第29—30页。
⑤ 瞿同祖：《清代地方政府》，法律出版社2005年版，第282—283页。
⑥ 张仲礼：《中国绅士研究》，上海人民出版社2008年版，第55—56页。

参与其中"。① 在黄宗智看来，士绅就是国家与村庄之间的第三方，国家通过士绅与农民进行协调和沟通。萧公权从村庄治理的角度，认为"士绅是乡村组织的基石"，他说，"村庄可以、也确曾在没有士绅的状态下存在；但没有士绅的村庄，很难有任何高度组织性的活动。"②

2. 近代社会乡村社区自治力量发展研究

晚清以来，国家开始在乡村设立行政建制，国家加大对乡村社区的资源汲取与控制，在国家对乡村社区资源汲取能力与社会控制能力不能均衡发展的情况下，乡村社区士绅退出村庄政治，取而代之的是土豪劣绅。黄宗智指出，由于民国时期的政府，没有能力将官员和权力直接延伸入村，他们通过村庄内部的人来控制农村。新摊派的税项导致原来村庄士绅退出村庄政治舞台，地方豪霸和村级恶棍获取村庄政权并滥用权力。③ 对此，杜赞奇这样概括，伴随着国家从农村汲取资源，乡村士绅逐渐由"保护性经纪人"蜕变为"赢利型经纪人"。"尽管正式的国家政权可以依靠非正式机构来推行自己的政策，但它无法控制这些机构……国家政权内卷化在财政方面的最充分表现是，国家财政每增加一分，都伴随着非正式机构收入的增加，而国家对这些机构缺乏控制力。"④

3. "乡政村治"时期乡村社区自治力量发展研究

按照"乡政村治"的制度设置，村委会是代表村民行使自治权的自治组织，即代表乡村社区自治力量。但同时，作为国家管理农村社会的组织形态，村委会自开始就不是纯粹的社会组织，而是承担着基层社区的组织与管理职能，并在相当程度上被自觉或不自觉

---

① [美]黄宗智：《中国的"公共领域"与"市民社会"》，载黄宗智《经验与理论：中国社会、经济与法律的实践历史研究》，中国人民大学出版社2007年版，第160页。

② Kung-Chuan Hsiao, *Rural China: Imperial Control in the Nineteenth Century*, University of Washington Press, 1960.

③ [美]黄宗智：《华北的小农经济与社会变迁》，中华书局2000年版，第298—300页。

④ [美]杜赞奇：《文化、权力与国家：1900—1942年的华北农村》，王福明译，江苏人民出版社2010年版，第54页。

地看成是国家政权的基础。① 因此，村委会不仅要执行"村务"，更要完成国家下达至村的"政务"。税费改革前后，国家宏观发展战略不同，国家对农村政策也有所不同，"政务"完成的难度与急迫程度也不同，国家对村委会发展态度不同，税费改革前后不同的时段村委会发展也有所不同。

　　对税费时期村委会的研究。由于村委会的工作主要是由村干部完成，因此，学术界对村委会角色及行为的研究主要集中于对村干部的研究。徐勇认为村干部在村庄治理过程中扮演着双重角色：政府代理人和村民当家人。二者的利益从总体上看是一致的，但是在特定的时段也会呈现出角色冲突。在压力型体制下，为完成乡镇政府布置下来的任务，村干部往往扮演政府代理人的角色，村干部双重角色冲突加剧。② 吴理财将村委会干部分为三种类型：介于"政府"与农民之间的经纪人，即保护型经纪人和赢利型经纪人；纯粹的乡镇政府代理人或代言人；村民的代言人。在税费收缴任务较重的地区，村干部往往会演变为赢利型经纪人和乡镇政府代理人或代言人。③ 学者们遵循以上研究，对税费时期村干部角色划分为以下两种类型。第一种类型：村干部是处于乡镇政府和农民之外的边缘群体。针对吴理财的论断，吴毅提出以下的质疑。他认为，在村级资源缺乏与基层民主不断发展的今天，"赢利型经纪"的制度空间较为缺乏，村干部普遍演化为"赢利型经纪"是值得商榷的。将村干部定位于村庄秩序的"守夜人"和村政中的"撞钟者"（"维持会"）可能更为恰当。"守夜人"和"撞钟者"的出现意味着村政的懈怠，意味着乡村之间有着更多的非制度化关系。④ 吴毅在分析村干部双重角色处于双重困境基础上，认为村干部处于"第三领

---

① 项继权：《20世纪晚期中国乡村治理的改革与变迁》，《浙江师范大学学报》（社会科学版）2005年第5期。
② 徐勇：《代理人和当家人：村干部的双重角色》，《二十一世纪》（香港）1997年第8期。
③ 吴理财：《乡村关系与基层民主》，载《村民自治进程中的乡村关系学术研讨会论文集》（2001年），湖北武汉。
④ 吴毅：《"双重角色"、"经纪模式"与"守夜人"和"撞钟者"——来自田野的学术札记》，《开放时代》2001年第12期。

域",其结果是村干部怠于履行职责,与乡镇政府之间关系日渐疏离。他认为,村干部逐渐成为双重边缘群体,他们既受到乡镇政府与农民力量双重力量影响,同时又不被任何一方吸纳和认可。作为一个独立的利益主体,村干部对工作得过且过、两头应付,这种局面使得村干部发现自己处于乡镇政府与农民都试图介入却又无法真正介入和控制的"第三领域"中,在这第三领域,村干部拥有能够实现自身利益的自主空间。① 谭三桃以农村改革为分界点,认为村干部角色经历了由"代理人"向"边缘人"转变的过程。在土改到改革开放这段时期,由于村干部掌握了村庄的行政资源、生产资料和生活资料,村干部是国家政权在村庄里的代理人。改革开放后,在经济欠发达的西部农村地区,国家权力逐渐弱化,村干部逐渐丧失其过去依靠的统治基础,加之家庭联产承包责任制的推行,村干部掌握的物质资源逐渐减少。在此压力下,村干部成为游移于国家和农民之外的边缘人。② 秦晖认为,纯农区乡村的村委会是"国家政权末梢",其职能主要是完成乡镇政府下达的"要粮要钱要命"等行政任务,但是村委会是村民自治组织,村委会日常运转费用由农民负担。村委会在这种处境尴尬状态中,趋向于利用手中职权谋取自身利益,成为既敷衍国家也脱离村民的消极利益阶层。③ 王思斌从农村基层社会管理系统角度分析农村村干部的地位与行为,认为在村干部处于行政管理系统(官系统)和村民自治系统(民系统)的边际位置。村干部的行为特征更类似于官系统,村干部的身份决定了他们隶属于民系统。出于对自己长远利益的考虑,当两个系统对他们提出要求时,他们更趋向于民系统,这就使得他们在对农村进行行政管理时会实施种种不规范的行为。④ 第二种类型:村干部存在"自由"政治空间,可以谋求个人利益。杨善华从新中国

---

① 吴毅:《双重边缘化:村干部角色与行为的类型学分析》,《管理世界》2002年第11期。

② 谭三桃:《从"代理人"到"边缘人"——论村干部角色的转换》(http://www.cngdsz.net/paper/politics/007/8738.html)。

③ 秦晖:《税费改革、村民自治与强干弱支——历史的经验与现实的选择》,《开放时代》2001年第9期。

④ 王思斌:《村干部的边际地位与行为分析》,《社会学研究》1991年第4期。

成立以来国家政权建设进程的角度，认为即使在国家力量对农村社会严密控制的情况下，村干部始终存在着"自由"政治空间，这种"自由"政治空间的大小随着外界压力大小的变化不断伸缩。他认为，村干部有选择的、变通的执行党的方针政策早在 70 年代就已经相当普遍。随着村干部完成乡镇政府下达行政任务增多，乡镇政府甚至默认村干部的自由空间，很多时候，村干部对村庄权力的行使只是为了谋取个人和家庭利益。① 宿胜军以一个村为个案，将这个村庄划分为村子土改前、集体化时期和改革过程中三个时期，认为三个时期社区精英的角色行为分别模式化为村庄的"保护人"、国家政权的"代理人"及追求独立利益的"承包人"。他认为"保护人"强调的是个人的品格、能力及对村庄的责任；"代理人"强调的是与国家利益的一致和意识形态上的认同；"承包人"强调的则是社区关怀下的集团私利。② 孙津、许昀认为村干部拥有行动的"自由"政治空间，村干部基于自身利益的选择，在履行职能时变通性实施，导致村委会职能实施中出现以下的偏离：在村委会权利方面，村委会接受乡镇政府非法干预的同时又僭越村民代表会议和村集体经济组织的权利；在义务履行上，村委会积极履行政务而怠于村务。③ 吴清军认为村干部拥有村庄的"自由"政治空间，国家基于控制乡村社会的需要和基层社会为了与国家进行沟通、交流的需要，都默认这种空间的存在。村干部在自由空间运转中，变通执行上级政策并制定变通的"非正式制度"，既获得分配中的最大份额，又维护乡村社会秩序，成功将国家政策予以贯彻实施，村干部自身的权威也得以增强。④ 以上对村干部两种类型的划分，均强调村委会有着独立的利益需求与行为选择，在与乡镇政府互动过程

---

① 杨善华：《家族政治与农村基层政治精英的选拔、角色定位和精英更替——一个分析框架》，《社会学研究》2000 年第 3 期。
② 宿胜军：《从"保护人"到"承包人"》，载杨善华、王思斌主编《社会转型：北京大学青年学者的探索》，社会科学文献出版社 2002 年版，第 114 页。
③ 孙津、许昀：《村干部的策略行为与村委会的职能偏离》，2009 年 10 月 11 日（http://www.ias.fudan.edu.cn/News/Detail.aspx?ID=1557）。
④ 吴清军：《乡村中的权力、利益与秩序——以东北某"问题化"村庄干群冲突为案例》，《战略与管理》2002 年第 1 期。

中，村委会对乡镇政府既依赖又对立。仝志辉认为，在乡镇政府对村委会进行控制的基础上，村委会有着的自主要求，控制与自主的对接就使乡村关系出现一种"纠结"状态。① 董磊明认为在利益群体的内部，乡村两级为了各自利益有着激烈的利益争夺，但同时他又指出，在应对外界压力上，乡、村两级利益一致，因此双方紧密团结，一致对外。② 吴毅将村干部界定为"青皮手"，他将村干部与乡镇政府之间关系概括为"跟从、借重、应对、平衡"，揭示出"作为政治市场理性人和乡村文化网络中的社会人"的村干部，如何在感性和理性之间寻求协调。③

对后税费时期村委会的研究。学者们认为，在乡村治理资源缺乏的背景下，村委会更加依赖乡镇政府。彭大鹏、刘涛以取消农业税为背景，指出税改后村委会加大对乡镇的依赖，村委会对村庄动员能力下降。④ 杨震林、吴毅以税改后村委会新的治理资源缺失为角度，认为税费改革前乡村两级利益主体在压力型体制下团结一致，税费改革后，在乡村治理资源缺失情况下，乡镇政府利用自身优势地位将利益缺失转移给村委会，加大了村委会对乡镇政府的依赖。⑤ 焦长权通过对鄂中G镇农民农田水利上访行为的个案分析，认为税费改革后基层政权逐渐"悬浮"，底层农民因与基层政权关联不大而逐渐脱离"权力—利益的结构之网"，但是村庄的政治、经济精英还深嵌在"权力—利益的结构之网"之中，在底层农民因干旱上访时，因这类行为不具有合法性，村干部往往协助乡镇政府

---

① 仝志辉：《乡村关系紧张的村庄原因——以内蒙古Q乡为例》，载徐勇、项继权主编《村民自治进程中的乡村关系》，华中师范大学出版社2003年版，第318—319页。
② 董磊明：《乡村关系、税费改革与村民自治——来自苏北地区的调查》，载刘亚伟编《无声的革命——村民直选的历史、现实和未来》，西北大学出版社2002年版，第201—201页。
③ 吴毅：《小镇喧嚣——一个乡镇政治运转的演绎与阐释》，生活·读书·新知三联书店2007年版，第619—621页。
④ 彭大鹏：《村民自治的行政化与国家政权建设》，《北京行政学院学报》2009年第2期；刘涛：《六十年中国乡村治理逻辑的嬗变》，《中共贵州省委党校学报》2010年第1期。
⑤ 杨震林、吴毅：《税费改革中乡村利益张力下的村级财务困境——对中部某省T乡的观察》，《华中师范大学学报》（人文社会科学版）2004年第4期。

做农民工作、维持秩序和协调乡镇政府调水行为。①

(三)"乡政村治"时期的乡村关系研究

在不同时期,由于国家对乡村治理能力不同,乡村社区自治力量发育不同,二者在互构与博弈中力量对比不同,这就形成不同时期的乡村关系。在"乡政村治"时期,随着国家行政权力在农村社会撤离与乡村社区自治力量生长,乡镇政府与村委会形成对立统一与交错互动的关系,乡村关系呈现出复杂和多样的特征,成为学术界关注的重点。对于"乡政村治"时期乡村关系的研究,学术界主要集中在两个方面的研究:对乡村关系进行类型化研究,乡村关系的行政化问题及今后改革方向。

1. 乡村关系的类型化研究

学者们提出"乡政村治"时期村级治理的分析模型,即张厚安的"三分法"、欧博文的"四分法"、徐勇的"二分法"。张厚安从村治的角度将村庄分为自治型、行政型和混合型三种类型。② 欧博文从村民政治参与和国家任务在村庄完成的情况,将村级治理分为四种类型:达标的示范村、瘫痪村、专制村、失控村。③ 徐勇从村民自治主体民主意识及村庄治理的客观效果,将村民自治的实际运作过程分为规范型和非规范型两大类。④ 以上的研究,既是对村级治理的类分,也为研究乡村关系提供了理论参照。由于各地乡村之间互动并不是铁板一块,乡村关系呈现出不同表现形式,乡村关系相应类分为以下的类型。程同顺以乡村关系的文本规定为标准,将乡村关系类分出指导与被指导的乡村关系、行政化的乡村关系和放任型的乡村关系等模型。⑤ 胡振亚、任中平从制度供给短缺、压力

---

① 焦长权:《政权"悬浮"与市场"困局":一种农民上访行为的解释框架——基于鄂中G镇农民农田水利上访行为的分析》,《开放时代》2010年第6期。

② 张厚安:《中国农村基层政权建设》,四川人民出版社1992年版,第476—477页。

③ O'Brien, Kevin J., "Implementing Political Reform in China's Villages", *The Australian Journal of Chinese Affairs*, No. 32, July, 1994.

④ 徐勇:《中国农村村民自治》,华中师范大学出版社1997年版,第140—148页。

⑤ 程同顺:《村民自治中的乡村关系及出路》,《调研世界》2001年第7期。

型体制角度，认为乡村关系表现为两种极端关系：村委会"附属行政化"及村委会"过度自治化"。①他们虽指出了实践中存在的两种异化的乡村关系，但是对乡村关系的分类较为宽泛，忽视了影响乡村关系的诸多因素。贺雪峰、苏明华从村庄自主生产价值的能力、村干部可以调用资源的状况和乡村财政状况三个因素，将村庄划分为村庄主导型的弱乡强村关系；乡镇主导型的强乡弱村关系；对乡村两级发展都无益处的强乡弱村型关系和弱乡强村型乡村关系；乡村两级可以通过协商达成一致的强乡强村型乡村关系。②罗兴佐从乡镇政府对村庄的控制能力和村庄的自主能力出发，将乡村关系作出与贺雪峰、苏明华相似的划分：乡村关系有强乡强村、弱乡强村、强乡弱村、弱乡弱村等四种类型。他进一步指出不同类型乡村关系的作用及发展趋势，其中，弱乡强村型最有利于乡村民主化发展；弱乡弱村型乡村关系最不利于乡村民主化发展；强乡弱村型乡村关系将逐渐消解；强乡强村表现的乡村关系较为稳定。③张厚安、徐勇、项继权依照乡村两级对村庄事务主导地位，将乡村关系分为乡镇所控制的行政命令性指导关系、乡镇部分控制村级治理的控制影响性指导关系、乡与村有明确事权划分的影响性指导关系、村居于主导地位的无力性指导关系。其中，在影响性指导关系中，村民自治运行较为规范，是较理想形态的乡村关系。④魏星河从乡村两级之间的协调和紧张程度角度，将乡村关系分为乡镇领导村委会的完全同一型关系、乡村完全对立型关系和乡村之间妥协与借用并存的妥协借用型关系。他从国家对乡村的治理成本考量，认为双方妥协借用型乡村关系能够提高村民自治的实效，培植村民自治的能

---

① 胡振亚、任中平：《"乡政村治"中乡村关系的两种极端走向及调适建议》，2005年11月3日，中国农村研究网。
② 贺雪峰、苏明华：《乡村关系研究的视角与进路》，《社会科学研究》2006年第1期。
③ 罗兴佐：《村庄选举与治理中的乡政权——以江西省田下村为个案》，载徐勇、项继权主编《村民自治进程中的乡村关系》，华中师范大学出版社2003年版，第81—96页。
④ 张厚安、徐勇、项继权：《中国农村村级治理——22个村的调查与比较》，华中师范大学出版社2000年版，第76页。

力，在现阶段是较为理想的关系。① 肖立辉从单位化的研究视角对乡村关系类型进行划分。他认为科层制是影响乡村关系的一个重要因素，他将村庄分为单位化村庄、半单位化社区、无单位村庄。在单位化村庄，乡村关系表现为领导和支配关系；在半单位化社区，科层式管理体制化压缩了村民自治的空间；在无单位村庄，摆脱单位体制的约束的村民自治发展有着更多自主空间。②

2. 乡村关系的行政化问题及今后改革方向

在农业税费时期，国家实行的是"农业支持工业"的宏观发展战略，国家汲取农村资源以支持城市工业发展。为了更好地完成行政任务，乡镇政府加强对村委会的控制，乡村关系行政化问题严重。在此背景下，学者将乡村关系作为一项制度予以研究，并指出，由于大量的政府任务仍需要运用行政领导的方式，乡村关系在相当程度上表现为行政化乡村关系，只是表现形式呈现多样化。③ 由此，学者对行政化乡村关系表征、形成的原因、解决行政化乡村关系路径选择等方面进行详细的探讨。

（1）行政化乡村关系的表征。程同顺从村委会对村庄事务处理时的自主性及协助乡镇政府完成任务的角度，认为当前表现更为普遍的是行政化的乡村关系。④ 项继权进一步指出，乡镇对村委会的干预和控制主要表现在人事、财务及事务等方面，当前我国是一种行政化的乡村关系。⑤ 张厚安、谭同学认为，除了乡政府对村委会控制外，乡党委的直接控制也是十分明显的。⑥ 赵树凯指出，在乡

---

① 魏星河：《村委会选举对现实乡村关系的影响》，载徐勇、项继权主编《村民自治进程中的乡村关系》，华中师范大学出版社2003年版，第387—390页。

② 肖立辉：《单位化背景下的乡村关系——杨村调查》，载徐勇、项继权主编《村民自治进程中的乡村关系》，华中师范大学出版社2003年版，第525—527页。

③ 张厚安、徐勇、项继权：《中国农村村级治理——22个村的调查与比较》，华中师范大学出版社2000年版，第76页。

④ 程同顺：《村民自治中的乡村关系及出路》，《调研世界》2001年第7期。

⑤ 项继权：《乡村关系行政化的根源与调解对策》，《北京行政学院学报》2002年第2期。

⑥ 张厚安、谭同学：《村民自治背景下的乡村关系——湖北省木兰乡个案分析》，载徐勇、项继权主编《村民自治进程中的乡村关系》，华中师范大学出版社2003年版，第18—20页。

镇不断加强对村委会的行政化控制的同时，村庄内部的自治力量不断生长，在这双重力量作用下，形式上乡镇对村庄的控制强化了，实质上乡镇政府与村庄社会脱节了。①

（2）行政化乡村关系形成的原因，学者们从四个角度进行阐述。第一，有学者以宏观政策体制为视角。毛飞、权丽华等学者认为，乡村关系失调的根源在于宏观体制中存在的问题，而行政化乡村关系只是宏观体制困境在微观层面的映射。项继权进而指出，在国家主导和推动现代化战略并没有根本改变，上级政府向地方和基层政府层层施压的"压力型"或"动员型"体制并没有改变背景下，乡镇政府对村委会的控制不可避免。② 第二，有学者从乡镇政府完成任务的手段选择上、乡镇政府财政需求与压力等具体方面展开论述。在完成任务的手段选择上，吴理财认为，乡镇政府对村委会实行目标考核机制，在这种目标考核机制的激励之下，乡村不可避免形成支配性乡村关系。③ 魏星河指出，实际上村委会的绝大多数工作是为完成乡政府的各项任务而开展工作的。④ 在乡镇政府财政需求与压力方面，黄辉祥、徐勇认为，在"压力型体制"下，为保证乡镇政府有足够的资源完成任务，乡镇加大对村委会控制力度，导致乡镇对村委会以"命令"代替"指导"。⑤ 贺雪峰认为，由于乡镇掌握着较村委会多得多的经济资源、社会资源、文化资源乃至组织资源，导致乡镇行政为主动的占据优势的一方，村委会是处于被动和劣势的一方。⑥ 张厚安、谭同学综合黄辉祥、徐勇和贺雪峰的观点，他们认为，出于乡镇财政汲取的需要，乡镇会凭借行

---

① 赵树凯：《乡村关系：在控制中脱节——10 省（区）20 乡镇调查》，《华中师范大学学报》（人文社会科学版）2005 年第 5 期。

② 项继权：《乡村关系行政化的根源与调解对策》，《北京行政学院学报》2002 年第 2 期。

③ 吴理财：《从税费征收视角审视乡村关系的变迁》，《中州学刊》2005 年第 6 期。

④ 魏星河：《村委会选举对现实乡村关系的影响——对经济不发达地区村委会选举的实地考查》，《社会主义研究》2004 年第 2 期。

⑤ 黄辉祥、徐勇：《目标责任制：行政主控型的乡村治理及绩效——以湖南 L 乡为个案》，载徐勇、项继权主编《村民自治进程中的乡村关系》，华中师范大学出版社 2003 年版，第 40—42 页。

⑥ 贺雪峰：《论民主化村级治理的村庄基础》，《社会学研究》2002 年第 2 期。

政权力加大对村委会的控制，同时，由于村经济力量的虚弱性，决定村委会必然依赖乡镇政府，从而混淆"指导"与"领导"二者的界限。① 那么，税费改革后乡村关系行政化倾向是减弱还是加强？项继权认为，税费改革对乡村关系影响不大。在后税改时代，为化解因税费改革村级组织运转经费匮乏的压力，政府加大对村级财政的转移支付，村委会对乡镇财政依赖随之增强，乡镇政府随之强化对村委会的控制，村委会行政化的趋向更加严重。② 张建华通过对湖北某市十多个村的调查发现，税费改革并没有改变之前事实上乡村领导与被领导的关系，乡镇仍然对村级组织起着支配作用，只是在表现形式上更加策略化、隐蔽化、间接化而已，领导与被领导关系的实质并没有发生根本的变化。③ 以上研究表明，税费改革没有改变行政化乡村关系的现状。第三，有学者从国家行政权与农村社会自治权的关系角度分析行政化乡村关系产生的原因。唐鸣从法理角度进行分析，认为行政化乡村关系的根源在于"国家对社会的过度侵入，行政权、准行政权对自治权的侵入以及权力对权利的侵犯"。④ 有学者从国家权力推进与社会自治权生成的角度探究行政化乡村关系的根源。何包钢、郎友兴分析了国家推行村民自治的本义与"行政化"的必然性。他们认为，随着国家权力在农村的下沉，村委会行政性职能是不可避免的，而承担一定的行政义务也是合理的。⑤ 马宝成以山东秋村为例，指出国家管制的后果就是村庄民主的行政化，在对村庄治理过程中，国家权力的存在至关重要，村委

---

① 张厚安、谭同学：《村民自治背景下的乡村关系——湖北省木兰乡个案分析》，载徐勇、项继权主编《村民自治进程中的乡村关系》，华中师范大学出版社2003年版，第18—20页。

② 项继权：《"后税改时代"的村务公开与民主管理——对湖北及若干省市的调查与分析》，《中国农村观察》2006年第2期。

③ 张建华：《浅析新的历史时期下乡村关系》，《农业经济》2010年第5期。

④ 唐鸣：《村民自治视野中乡村矛盾的法理分析》，《湖北行政学院学报》2006年第4期。

⑤ 何包钢、郎友兴：《村民主的前景：村民自治中的"行政化"现象会不会吞没村民选举？》，2003年10月31日，中国选举与治理网（http://www.chinaelections.org/newsinfo.asp? newsid=15808）。

会主要职责就是应付大量的政府任务。① 徐勇是从自治权生成的角度揭示村委会行政化的原因。他指出，村民自治权源于国家放权，因此，依靠国家放权的村民自治是很难抵御政府权力的无边界渗透的。② 朱新山认为村民自治源于村民自发性制度变迁，在国家规范化制度供给不足，原有的自上而下的治理结构没有改变的情况下，村民自治将处于一种瘫痪状态。③ 贺东航认为村民自治制度是在原有基础制度框架基本未变情况下的"单刀突进"，村委会具备了政府的科层特征，政府可以借"坚持党和政府的领导"加强对村庄的控制，陷入了内卷化处境。④ 第四，有学者从结构功能主义视角探究行政化乡村关系的原因。景跃进认为，村民自治在农村的兴起，政府的组织边界在乡村社会收缩，但同时，政府功能边界依然存在于乡村社会，导致村委会不得不承担或应付各种行政管理的任务。因此，只要村委会承担着来自上级政府的行政管理任务，那么，它们的关系就非常可能具有领导与被领导的特征，而很难保持指导与被指导关系的性质。⑤ 邱泽奇指出，现阶段国家的权力体制与村民自治的原则存在着结构性的矛盾。从制度设计的角度上看，村民委员会是自治的组织，乡镇政府是基层的政府，但是，从操作层面来说，村委会依然是国家行政功能体系的一个组成部分，最为基层的一个单位。⑥

（3）在解决行政化乡村关系路径选择上，学术界有两种改革思路。一种改革思路是在现有宏观政策体制下，完善和改进相关法律

---

① 马宝成：《国家管制与村庄民主的行政化——山东秋村调查》，《北京行政学院学报》2002年第5期。

② 徐勇：《村民自治的成长：行政放权与社会发育——90年代以来中国村民自治发展困境的反思》，《华中师范大学学报》（人文社会科学版）2005年第2期。

③ 朱新山：《村民自治发展的制度困境》，《开放时代》2000年第1期。

④ 贺东航：《中国村民自治制度"内卷化"现象与思考》，《经济社会体制比较》2007年第6期。

⑤ 景跃进：《村民自治：国家与社会边界的重塑》，《江苏社会科学》1996年第6期；景跃进：《国家与社会视野下的村民自治》，《中国书评》1998年5月号。

⑥ 邱泽奇：《乡村选举与村镇组织关系：兼论中央与地方关系的制度性变迁》，载陈明通、郑永年主编《两岸基层选举与政治社会变迁：哈佛大学东西方学者的对话》，（台北）月旦出版社股份有限公司1998年版，第380页。

制度，推进乡村两级民主建设进程。项继权、权丽华、魏星河认为可以对现行制度进行调整和改革：完善乡村相关法律和制度，规范乡（镇）村组织的行为；调整地方行政和财政政策，减轻乡镇政府的外在压力；推进乡镇组织与管理体制改革，切实精简机构和人员，转变职能和行政方式；加强和改进农村基层党组织建设，改进党的组织、领导及活动方式。① 何包钢和郎友兴建议，可以建立民主机制来克服或缓解由行政化所带来的问题：建立、发展和完善村民代表会议制度，由村委会和村民代表会议与乡镇政府磋商村委会履行的行政职能的边界，并将双方认可的约定交给村民进行表决。② 张汝立认为，农村基层政权运行陷入困境的原因在于上级政府制定了不合理的目标，因此，在制定目标的时候要充分发挥农村基层政权组织和农民的主体作用，目标的制定以三方平等磋商或谈判为前提。③

另一种改革思路是，行政化乡村关系的根源在于"乡政村治"的体制格局，仅仅完善和改进现行法律、制度，不改变现有"乡政村治"体制，乡镇政府就不能从支配式政府体系中彻底解脱出来，乡村两级依然面临上级政府下达下来的行政任务，行政化乡村关系得不到根本改观。因此，改变现行乡村治理结构更是关键。具体而言，有以下几种设想。

乡绅自治回归论。温铁军认为，中国农村依然以小农经济为主，作为现代民主制度的村民自治，在村庄没有产生增量的财产收益可供分配情况下，不仅村民对村委会选举淡漠，而且会出现村庄无法承受村委会选举需要的组织成本和制度成本等情形。因此，他

---

① 项继权：《乡村关系行政化的根源与调解对策》，《北京行政学院学报》2002年第2期；权丽华：《构建和谐乡村关系的新制度经济学分析》，《科学经济社会》2006年第4期；魏星河：《村委会选举对现实乡村关系的影响——对经济不发达地区村委会选举的实地考查》，《社会主义研究》2004年第2期。

② 何包钢、郎友兴：《村民主的前景：村民自治中的"行政化"现象会不会吞没村民选举？》，2003年10月31日（http://www.chinaelections.org/newsinfo.asp? newsid=15808）。

③ 张汝立：《目标、手段与偏差——农村基层政权组织运行困境的一个分析框架》，《中国农村观察》2001年第4期。

主张农村回归传统"乡绅自治"。① 张鸣也持相同的观点。温铁军指出村庄缺乏村民自治深度发育的社会基础，具有较强现实意义，但是他忽视农村社会经济结构的重大变迁，主张在村庄治理中无须正规制度，这与现代国家建构背道而驰。

乡镇自治论。张晓山从乡镇政府职能转变角度分析乡镇自治的可能性。他认为，税费改革以来，乡镇政府接受上级布置任务的减少，乡镇政府逐渐改变传统的管理模式，其他社会组织承担乡镇与村委会部分功能，乡镇政府完全可以是高度自治的政府。② 谢奕秋也持以上观点。于建嵘从乡镇体制变迁的视角，认为随着国家逐渐减少对乡村资源的汲取，行政权力相应退出乡村的政治领域，乡镇可以实行自治，与此相配套的改革措施是，健全和强化县级政府职能部门，充实和加强村级自治组织，大力发展农村经济中介组织，开放农会等农民利益代表组织。③ 关于属于原乡镇人大和政府的权力的承接和移交等，郑法建议可以采取上移、平移和下移三种方式。他还设想在乡镇一级建立类似于乡（镇）民委员会等自治组织，乡（镇）民委员会有权独立处理属于乡（镇）民自治范围内的事务，县政府与乡（镇）民委员会之间关系是指导与被指导关系。④

吴理财从国家整合角度质疑"乡镇自治"，认为"乡镇自治"不利于国家对乡村社会的管理和资源汲取，在此基础上他对"乡镇自治"予以修正，建议实行"乡政自治"。"乡政自治"是指乡镇政府作为国家基层政权，乡镇政府领导人由乡村人民选举产生，乡镇政府接受乡村人民的监督，在对乡镇社区治理中发挥乡村民间社会积极作用。与上级政府权力边界划分上，乡政享有法律规定相对独立的决策和管理权，上级政权机关不得任意干涉属于乡镇社区范围内的事务，乡政与上级政权组织之间的关系是民主合作型关系。同时，将"村民自治"改造为"村庄自治"，进一步提升村庄的自

---

① 温铁军：《怎样的全球化》，《读书》2001年第8期。
② 张晓山：《简析中国乡村治理结构的改革》，《管理世界》2005年第5期。
③ 于建嵘：《乡镇自治：根据和路径——以20世纪乡镇体制变迁为视野》，《战略与管理》2002年第6期。
④ 郑法：《农村改革与公共权力的划分》，《战略与管理》2000年第4期。

主性。① 李昌平也持相同观点。

乡派论。徐勇从乡村治理结构中的权、责、能配置角度，提出乡村治理结构为"县政、乡派、村治"。县政是指县为国家在农村的最基层政权；乡派是指乡成为县的派出机构，乡的主要职能是完成政府任务、指导村民自治活动，乡级日常运转经费纳入县级财政预算。村治是指实行村民自治。② 随着国家税费改革的推行，为使乡村治理结构与税费改革相配套，徐勇提出"强村、精乡、简县"的取向。强村是指增强村的财力和自治能力；精乡是指建立在有限行政和有限财政的基础上；简县，就是根据"精干、高效"的原则重新设计和构造县级机构。③ 贾康、白景明从乡镇财政基础角度出发，认为乡镇财政收入不足，乡镇没有必要设立独立一级政府。④ 秦晖从大共同体小共同体、国家与农民关系的角度，总体上同意将乡级政府作为县级政府派出机构，其人员任免和运转经费由县级政府统筹。同时也提出在自然村社区尊重自治传统，自然村自治，在取消"行政村"基础上缩小乡的规模，县及县以上各级政权人员由选举产生。⑤ 贺雪峰、董磊明从乡镇的财政收入、事务多少及运作现状的角度，认为应该根据各乡镇实际情况有区别的保留镇建制或将乡镇改为乡派。他们还主张加强乡镇人大监督权和选举权，并有试点推行直选镇长等。⑥

---

① 吴理财：《农村税费改革对乡镇财政的影响及其后果——以安徽省为例》，2008年8月14日（http://www.school51.com/News/Content_27057.html）；吴理财：《"乡政自治"：最好的改革选择》，2003年8月15日（http://www.chinaelections.org/newsinfo.asp?newsid=75192）；吴理财：《乡村关系与基层民主》，《村民自治进程中的乡村关系学术研讨会论文集》，2001年，湖北武汉。

② 徐勇：《县政、乡派、村治：乡村治理的结构性转换》，《江苏社会科学》2002年第2期。

③ 徐勇：《乡村治理结构改革的走向——强村、精乡、简县》，《战略与管理》2003年第4期。

④ 贾康、白景明：《中国地方财政体制安排的基本思路》，《财政研究》2003年第8期。

⑤ 秦晖：《村治与民主——从大共同体本位到公民社会转型中的乡村组织演变》，《转型期乡村社会性质研究学术研讨会会议论文集》，2001年，湖北荆门。

⑥ 贺雪峰、董磊明：《农村乡镇建制：存废之间的思考》，《中国行政管理》2003年第6期。

乡治、村政、社有论。沈延生基本上对"乡政村治"的体制持否定态度，他接受早期"在行政村设村公所"的观点，提出"乡治、村政、社有"的制度设计。"乡治"就是乡镇自治，乡镇政府在本区域内享有独立的财政权和人事权，乡镇长宜由选民直接选举产生；"村政"中的村公所是乡镇政府的派出机构，村公所的人员和经费由乡镇政府统筹；乡镇在自然村设置村社委员会，村社委员会以管理村社土地为成立目的，其行为宗旨是保护本村社成员土地财产权利。[1]

"乡政村治"格局不变论。与以上学者观点相左的是，姚洋不认为摆脱国家权力介入的村庄自治是个很好的选择。他从国家法律侵入乡村角度，认为传统中国农村一直没有脱离国家的介入，随着国家法律管辖范围的扩展，国家对乡村社会介入极深。因此，实现乡村自组织能力只能在现有的制度框架下进行。[2] 姚洋指出，在当今农村，脱离国家法律管辖的村民自治极易成为不受国家控制的"土围子"，"乡政村治"存在有其必要性和合理性。

以上对乡村治理结构改革的若干设想，其目的在于约束国家行政权力在乡村社会扩张，为乡村社会发育提供更多的自主空间，促使乡村关系更为和谐运转，并为未来乡村治理结构改革提供一个理论参考，具有较强的理论意义和现实意义。在"乡政村治"体制近期内不会有太大变动情况下，我们更应反思对"乡政村治"体制下行政化乡村关系问题及其改革方向的研究。

随着党的十六届三中全会上中央提出城乡统筹、以工支农的方针，党的十七届三中全会提出着力破除城乡二元结构、形成城乡经济社会发展一体化新格局的构想，党的十八大提出坚持工业化、信息化、城镇化、农业现代化同步发展及党的十八届三中全会提出形成以工促农、以城带乡、工农互惠、城乡一体的新型工农城乡关系的战略。在城乡一体化进程中，以税费改革、减免农业税、粮食补贴等为代表的一系列惠农政策的实施，通过加强对农村公共服务的

---

[1] 沈延生：《村政的兴衰与重建》，《战略与管理》1998年第6期。
[2] 姚洋：《村庄民主与全球化》，《读书》2002年第4期。

供给，实现了国家对农村社会由"资源汲取"到"资源反哺"，乡村治理资源得以丰富、乡村两级组织的公共权威得以强化、村庄社会结构得以优化。由此，乡镇政府及村委会的角色和行为必然会受到这一系列结构制度性因素的影响，从而发生以下重要的变化。具体到乡镇政府这一层级，乡镇财政基础、乡镇领导人权力来源、乡镇政府行政管理方式、乡镇政府治理目标等方面均相应发生改变。具体到村委会这一层级，村委会对村庄治理面临以下的挑战：面对城乡人口流动加剧，如何处理村庄成员构成上封闭性与村庄治理开放性的关系？如何理顺村委会与乡村社区社会组织、乡村社区经济组织之间的关系？村庄阶层结构变化对村委会成员构成产生何种影响？因此，后续的研究应置于国家宏观发展战略中不断调整这一背景，研究自农村税费改革以来，伴随国家向乡村社区公共服务和公共管理力度加大，乡镇政府治理目标、手段、内容产生何种调整？乡镇对乡村社区治理能力从哪几个方面得以增强？在参与乡镇政府对乡村社区治理中，村委会等乡村各类组织自治能力是否得以增强？随着乡村社区自治力量不断发育，乡镇政府又该做出怎样调适？乡村关系未来走向是什么？

三　研究思路与本书结构

（一）研究思路

本书以国家治理能力为分析框架，首先从纵向梳理了乡村关系的历史形态和演进逻辑，然后从资源汲取能力、发展经济能力、社会管理能力、公共服务能力和制度规制能力等五方面横向解剖乡村关系的现实形态，最后对乡村关系的未来提出了"强政府—强社会"的理想模型和实现路径。

（二）本书结构

全书共包括绪论、正文与结论三大部分。绪论部分主要交代选题的缘起及意义、相关研究进展、研究思路与全书结构等。第一至

第七章为正文部分，第一章在探讨国家治理能力的概念、构成要件及国家治理能力建设路径选择基础上，提出研究乡村关系的一个分析框架，第二章以国家治理能力为分析框架梳理了乡村关系的历史形态和演进逻辑，第三章至第七章从制度规制能力、资源汲取能力、发展经济能力、社会管理能力和公共服务能力等五方面揭示乡村关系的现实形态。结论与展望部分总结了全书思想，对乡村关系的未来提出了"强政府—强社会"的理想模型和实现路径。

第一章提出国家治理能力是研究乡村关系的一个分析框架。国家治理能力是指国家能力及国家能力行使中国家和社会之间的合作能力。国家治理能力不仅表现为资源汲取能力、发展经济能力、社会管理能力、公共服务能力和制度规制能力的增强，还表现为国家与社会之间制度化、程序化、规范化互动关系的构建。由于中国是个农业大国，国家对乡村治理能力的强弱对国家政权稳定与否有着重要影响，从本质上看，国家对乡村社区治理的过程就是国家权力与乡村社区自治力量博弈与互动的过程。

第二章以国家治理能力为分析框架揭示了乡村关系的演进逻辑。以国家治理能力为分析框架，乡村关系在各个历史时期展现出不同的图景。乡村关系的历史演变表明，国家能力和国家能力行使中国家与社会之间合作能力呈现出非均衡的特征，一方面，国家对乡村社会的国家能力日益增强；另一方面，乡镇政府与乡村社区自治组织之间力量处于不均衡配置与互动，国家权力与乡村社区自治力量之间并非完全表现为制度化、规范化、程序化的互动，国家与社会的制度化关系较弱。

第三章分析制度规制能力中的乡村关系。在探讨乡镇政府和村委会的权力来源、职责内容及运行规则基础上，指出乡村关系的本质是国家权力与乡村社区自治力量的关系，村民自治权是国家向基层社会让渡的部分治权，村委会行使的自治权来源于村民的授权，乡镇政府及村委会有各自的权力边界，村委会在村民自治活动领域内行使自治权，乡镇政府有权指导属于村民自治范围的事项。

第四章考察资源汲取能力中的乡村关系。改革开放以来，我国国家财政体制经历了三次变革，但仅是国家向乡村社区汲取资源手段与方式的变化，其实质和目的均表现为国家出于宏观经济发展需要而向乡村社区汲取资源。由于国家财政来源与财政能力决定和制约着国家对乡村社区治理格局的特性和治理绩效，在国家向乡村社区汲取资源过程中，围绕税费的汲取与上缴，就产生了国家与乡村社区、政府与农民和农村干部与群众之间利益划分、争夺与平衡的问题。也就是说，乡村两级组织互动主要表现为乡镇政府对乡村社区的资源的汲取和乡村社区对乡镇的税费上缴，乡村关系的核心问题是基于税费征缴而产生的乡村两级主体利益分配关系，乡村关系主要表现为"行政化"关系的同时，辅之以乡镇政府干部与村干部"原则+情感"的关系。

第五章探讨发展经济能力中的乡村关系。纵观中国农村经济30多年的发展历程，作为农民与新兴市场之中介的乡镇政府在很大程度上主导了经济和社会的转型。在压力型体制和政绩激励的驱动下，乡镇政府主导乡镇企业发展与改制、土地承包经营权流转等乡村主要经济活动，村委会是在乡镇政府的主导和指导下发展农村经济，乡村社区对乡镇政府有较强的依赖性。随着乡村社区农业生产及公共服务供给的社会化及市场化，乡村社区经济组织的兴起，在经济活动领域乡村关系将更多表现为合作协商关系。

第六章对社会管理能力中的乡村关系进行分析。随着我国的农村基层组织与管理体制再次走到历史性变革的重要关口，各地开展的乡镇机构改革和农村社区建设，以社区作为资源整合的"平台"和服务管理的"抓手"，着力进行社会组织管理体制创新，推动乡镇政府职能转变。在这个过程中，乡级管理机构的延伸让国家权力进一步下沉到乡村社区，村级组织架构的拓展使社会的自主性进一步增强，伴随与开放、流动、分化和多样化乡村社区相适应的农村社会管理体制形成，乡村关系呈多样化态势，合作共治将是乡村关系的未来发展趋势。

第七章考察公共服务能力中的乡村关系。进入21世纪以来，各级政府加大了对农业和农村的投入力度，扩大公共财政覆盖农村的范围，推进城乡基本公共服务均等化，农村服务正从农民自我服务为主向社会公共服务为主转变，传统村民自治所承担的公共服务及公益事业将更多地由中央和地方政府承担，乡镇政府也将更多地承担村民自治的财政及运行成本。同时，村委会的工作内容、重点和功能也发生了重大转变，从传统的税费征缴、计划生育向为农民提供公共服务转变。在"公共服务多中心体制"的框架下，乡镇政府为村委会提供政策和资金支持，村委会协助乡镇政府提供农村基本公共服务，乡镇政府与乡村社区社会组织及经济组织在农村公共服务供给中表现为"公私伙伴关系"。

最后是结论与展望。"乡政村治"时期，是乡镇政府能力增强与乡村自治权力生长的过程，但是，总体而言，国家能力增强与国家和社会之间合作能力增强不同步，二者处于不均衡状态。国家能力的增强使乡镇政府行政功能进一步向乡村社区的弥散化，乡镇政府管控和包办许多原先由乡村社区自治组织完成的事项，许多原先由乡村社区自治组织发挥的自治功能由乡镇政府承担，乡镇政府行政权力在乡村社区无所不能，无所不包，乡村社区自治组织表现为对乡镇政府的依附，受到乡镇政府一定程度上的控制与约束，乡镇政府与乡村社区自治组织之间力量处于不均衡配置与互动，乡镇政府与乡村社区自治力量之间的互动并非完全表现为制度化、规范化、程序化。因此，在合作治理理论的基础上，本书提出未来乡村关系的理想模式是"强政府—强社会"，通过合理界定乡镇政府行政管理权与乡村社区自治力量的权力、职能和行为边界，在二者之间建立起一种合法化、程序化、制度化的相互形塑的关系，促进乡镇政府行政管理权与乡村社区自治力量共生共强。

四 研究方法与资料来源

此项研究立足规范研究和实践考察。以国家治理能力为分析框架，首先从纵向梳理了乡村关系的历史形态和演进逻辑，然后从资源汲取能力、发展经济能力、社会管理能力、公共服务能力和制度规制能力等五方面横向解剖乡村关系的现实形态，最后对乡村关系的未来提出了"强政府—强社会"的理想模型和实现路径。

具体研究中，将采用如下方法：

（1）文献法。搜集、整理、分析相关文献，包括涉及乡村关系的国家法律、法规及各省市规范性法律文件、政策；新中国成立前后乡村治理的发展演变；检索和分析国内外相关研究进展。

（2）实地调查法。选取乡镇政府、村委会在村庄社区经济发展、社会管理、公共服务等创新模式进行调查。调查采取查阅资料、座谈专访、抽样问卷和旁听会议等方式，以收集相关资料。

（3）类型法。围绕国家治理能力的检测指标，将乡村治理模式、土地流转模式、社会管理创新模式等类型化，比较不同模式的优劣，为选择相对较优模式提供借鉴。

五　本书的特色与创新之处

（1）在理论上，以国家治理能力作为分析框架，以资源汲取能力、发展经济能力、社会管理能力、公共服务能力和制度规制能力为检测指标，从纵、横两个方向考察乡村关系的历史变迁和现实形态，并以合作治理为理论基础，提出未来乡村关系"强政府—强社会"的理想类型及实现路径，为规制乡村关系提供了有益的参考。

（2）在方法上，此项研究立足实证研究，同时将微观分析与宏观分析、社会分析与政治分析、理论研究与对策研究结合起来。选取乡镇政府、村委会在村庄社区经济发展、社会管理、公共服务等创新模式进行深入调查，在此基础上得出自己的结论。

第一章

国家治理能力：研究乡村关系的一个分析框架

自国家诞生以来，国家就担负政治统治和社会管理的职能，为了更好实现这两项职能，国家建立行政管理机构等有形的暴力手段，依靠合法的暴力手段确保被统治阶级服从统治阶级所要求的权威。[1] 吉登斯承袭韦伯的国家概念，指出国家在其管辖的地域上的统治有章可循，而且国家能够动员暴力工具来维护这种统治。[2] 哈贝马斯则认为现代意义上的"国家"通过成文法治理国家，国民是在一定的国土范围内通行的法律秩序的承载者。[3] 米格代尔指出国家凭借其在特定疆域内拥有的权威，制订和执行对所有民众有约束力的规则的同时，强调国家为了实现这一目标，在必要的时候可以诉诸武力。[4] 由此可知，国家在履行国家职能时，拥有强制社会一部分成员服从的权力，国家通过强制力的行使，维护统治阶级的意志和利益，实现社会的整合和治理。但同时，马克思主义经典作家指出"国家不是一个具有独立发展的独立领域"，"它的存在和发展归根到底都应该从社会的经济生活条件中得到解释"。[5] 这表明，国家权力的行使与社会密不可分，虽然国家权力的最基本内容是强制

---

[1] [德] 马克斯·韦伯：《经济与社会》（下卷），林荣远译，商务印书馆1997年版，第732—733页。

[2] [英] 安东尼·吉登斯：《民族—国家与暴力》，胡宗泽、赵力涛译，生活·读书·新知三联书店1998年版，第21页。

[3] [德] 哈贝马斯：《包容他者》，曹卫东译，上海人民出版社2002年版，第127页。

[4] [美] 乔尔·S. 米格代尔：《强社会与弱国家——第三世界的国家社会关系及国家能力》，张长东等译，江苏人民出版社2009年版，第21页。

[5] 《马克思恩格斯选集》第4卷，人民出版社1995年版，第251—252页。

能力，但是为了更好地实现国家对社会整合目标，需要国家能够综合运用自身权力资源及强制性，在履行国家职能时保持与社会良性互动，提高国家权力行使的效度与水平，即实现国家治理能力的提升。

一 国家治理能力的概念

国家是阶级矛盾不可调和的产物，为维护阶级统治，国家必须履行政治统治和社会管理等基本职能，同时国家是从社会脱离并日益与社会独立的力量，国家也必须具有"实现自己职能时所具有的能量和资源"，[1]从而确保国家在履行职能时在形式上应具备超越统治阶级利益的能力，这就凸显国家能力的重要意义。马克斯·韦伯指出，为确保国家职能的履行，国家建立行政管理机构等暴力机构，从这个意义上看，国家能力一般是指政府能力。进入20世纪中后期，已有的政府行政能力已经不能适应外部环境变化，治理在理论与实践领域的兴起，公共管理从传统的科层制向治理转变。这种转变导致治理概念的广泛使用，寻求和改善治理能力开始成为政府的新目标。[2]自此，治理开始成为学术界关注的热点。有学者认为，治理与统治具有维持正常的社会秩序和集体行动等共同目的。治理与统治的差异只是过程的差异。[3]俞可平进而指出，作为一种政治管理过程，治理与统治最基本区别表现在主体上、方式上、管

---

[1] 汪永成：《经济全球化进程中政府能力的供求变化及平衡战略》，《武汉大学学报》（社会科学版）2002年第2期。
[2] ［美］菲利普·施密特：《民主化、治理和政府能力》，《经济社会体制比较》2005年第5期。
[3] ［英］格里·斯托克：《作为理论的治理：五个论点》，华夏风编译，载俞可平主编《治理与善治》，社会科学文献出版社2000年版，第32页；俞可平：《中国治理变迁30年（1978—2008）》，《吉林大学社会科学学报》2008年第3期；俞可平：《治理和善治引论》，《马克思主义与现实》1999年第5期；俞可平等：《中国公民社会的兴起与治理的变迁》，社会科学文献出版社2002年版，第190—193页。

理过程中权力运行的向度上。① 也有学者将治理作为一种全新政治管理机制。罗茨认为,治理意味着"统治的含义有了变化,意味着一种新的统治过程,意味着有序统治的条件已经不同于以前,或是以新的方式来统治社会"。② 正如让-彼埃尔·戈丹所说,"治理从头起便须区别于传统的政府统治概念"。③ 罗西瑙将治理定义为一系列活动领域的管理机制,由于这些管理活动的主体未必是政府,也无须依靠国家强制力量来实现。所以,治理主体之间相互依赖程度较重。④ 还有学者对实践中治理的方式进行归类,列举了治理的六种定义,⑤ 指出治理的四项特质,⑥ 提出治理的五项命题。⑦ 以上研究表明,无论是将治理作为一种全新的政治管理机制还是从管理过程上将统治和治理进行区分,都具有相同的共性,即强调治理在治理主体、治理理念、治理方式等方面不同于统治。在治理主体上,治理的主体包括政府与非政府等公私部门;在治理理念上,民主、

---

① 俞可平:《中国治理变迁30年(1978—2008)》,《吉林大学社会科学学报》2008年第3期;俞可平:《治理和善治引论》,《马克思主义与现实》1999年第5期;俞可平等:《中国公民社会的兴起与治理的变迁》,社会科学文献出版社2002年版,第190—193页。
② 罗茨:《新的治理》,《政治研究》1996年第154期。
③ [法]让-彼埃尔·戈丹:《现代的治理,昨天和今天:借重法国政府政策得以明确的几点认识》,陈思译,《国际社会科学杂志(中文版)》1999年第1期。
④ 罗西瑙:《没有政府的治理》,江西人民出版社2001年版,第5页。
⑤ 治理六定义是指:作为最小国家的管理活动的治理;作为公司管理的治理;作为新公共管理的治理;作为善治的治理;作为社会—控制体系的治理;作为自组织网络的治理。参见罗茨《新的治理》,《政治学研究》1996年第154期。转引自俞可平主编《治理与善治》,社会科学文献出版社2000年版,第2页。
⑥ 四项特质是指:一种过程;强调相互调适;同时包括公私部门;强调持续的互动。参见 Smouts M. S. "The Proper Use of Governance in International Relations", *International Social Science Journal*, Vol. 115, No. 1, 1998, p. 84。
⑦ Stoker G., "Governance as Theory: Five Propositions", *International SocialScience Journal*, Vol. 115, No. 1, 1998, pp. 19-26. 治理五项命题是指:(1)治理包括政府与非政府部门的行动者;(2)在处理社会及经济议题时,责任与界线的界定并不是非常清楚;(3)治理明确肯定涉及集体行动的各个社会公共机构之间存在权力依赖;(4)治理系一个行动者拥有自主性且自我管理的网络;(5)治理强调政府运用新的政策工具或技术来指导或驾驭来成就目标,而非一味依赖权威或命令。

公正、权利保障应是治理的价值诉求;① 在治理方式上,治理主体可以采取多种治理方式,但同时,特别强调在竞争中治理主体之间的协商和合作。② 应当特别指出的是,治理与统治的差异只是政治管理过程的差异,其目的都是为了提升和改善国家能力。迈克尔·曼指出国家能力行使的两种方式,即专断权力和基础性权力。③ 在现代社会,随着民主进程的推进,国家权力的行使更多表现为基础性权力,国家能力的行使更多依赖于国家与社会合作和协商,国家能力行使中具备更多的合作治理的现代化因子,国家治理能力建设逐渐成为国家政权建设的重要内容。由此,我们将国家治理能力界定为国家能力的行使中国家与社会合作治理能力,国家治理能力应包括国家能力及国家能力行使中国家与社会之间达成正和博弈能力这两个层面的内容。相应地,国家治理能力的构成要件应包括国家能力及国家能力行使中国家与社会之间达成正和博弈能力这两部分。

二 国家治理能力的构成要件

(一) 国家能力

国家能力与国家权力紧密相关。福山指出,国家权力包括国家权力的范围和国家权力的强度这两个方面,国家权力的范围是指国家职能的范围,国家权力的强度指国家制定并实施政策和执法的能力,即国家能力。④ 对于现代国家而言,要建设一个强有力的国家,

---

① 童志锋、郁建兴:《从政府本位到社会本位:社会管理体制变革的新分析框架》,《中共浙江省委党校学报》2011 年第 1 期。

② Hood, C., "A Public Management for All Seasons", *Public Administration*, Vol. 69, 1991, pp. 3–19;[英] 杰瑞·斯托克:《地方治理研究:范式、理论与启示》,《浙江大学学报》(人文社会科学版) 2007 年第 2 期;郁建兴等:《在参与中成长的中国公民社会——基于浙江温州商会的研究》,浙江大学出版社 2008 年版,第 14 页;俞可平:《治理与善治》,社会科学文献出版社 2000 年版,第 1—15、21、130 页。

③ [英] 迈克尔·曼:《社会权力的来源》,陈海宏等译,世纪出版集团、上海人民出版社 2007 年版,第 68—69 页。

④ [美] 弗朗西斯·福山:《国家构建:21 世纪的国家治理与世界秩序》,黄胜强、许铭原译,中国社会科学出版社 2007 年版,第 7 页。

需要实现与国家基本职能相对应的国家能力的增强。问题的关键是，哪些职能是国家的基本职能？按照世界银行 1997 年《世界发展报告》将国家职能的分类，最小的职能诸如提供纯公共产品、国防法律及秩序、财产权保护、宏观调控、公共卫生、增进公平、保护穷人等，是维护国家政权的稳定和社会可持续发展必不可少的职能，是现代国家必须履行的国家基本职能。胡鞍钢、王绍光、周建明将现代国家基本职能概括为八项：强制能力、汲取能力、濡化能力、监管能力、统领能力、再分配能力、吸纳能力和整合能力等。[①] 他们认为，一个有效的政府有能力履行的六项最重要的职能是：对暴力的合法使用实施垄断；汲取资源；塑造民族统一性和动员群众；调控社会和经济；维持政府机构的内部凝聚力；重新分配资源。如果政府能够顺利履行如上所有的职能，我们便称它是一个有效的政府。[②] 基于对政府作用的分析，世界银行将国家职能分为三个层次：最低职能、中间职能、积极职能。其中，最低职能主要是指国家提供纯粹的公共物品，如国防、法律与秩序，公共卫生等；中间职能主要集中在社会和宏观经济问题方面，如规制垄断，提供社会保险与社会保障等；积极职能主要集中于对市场微观经济管理，如培育市场、资产的再分配等。[③] 在这三个层次职能中，由于最低职能关乎社会秩序的稳定和政权合法性，因此是国家最关键的职能。概而言之，我们可以将国家治理能力从四个维度进行界定与划分，一是从国家对社会渗透角度。这里强调的是国家将自身意志及政策、法律贯彻实施中社会服从、参与的程度，这种服从和参与程度体现了社会对国家认同程度，即国家合法性基础。二是从国家对社会资源汲取的角度。资源汲取能力是指国家动员社会经济资源的能力，国家只有成功地向社会汲取资源，才能增强国家制度建设能力，提高国家对社会管理与服务供给的能力，也才能提高国家合

---

① 胡鞍钢、王绍光、周建明：《第二次转型——国家制度建设》（增订版），清华大学出版社 2009 年版，第 403 页。
② 同上书，第 273—274 页。
③ 世界银行：《1997 年世界银行发展报告：变革世界中的政府》，中国财政经济出版社 1997 年版，第 27 页。

法性基础。三是从国家对社会资源分配的角度。国家通过对资源的分配和使用，建立有效的行政管理基础设施和社会设施，实施宏观经济发展政策，向社会提供公共服务，实现国家既定的发展目标。四是从对国家权力进行规制的角度。国家权力的行使是以国家暴力为基础，如果不对国家权力在制度上进行规制，就可能出现超越国家权力边界的任意行为，甚至会滋生国家对社会的专制权力。因此，加强国家治理能力建设，继续维持一个有效的政府，必要的国家基本制度建设是民主化乃至社会发展的基础。① 据此，我们认为，国家能力包括资源汲取能力、发展经济能力、社会管理能力、公共服务能力、制度规制能力等五大能力，实践中，这些能力互相依赖、相辅相成。

1. 资源汲取能力

资源汲取能力与国家相伴而生。任何国家要生存，首先必须汲取资源，只有国家实际掌握资源，才能确保国家政策的实施、国家意志的实现，也才能实现国家的其他能力和履行国家职能。国家向社会进行资源汲取，在不同时期、不同发展阶段，汲取的对象和强度有所不同，但是，国家对社会汲取资源只是手段，其目的在于构建从人类社会中分化出来的管理机构的政府。② 韦伯在阐述官僚制的发展时认为，足够的财政资源和公共财政的发展是建立理性化官僚制的基础，官僚化也是一种财政理性化（即诉求于系统的、制度化的财政资源）的过程。③ 因此，只有国家具有充足的财政资源，才能构建官僚化组织体系，也才能成功推行政策，贯彻国家意志，国家对社会管理能力和公共服务能力才能相应得以增强。进入现代国家，国家职能日益扩张，国家除了加强宏观经济调控能力外，还在社会管理和公共服务能力上有更高的要求。由于现代国家的所有职能必须以充足财源基础为支持，国家所需公共财政规模将越来越

---

① 王绍光：《安邦之道：国家转型的目标与途径》，生活·读书·新知三联书店2007年版，第3—4页。
② 《列宁选集》第4卷，人民出版社1972年版，第45页。
③ ［德］马克斯·韦伯：《经济与社会》，林荣远译，商务印书馆1997年版，第248—324页。

大，国家向社会资源汲取力度将相应加大。据此，我们可以得出这样的结论：一个较强的国家必须具有较强的资源汲取能力，即一个不能生成丰富资源来实现国家职能的国家不可能是强大的国家，也就是说，如果一个国家能够从社会汲取丰富的资源，并将汲取的资源用于国家目的，这个国家是强大的国家。因此，国家财政资源汲取能力是最重要的国家治理能力。

2. 发展经济能力

国家向社会汲取资源后，需要以国家为主体、为满足社会公共需要为目的配置资源。在现代工业化国家，由于经济增长对国家发展实在是性命攸关，国家发展经济能力的强弱决定国家对社会资源汲取、社会管理和公共服务能力的强弱及实现程度，这就决定国家发展经济能力在整个国家能力中所占的比重和地位。虽然市场机制在资源配置、促进经济增长、产业调整等方面发挥基础性作用，但是，由于市场经济具有自发性、盲目性、滞后性等特点，"在现实世界中，还没有一种经济能够完全依照'看不见的手'的原则而顺利运行，相反，每个市场经济都会遭受其不完备性之苦"。① 基于市场经济发展到一定程度出现自身无法克服的矛盾，如垄断与失业并存、社会总供给与总需求的周期性失衡、贫富两极分化等，"市场失灵和对公平的关注提供了政府干预的经济学基础"。② 具体说来，国家发展经济能力主要表现为国家宏观经济调控能力、维护公平的市场竞争能力、收入再分配与提供社会保障的能力等。应当指出的是，"政府行为并不是消除市场经济缺陷的万能良药，政府的干预有可能不仅不会纠正市场的失灵，相反，会导致新的政府失败"。③ 在国家行使发展经济能力的过程中，为避免国家权力对市场经济过多干预，应减少直接行政管理手段，更多采取市场手段、法律手段

---

① [美]保罗·萨缪尔森、威廉·诺德豪斯：《经济学》（第16版），萧琛等译，华夏出版社1999年版，第27页。

② 世界银行：《1997年世界银行发展报告：变革世界中的政府》，中国财政经济出版社1997年版，第26页。

③ David N. Hyman, *The Economics of Governmental Activity*, New York: Holt, Rinehart and Winston, Inc., 1973, p. 20.

对市场经济进行间接调控与规制。

3. 社会管理能力

社会管理能力是指国家对社会的控制与渗透能力。马克思恩格斯指出，"政治统治到处都是以执行某种社会职能为基础，而且政治统治只有在它执行了它的这种社会职能时才能持续下去。"[①] 作为"最强大的、经济上占统治地位的阶级的国家"，政治统治的实质是为了维护统治阶级的政治、经济、文化利益，但同时，国家又是"表面上凌驾于社会之上的力量"，这就要求国家履行社会职能，将冲突控制在"秩序"的范围之内。因此，任何国家在任何时期，要实现社会的稳定、和谐与发展，需要国家提供有效社会管理。在现代国家，随着经济体制、社会结构、利益格局的深刻变革和调整，利益主体多样化和价值取向多样化，社会矛盾与冲突层出不穷，这就需要国家提高社会管理能力，调整社会利益关系、回应社会诉求、化解社会矛盾、维护社会公正和社会秩序、提高社会认同。

4. 公共服务能力

现代国家，随着国家和社会经济不断发展，国家政治统治和社会管理的职能的重心、权限范围与履行方式相应调整与变化，国家履行社会管理职能时把服务作为出发点和归宿，甚至在某种程度上现代国家社会管理本身就意味着服务，"管理"中有"服务"，"管理"是为了更好地"服务"，这就需要国家社会管理以此维持社会秩序，并在此基础上提供公共服务。公共服务能力是指国家向社会提供公共服务和公共产品的广度和深度，具体说来，公共产品与公共服务主要包括兴建城乡公共基础设施、发展城乡公共事业、提供社会保障服务、发布公共信息等。由于公共服务和公共产品的供给主要是为了满足全社会居民基本生产、生活需要，能够回应全社会居民在公共利益需求上的诉求，体现了让人们共同分享发展成果、促进社会公平正义价值的诉求，因此，公共服务能力着重于对其国民的内心征服，国家只有提高向社会提供基本公共服务和公共产品的能力，才能提升人们对国家政权认同感和归属感。

---

① 《马克思恩格斯选集》第 3 卷，人民出版社 1995 年版，第 523 页。

5. 制度规制能力

在现代国家，制度建设是国家治理能力建设的基础保障。基于国家权力具有强制性的特点，为避免国家权力的扩张侵犯社会，就需要以制度来规范和限制国家权力，将国家权力的行使限定在一定范围内。诺思指出，"在整个历史上，当人们需要在国家——但可能具有剥削性——与无政府之间作出选择时，人们均选择了前者。几乎任何一套规则都好于无规则。"[①] 具体而言，制度规制能力主要是指国家通过制定法律规范，规定国家权力运行规则，合理界定国家权力行使的边界，促进国家治理能力行使中与社会之间制度化、规范化、程序化关系形成。

通过对资源汲取能力、发展经济能力、社会管理能力、公共服务能力、制度规制能力的分析，关于国家能力内部之间互动关系，我们可以得出这样的结论。首先，在国家能力中，资源汲取能力是前提。从本质上看国家发展经济、进行社会管理和提供公共服务等，均是以国家为主体，以满足社会公共需要为目的的对资源的分配与配置的过程。国家只有较强的资源汲取能力，才能掌握足够的资源，也才具有较强的对资源进行分配与配置的能力。由此，国家能力的实现，资源汲取能力是前提。其次，在国家能力中，经济发展能力是基础。进入现代国家，国家经济发展能力增强，国家凭借国家权力调控宏观经济运行及影响微观经济主体行为，国家财源基础逐渐增强，其资源汲取能力相应增强，当国家对社会资源汲取能力增强时，国家社会管理能力及对公共服务能力自然也相应得以增强。这一时期，经济发展能力是国家能力实现的基础。再次，在国家能力中，社会管理能力和公共服务能力是关键。由于社会管理能力和公共服务能力体现了国家社会管理和公共服务职能，国家社会管理和公共服务职能的履行决定社会对国家的认同感和归属感，决定国家政权的合法性基础，因此，社会管理能力和公共服务能力是国

---

① ［美］道格拉斯·C. 诺思：《经济史中的结构与变迁》，陈郁、罗华平等译，上海人民出版社 1994 年版，第 24 页。

家能力中最为关键的两种能力。在现代社会，社会管理能力和公共服务能力强弱取决于资源汲取能力和发展经济能力的强弱。最后，在国家能力中，制度规制能力是保障。由于资源汲取能力、发展经济能力、社会管理能力、公共服务能力的行使凭借的是国家权力，是以国家暴力为依托，为避免国家权力无序扩张造成对社会的侵犯，就需要提高制度规制能力，为国家权力行使提供良好的制度环境和制度条件，保证国家权力规范运行，促进国家能力行使中与社会之间制度化、规范化、程序化关系形成。因此，制度规制能力是国家能力的保障。

（二）国家与社会合作治理能力

马克思经典作家认为，"国家是社会在一定发展阶段上的产物，国家是……从社会中产生但又自居于社会之上并且日益同社会相异化的力量。"[1] 作为"表面上凌驾于社会之上的力量"，国家相对独立于社会各阶级，以一种共同体利益的象征凌驾于社会之上，这就可能出现代表国家利益的国家计划和政策与统治阶级的利益之间发生冲突的情形。为确保国家政策能够贯彻实施，国家应具有"克服强有力的社会集团实际的或潜在的反对力量"的能力。[2] 由于国民是在一定的国土范围内通行的法律秩序及政策的承载者，[3] 作为"不是一个具有独立发展的独立领域的国家"，[4] 国家能力的行使与社会密不可分。在对国家能力定义上，学术界大多从国家与社会关系的角度予以研究。福山将国家能力定义为国家制定并实施政策和执法的能力，米格代尔认为国家能力就是"国家领导人通过国家的计划、政策和行动来实现其改造社会的目标的能力"。[5] 王绍光将国

---

[1] 《马克思恩格斯选集》第 4 卷，人民出版社 1995 年版，第 170 页。
[2] Peter B. Evans, Dietrich Rueschemeyer, Theda Skocpol, *Bring the State Back in*, Cambridge University Press, 1985, p. 9.
[3] [德] 哈贝马斯：《包容他者》，曹卫东译，上海人民出版社 2002 年版，第 127 页。
[4] 《马克思恩格斯选集》第 4 卷，人民出版社 1995 年版，第 251 页。
[5] [美] 乔尔·S. 米格代尔：《强社会与弱国家——第三世界的国家社会关系及国家能力》，张长东等译，江苏人民出版社 2009 年版，第 5 页。

家能力定义为，"国家将自身意志转化为现实的能力"。其公式定义为：国家能力是国家实际实现的干预程度与国家希望达到的干预范围之比。很明显，国家能力受到两个变量影响：一是国家希望达到的干预范围，二是国家实际实现的干预程度，前者越大，国家能力越弱，后者越大，国家能力越强。[1] 为了尽可能提高国家实际实现的干预程度，国家能力的行使中两种类型的权力交替使用：专断权力和基础性权力。专断权力指的是国家精英对国家权力运作中不与市民社会群体作例行公事式的协商；基础性权力指的是一个中央集权国家的制度能力，国家权力在行使中能够渗透到社会生活、切实有效落实自身政策的力量，是与社会生活共存的权力。[2] 为了区别迈克尔·曼所指的国家专断权力，米格代尔用社会控制的概念来代替国家基础性权力的概念，他将社会控制定义为民众社会行为的自身意愿、其他社会组织所寻求的行为都符合国家规则的要求。为促使民众自身意愿与自身行为符合国家规则的要求，要求国家规则制定要与民众进行程序性和制度性协商。[3] 亨廷顿从强大政府的角度探讨国家与社会之间的关系，他认为强大政府就是有能力制衡政治参与和政治制度化的政府，政治制度化是政治组织与施政程序获得公认价值内容和稳定性质的过程，也是国家在施政时与社会进行制度化协商与沟通的过程。[4] 通过对国家能力行使和国家与社会关系的研究可知，国家能力能否实现及强弱程度，取决于国家对社会驾驭、控制与管理的程度，即国家与社会互动程度，也就是说，国家能力的实现有赖于国家与社会的合作能力的增强。

---

[1] 王绍光：《安邦之道：国家转型的目标与途径》，生活·读书·新知三联书店2007年版，第3—4页。
[2] [英]迈克尔·曼：《社会权力的来源》，陈海宏等译，世纪出版集团、上海人民出版社2007年版，第68—69页。
[3] [美]乔尔·S. 米格代尔：《强社会与弱国家——第三世界的国家社会关系及国家能力》，张长东等译，江苏人民出版社2009年版，第24—34页。
[4] [美]塞缪尔·P. 亨廷顿：《变化社会中的政治秩序》，王冠华译，生活·读书·新知三联书店1996年版，第12—22页。

三 国家治理能力建设路径选择

（一）学术界对国家治理能力建设的几种阐释

1. 从国家对社会渗透角度

为了增强国家治理能力，学者们认为国家可以通过以下方式实现国家对社会渗透和整合。具体而言，表现为以下几个方面。徐勇、黄辉祥、李海金、项继权认为国家通过"政党下乡"、"政权下乡"、"宣传下乡"、"行政下乡"、"服务下乡"等手段实现对乡村社会整合和渗透。"政党下乡"是指政党组织向乡村渗透，将分散的社会力量组织到政治共同体中来，同时吸纳社会力量参与乡村政治生活，实现农村社会政党化。[①]"政权下乡"是指权力的双向运作，一方面国家将散落于乡土社会的权力集中起来，另一方面实现国家权力对乡村社会渗透，将传统的官民隔离的社会转变成官民一体的社会。[②]"宣传下乡"是指国家通过宣传这种形式，将党和国家意志输入到乡土社会，强化农民的阶级、政党和国家意识，将亿万个体分散的农民整合到阶级、政党和国家的整体体系中。[③]"行政下乡"是指国家运用行政体系实现行政权力对乡村社区的渗透、介入和扩展，将国家意志输入乡土社会，将自然的分散的乡土社会变为一个行政的有组织的乡土社会。[④]"民主下乡"是晚清以降现代国家通过自上而下的"政权下乡"、"政党下乡"整合乡村社会的延续，现代国家通过"民主下乡"，推行民主取向的乡村治理机制，实现

[①] 徐勇：《"政党下乡"：现代国家对乡土的整合》，《学术月刊》2007年第8期。
[②] 徐勇：《政权下乡：现代国家对乡土社会的整合》，《贵州社会科学》2007年第11期。
[③] 徐勇：《"宣传下乡"：中国共产党对乡土社会的动员与整合》，《中共党史研究》2010年第10期。
[④] 徐勇：《"行政下乡"：动员、任务与命令——现代国家向乡土社会渗透的行政机制》，《华中师范大学学报》（人文社会科学版）2007年第5期。

了对乡村社会的再整合。① 李海金分析土地改革时期国家对农民政治（社会）身份的颠覆和重构过程，以及农民国家观念的转变和国家整合机制的转型。他认为，国家与农民的政治关系、农民的国家观念发生转变，国家对乡村社会的整合机制也发生转型。② 项继权提出走"服务下乡"，通过"服务"将分散的人们重新联系起来，增强人们对社区、社会及政权的认同感和归属感。

2. 从构建制度化官僚体系角度

制度化官僚体系的构建始于现代国家形成时期。马克斯·韦伯认为，现代国家是建立在"设有官僚行政管理班子的合法型统治"的基础之上的，③ 福山进而指出，"国家建设就是新政府机构（制度）的创建与现有政府机构的加强"。④ 斯考切波从行政组织的成立能够确保国家具有相对于社会自主性角度，指出"只要这些基本的国家组织存在，它们在任何地方都具有摆脱支配阶级直接控制的潜在自主性"。⑤ 维斯、霍布森认为基础设施的建设是构建一个制度化、理性化的官僚体系。⑥ 福山主张新建一批国家政府制度。⑦ 黄冬娅考察西欧现代国家形成历史，指出现代国家形成的过程就是统治者创设一系列的制度网络和行政机构以建立国家与社会各阶层及群体的直接联系的过程，伴随着现代行政体系的建立、规模的扩张以及理性化程度的提升，国家对社会控制能力得以加强，促进了国家能力的发展，国家治理能力增强的同时也促进了国家对社会的控制

---

① 黄辉祥：《"民主下乡"：国家对乡村社会的再整合——村民自治生成的历史与制度背景考察》，《华中师范大学学报》（人文社会科学版）2007年第5期。
② 李海金：《"符号下乡"：国家整合中的身份建构——侧重于土地改革时期的分析》，《贵州社会科学》2007年第11期。
③ ［德］马克斯·韦伯：《经济与社会》（下卷），林荣远译，商务印书馆1997年版，第241页。
④ ［美］弗朗西斯·福山：《国家构建：21世纪的国家治理与世界秩序》，黄胜强、许铭原译，中国社会科学出版社2007年版，第1页。
⑤ ［美］西达·斯考切波：《国家与社会革命：对法国、俄国和中国的比较分析》，何俊志、王学东译，上海人民出版社2007年版，第30页。
⑥ ［澳］维斯、霍布森：《国家与经济发展：一个比较及历史性的分析》，黄兆辉等译，吉林出版集团有限责任公司2009年版。
⑦ ［美］弗朗西斯·福山：《国家构建：21世纪的国家治理与世界秩序》，黄胜强、许铭原译，中国社会科学出版社2007年版。

与渗透能力。① 进入中国语境，渠敬东等从科层化官僚体系的角度，认为现代国家的建构就是技术性治理的过程，行政科层化的技术治理使得行政过程获得程序合法化基础，但同时因国家大量的行政支出和治理成本的增加而导致治理的负担再度转嫁到民众身上。由于各级行政体系的规模不断扩大，行政机器过于繁杂，易于将行政权力过度覆盖到社会生活的各个领域，压缩社会空间得以健康发育的余地，丧失对社会自主表达利益能力的敏感。② 姚洋认为国家治理能力提高是一个"中性政府"构建的过程。中性政府追求的是整个社会的经济增长，追求的是增加全体人民的利益，而不是特定集团的利益，中性政府对待社会各个集团采取不偏不倚的态度，不和任何一个集团结盟。③ 吴毅认为，国家能力建设的目的是为了构建一个理性化、制度化的官僚体系，而官僚化的本质就是组织运行的规则化、理性化过程。④ 欧阳静提出，重塑决定乡镇政权特性的结构及其所形构的关系和矛盾，增强乡镇政府基础性能力，将乡村建设成具有服务乡村社会能力的制度化官僚体系，应该成为国家政权建设的首要目标和任务。⑤

3. 从国家与社会制度统合角度

现代国家一个重要标志是国家专制性权力受到约束，国家权力行使中更强调国家与社会制度化协商和合作。迈克尔·曼认为国家权力包括两种类型：专断权力和基础性权力，专断权力指的是国家精英对国家权力运作中不与市民社会群体作例行公事式的协商；基础性权力指的是一个中央集权国家的制度能力，国家权力在行使中

---

① 黄冬娅：《国家基础权力研究述评：基于财政分析的视角》，《中山大学学报》（社会科学版）2010年第4期；黄冬娅：《国家如何塑造抗争政治——关于社会抗争中国家角色的研究评述》，《社会学研究》2011年第2期。
② 渠敬东、周飞舟、应星：《从总体支配到技术治理——基于中国30年改革经验的社会学分析》，《中国社会科学》2009年第6期。
③ 姚洋：《中性政府——对转型期中国经济成功的一个解释》，《经济评论》2009年第3期。
④ 吴毅：《小镇喧嚣——一个乡镇政治运作的演绎与阐释》，生活·读书·新知三联书店2007年版，第614页。
⑤ 欧阳静：《"维控型"政权——多重结构中的乡镇政权特性》，《社会》2011年第3期。

能够渗透到社会生活、切实有效落实自身政策的力量,是与社会生活共存的权力。① 为了区别迈克尔·曼所指的国家专断权力,米格代尔用社会控制的概念来代替国家基础性权力的概念,他将社会控制定义为民众社会行为的自身意愿、其他社会组织所寻求的行为都符合国家规则的要求。即国家规则制定要与民众进行程序性和制度性协商,在增强国家合法性的前提下提高民众的参与广度及对国家的服从程度,即促使民众自身意愿与自身行为符合国家规则的要求。② 亨廷顿认为强大政府就是有能力制衡政治参与和政治制度化的政府,政治制度化是政治组织与施政程序获得公认价值内容和稳定性质的过程,也是国家在施政时与社会进行制度化协商与沟通的过程。③ 在对第三世界国家研究中,研究者之所以用"国家政权建设"这一概念来表述曼的"国家基础性权力"的内涵,是因为第三世界所面临的许多新任务中,更多的是国家创建公共规则和治理社会的能力。④ 进入中国语境,张静认为国家政权建设实质上是国家治理角色和治理关系的制度(规则)改变问题,即国家要完成向公众提供公共服务的公共组织这一角色转变及公民制度化关系代表的公共性(公民)权利原则。⑤ 后来,她又从国家政权的权力来源的角度进行探讨,她认为,国家能力建设必定涉及权力本身性质的变化,国家—公共(政府)组织角色的变化,与此相关的各种制度—法律、税收、授权和治理方式的变化以及公共权威和公民关系的变化。⑥ 吴毅认为,国家政权建设看上去解决的是权力从地方向中央流动问题,但实质上,是治理角色与治理关系的制度(规则)改变

---

① [英]迈克尔·曼:《社会权力的来源》,陈海宏等译,世纪出版集团、上海人民出版社2007年版,第68—69页。

② [美]乔尔·S. 米格代尔:《强社会与弱国家——第三世界的国家社会关系及国家能力》,张长东等译,江苏人民出版社2009年版,第24—34页。

③ [美]塞缪尔·P. 亨廷顿:《变化社会中的政治秩序》,王冠华译,生活·读书·新知三联书店1996年版,第12—22页。

④ 欧阳静:《"维控型"政权——多重结构中的乡镇政权特性》,《社会》2011年第3期。

⑤ 张静:《国家政权建设与乡村自治单位——问题与回顾》,《开放时代》2001年第9期。

⑥ 张静:《现代公共规则与乡村社会》,上海人民出版社2006年版,第305页。

问题。为提高国家提供公共产品、管理公共财物、为公共社会服务的能力，他主张通过治理转型来实现国家权力合法性及治理之道的重建，从而增强和改善基础性权力功能等。[①]

（二）国家治理能力建设可行性建议

如前所述，学术界从国家对社会渗透、构建制度化官僚体系、国家与社会制度统合等三个角度提出国家治理能力建设的建议，其目的旨在为国家权力行使创造良好的制度条件、制度环境和制度功能，提高国家权力行使的绩效与能力。但是，学术界关于国家治理能力建设的建议或者脱离国家职能探讨国家制度和国家的"基础设施"建设，或者将社会当作国家对立面的权力，不是从合作伙伴关系而是将社会作为国家权力作用的对象探讨国家权力对社会的渗透。事实上，在现代社会，国家具有其他组织所无法承担的，必须由国家履行的一些独特的职能。[②] 为了实现国家职能，国家制定符合国家利益的规则与政策，并通过行使国家权威将规则、政策贯彻实施，并结合社会经济发展实际不断调整规则与政策，其目的就是为了在对社会有效汲取资源基础上，大力发展经济、进行社会管理、提供公共服务等，以适应和推动社会经济进一步发展。因此，国家能力的建设，必须是以资源汲取能力、发展经济能力、社会管理能力、公共服务能力建设为手段，只有以上国家能力增强，才能提高国家的治理绩效。与此同时，国家能力的行使是国家与社会这两个行为主体共同实施资源配置、维持制度秩序、履行公共政策的过程，为提高国家能力的效度，就要求通过制度规制国家权力的运行，合理界定国家权力行使的边界，促进国家能力行使中与社会之间制度化、规范化、程序化关系形成。

综上，国家治理能力增强表现为国家在资源汲取、发展经济、社会管理、公共服务、制度规制等方面国家能力的增强，同时要求

[①] 吴毅：《小镇喧嚣——一个乡镇政治运作的演绎与阐释》，生活·读书·新知三联书店2007年版，第727页。

[②] Mann M., *States, War, and Capitalism: Studies in Political Sociology*, Oxford: Blackwell Publishers, 1988.

国家能力行使中国家与社会之间形成制度化、程序化、规范化互动关系。因此，我们认为，国家治理能力建设的可行性路径应该表现为：在增强资源汲取、发展经济、社会管理、公共服务、制度规制等国家能力的同时，构建国家与社会之间制度化、程序化、规范化互动关系。

四 国家治理能力：一个研究乡村关系的分析框架

中国是个农业大国，一直以来乡村社会被视为国家政治统治稳定的基础，因此，国家对乡村的治理能力强弱对国家政权稳定与否有着重要影响。分析前文可知，国家能力包括资源汲取能力、发展经济能力、社会管理能力、公共服务能力、制度规制能力，那么，国家对乡村的治理能力相应也表现为这几种能力。国家通过发展经济、汲取资源、社会管理及提供公共服务等治理手段，将农民和乡村社会组织到国家政权体系，实现将乡村社会纳入到国家秩序范围的治理目标。在不同时期，由于国家对乡村治理能力不同，国家治理手段各有不同。在传统时期，国家难以从小农生产中获取更多的剩余，国家对乡村社会资源汲取能力有限，国家资源分配与配置能力薄弱，既缺乏足够财源基础建立官僚化的行政体系，也不能向乡村社会进行有效社会管理和公共服务，国家权力较少渗透乡村社区，对乡村治理更多依靠乡村社区自治力量，从整体上看国家乡村治理能力较弱。自晚清以来，中国开始由"传统社会"进入"现代社会"，进行国家政权建设和增强国家治理能力成为现代国家建构的一个重要内容。国家权力开始向乡村社区渗透，国家政权设置由县级向乡镇延伸，伴随国家官僚体系扩张的是国家对乡村社会资源汲取能力的下降，为缓解财政支出压力，国家通过土豪劣绅对乡村社区的强力榨取，传统乡绅逐渐退出乡村社会公共领域，传统乡绅不再向乡村社会进行社会管理与提供公共服务，传统乡村社会治理基础日趋瓦解，乡村社区走向破产与萧条，国家对乡村治理能力日渐薄弱。杜赞奇认为，"新中国初期完成了民国政权未完成的'国家政权建设'的任务"，"合作化从政治和经济上均实现了'政权建设'的目标"。① 新中国成立至人民公社时期，国家在政治、经济、文化上对乡村社会进行改造与渗透，乡村社区自治力量被消灭，乡村社区的统治权第一次集中到正式的国家官僚体系中来。在对乡村治理上，国家垄断及主导农村经济发展、以超强的手段全面控制及汲取社会资源、以高强度的政治与行政方式控制乡村社区、由国家向乡村社区提供完全的公共服务等，导致国家权力对乡村社区政治、经济、社会全面控制和绝对垄断，并由此将国家权力弥散到乡村社区的各个角落，逐渐形成"总体性社会"，人民公社时期国家乡村社区治理能力得到显著增强。伴随人民公社的解体，乡村社区进入"乡政村治"时期，作为基层国家政权的乡镇政府代表国家对乡村社区进行治理，在乡村治理目标的实现过程中，乡镇政府往往借助村委会这一被国家建构的乡村社区自治组织，乡村两级组织密切的互动关系相应形成，国家对乡村治理能力逐渐增强。

综上，国家对乡村治理的过程就是国家权力与乡村社区自治力量博弈与互动的过程，不同时期，由于国家对乡村治理能力不同，国家权力与乡村社区自治力量对比关系不同，在两种力量博弈与互动中，乡村关系在各个历史时期展现出不同的图景。由此，我们在分析不同时期国家乡村治理能力的基础上，梳理不同时期乡村关系的演进逻辑，进而指出乡村关系的未来发展方向。

---

① [美]杜赞奇：《文化、权力与国家：1900—1942年的华北农村》，王福明译，江苏人民出版社2010年版，第240—241页。

第二章

国家治理能力视角下乡村关系演进逻辑

纵观国家对乡村治理能力发展历程，在不同时期，国家对乡村社区资源汲取能力、发展经济能力、社会管理能力、公共服务能力及制度规制能力不同，乡村社区自治力量发育程度不同，在国家权力与乡村社区自治力量博弈与互动中，乡村关系呈现为不同发展形态。

一 传统时期

传统中国是由官僚中国和乡土中国共同构成的。[1] 在传统时期，自秦始皇建立统一中央集权国家，专制权力开始支配中国社会。由于国家疆域辽阔、治理技术落后，加之小农经济不能支持庞大的官僚体系，国家权力渗透乡村社区能力有限，"皇权不下县"，国家将县级作为基层行政区划，"国权不下县，县下惟宗族，宗族皆自治，自治靠伦理，伦理造乡绅"。[2] 国家对乡村社区的管理主要通过官民合治的乡里制度实现，在以地缘、血缘为联结纽带的乡村社区，乡绅在教化乡民、维护乡村社区秩序等方面发挥积极作用。因此，代表国家皇权的乡里制度与代表地方自治权的乡绅共同对乡村进行

---

[1] 徐勇：《政权下乡：现代国家对乡土社会的整合》，《贵州社会科学》2007年第11期。
[2] 秦晖：《传统中华帝国的乡村基层控制》，载黄宗智主编《中国乡村研究》（第一辑），商务印书馆2005年版，第2页。

治理。

(一) 乡里制度

乡里制度发展经历以下三个阶段：自夏商周到隋朝的乡官制；隋唐到两宋时期由乡里制向保甲制、乡官制到职役制的转折；从王安石变法至清代，乡官制转变为职役制。

乡官制时期。里是中国传统时期最早的基层社会组织，萌芽于黄帝时代。[①] 按照书中记载，井田下面设置都、邑、里、朋、邻等基层治理单元，里是最早的村级组织形态。夏商时期承袭前制，里邑相同，已经成为基层社会的基本行政单位，并出现"里尹"、"里君"等官职。西周时期的区划为"六乡六遂"。[②] "六乡六遂"的乡的层级高于州县的行政建制，遂的层级亦高于州县，从治域范围和所处层级看，其时的遂更相当于后世州县之下的乡。[③] 春秋中期，由于战乱防备的需要，各国将县、乡作为下属行政单位，并把乡设置为县下的建制单位，由国君委任官吏对县、乡进行管辖，在乡下设置里，乡里组织已成为基层行政组织。战国时期，各诸侯国为了加强集权，先后设置了县和郡。从此，每个诸侯国都确立了从国到郡，从郡到县，从县到乡这样一个脉络清晰的行政系统，这个系统分布到每一个角落，控制着整个国家和社会。[④] 将乡里组织纳入中央集权体制始于秦朝，秦朝统一中国后，对地方行政制度进行以下设置：县是秦朝最基层行政组织，乡是县级政权组织的延伸，乡以下设亭、里、什、伍作为行政末梢，乡里组织负有收税、教化、维护社会治安、司法等职责。西汉对秦朝乡里制做出以下的改进，在全国范围内建立乡、亭、里、什、伍等基层组织，其中，乡亭是国家基层行政机构，其官吏由国家任命并由国家财政供给，里、什、伍是群众组织，对乡亭存在一定的依附性。这种分工，与现行的村

[①] （明）叶子奇：《草木子》卷之3下，中华书局1997年版。
[②] 赵秀玲：《中国乡里制度》，社会科学文献出版社1998年版，第24页。
[③] 朱宇：《中国乡域治理结构：回顾与前瞻》，黑龙江人民出版社2006年版，第54页。
[④] 杨宽：《战国史》，上海人民出版社2003年版。

民自治组织内部分工有一定相似之处。① 魏晋和南朝主要是沿袭汉制。魏晋南北朝时期由于战乱,不少百姓离开家乡重新聚集在一起,形成了有别于原来的"里"的村落。② 作为自然聚落的村与作为基层行政编制单位的里并存。由此,"村"逐渐演变为一个完整的地域概念。由此可知,这一时期战乱不断,国家难以对整个领土疆域实现有效的统治和治理,加之交通通信等技术障碍,国家权力对农村社会基层控制较少。"同一切处于不发达的交通技术条件下的世袭制国家组织一样,中国的行政管理的集中化程度也十分有限。"③ 此一阶段的基层治理组织,称不上严格意义上的地方行政机构。④ 因此,在基层治理中,乡和里在乡村治理中发挥重要作用。在乡官的选任上,由于乡官主要职责是负责乡民的衣食住行和教化礼仪等,因此在乡里官长职位选任上,往往由乡老推荐贤者担任。乡官主要由官派产生,辅以民间推选⑤。总的说来,这一时期乡村社会基本处于半自治状态。

乡里制到保甲制、乡官制到职役制的转变时期。隋唐时期乡里制度进一步弱化"乡"的功能,乡已不再是正式的行政单位,只具有一定的行政功能,"里"成为乡里组织的重要层级,同时强化县以上政权的力量。唐代实行的是乡、里、村三级制,乡的功能不断被弱化为县的派出机构,⑥ 至此,乡级组织不再是正式行政单位,只具有一定的行政功能。随着乡制作用的弱化,里和村在乡里组织中重要性日益凸显出来。特别是国家将各种杂乱聚落整合为村,通过律、令等法律制度对其进行管理,村作为国家最基层管理组织正式产生,实现了国家对乡村社区的权力渗透。五代十国的乡村治理

---

① 周仁标:《论完善农村基层自治的路径》,《社会主义研究》2009 年第 3 期。
② 赵秀玲:《中国乡里制度》,社会科学文献出版社 1998 年版,第 24 页。
③ [德] 马克斯·韦伯:《儒教与道教》,王容芬译,商务印书馆 1995 年版,第 98 页。
④ 王铭铭:《国家与社会关系史视野中的中国乡镇政府》,载《走在乡土上——历史人类学札记》,中国人民大学出版社 2003 年版,第 142 页。
⑤ 于建嵘:《乡镇自治:根据和路径——以 20 世纪乡镇体制变迁为视野》,《战略与管理》2002 年第 6 期。
⑥ "贞观九年每乡置长一人,佐二人,在十五年省",见《通典·职官典》。

制度主要是沿袭隋唐，实行乡、里、村三级制。北宋初期县以下为乡，仍实行乡里制。北宋中后期特别是王安石变法实行保甲制度后，乡里制度发生了重大变化，乡不再是行政单位，里正户长等乡官身份发生变化，不再是领取国家俸禄的正式官员，都是以服役人的身份接受政府的驱使。① 在国家权力不断控制乡村社区的情况下，乡官的"自治性质"与国家专制权力不相容。由于国家行政压力和任务不断加压于乡官，许多乡官放弃该职务，只好"轮差"，"乡职"于是沦落为与军旅、劳作等力役同样性质的工作，称为"职役"。② 总体来说，这一阶段处于由乡里制向保甲制、由乡官制向职役制的转变，国家权力不断加强对乡村社区控制，乡里自治色彩日益淡化，乡和里的地位逐渐沦落。

　　职役制时期。元朝乡村治理采取里甲制和村社制并行的混合管理模式。里甲与村社都是基层社会组织，里甲主要是维护社会治安，村社主要负责贯彻执行农村政策，监督和督促农民进行农业生产。明代乡村治理采取役政合一的里甲制模式，里甲制度已成为地方上一种准行政式的基层建置，它在维护明代封建中央集权统治中发挥了极其重要的作用。③ 元明时期，为了加大对乡村社区的控制，乡里制度的职役性质越来越明显，这就阻断了里长、甲首与乡民的紧密联系。清朝乡村治理采取保甲制和里甲制并行的模式。保甲组织是地方基层行政组织，其职责是维持社会治安，管理地方户籍、受理司法诉讼等。清朝的里甲承袭明朝，里甲的职能主要是征收赋税。事实上，保甲与里甲职责不分，合二为一。"到了18世纪中期，保甲人员担负了许多赋役催征责任，从而使保甲与里甲职责混

---

　　① 宋史记载，"始联比其民以相保任。乃诏畿内之民，十家为一保，选主心有干力者一人为保长；五十家为一大保，选一人为大保长；十大保为一都保，选为众所服者为都保正，又以一人为之副。应主客户两丁以上，选一人为保丁。两丁以上有余丁而壮勇者亦附之，内家赀最厚、才勇过人者亦充保丁"，见《宋史·兵志六》。

　　② 魏光奇：《官治与自治——20世纪上半期的中国县制》，商务印书馆2004年版，第17页。

　　③ 董建辉：《传统农村社区社会治理的历史思考》，《中国社会经济史研究》2002年第4期。

淆不清。"①.总的来说，清朝乡里制度属于职役性，国家权力通过保甲制和里甲制向乡村社区延伸。

（二）乡绅自治

在传统时期，由于小农经济的影响，乡村社区人口流动极少，乡村社区是由血缘、地缘缔结的熟人社会，具有较强的封闭性和排他性，这就决定国家政权对乡村社区进行治理时必须尊重和利用乡村社区巨大的内聚力，依托乡村内生的民间权威。乡绅是乡村社区特权阶级，主要由有德行的长者、有名望的乡绅、有财产的地主及还乡的官僚等构成。在西周和春秋战国时期，乡是国家最基层的行政区划，乡官虽由上级任命为主，但由于乡村社区较强的自治传统，主要由乡民推举本社区品行高洁的乡绅担任乡官，乡级处于半自治状态。秦汉时期，朝廷命官至乡治，三老、啬夫、游徼和乡佐由朝廷任命，但同时三老的职责是教化乡民，维护社会秩序，朝廷在任命乡官时往往会选择品行高洁、有影响力的乡绅，通过他们实现对乡村社区的治理，乡绅也借此得到官方身份从而增强其公共权威。魏晋南北朝以后，国家权力从乡镇撤退到县一级，县成为国家最基层的行政区划，县及县以上官员由朝廷任命，乡官由民间有德行乡绅、地主等担任。由于乡官与朝廷联系不大，乡官除完成国家下派的征粮纳税任务外，其主要职责是维护乡村社区秩序、教化乡民等，乡里制度自治色彩更为浓厚。如明朝的里甲也承担和睦邻里关系，调节民事纠纷，实施互助保障，维护村社治安和督劝农桑等乡村自治职能。自北宋王安石变法实行保甲制后，随着乡里制向保甲制、乡官制向职役制转变，保长、甲长等乡官失去政府官员待遇，逐渐沦落为被县级政府任意驱使的差役。随着乡官地位下降，乡绅不愿意担任乡里职役，他们往往凭借其在乡村社区特殊地位、声望等社会资源，通过操纵保长、甲长等乡官的任免和权力行使间接影响乡村社区治理。表面上看，他们逐渐游离乡里制度之外，实

---

① ［美］杜赞奇：《文化、权力与国家：1900—1942年的华北农村》，王福明译，江苏人民出版社2010年版，第43页。

质上他们仍是乡村社区的真正主宰和权力中心。

(三) 国家权力与乡村社区自治力量共存共生

由于我国是个传统农业社会，国家乡村社区经济发展能力较弱，这就决定国家资源汲取能力较弱，国家财源基础薄弱。相应的，国家社会管理能力和公共服务能力较弱，因此，国家权力较少渗透到乡村社区。在资源汲取上，向广袤的乡村和分散的农民征取税赋的成效不仅取决于王权对乡村社区的干预和控制能力，也直接受制于管理与控制成本。① 在资源量不足、组织化水平低的乡村社区，为了最有效、更经济地实现税赋征收的目标，历代王权都借助乡里组织这一地方组织的力量。在发展经济上，传统时期的中国经济基础以农业为主，国家实施社会经济政策主要表现为通过里甲等乡里组织组织乡村社区兴修水利设施、督导乡民生产等。在社会管理上，相对于西欧工业化国家，中国以农业为基础，没有积累充足的社会经济资源量，且没有凭借市场体系延伸而形成高水平的组织化社会，国家政权对基层社会管理的社会基础较为薄弱。② 在公共服务上，国家财政资源缺乏，在治理成本约束下，国家权力对乡村社区公共服务供给能力不足。基于国家治理能力不足，为了维护国家在乡村社区的政治统治，增强其合法性基础，国家主要依托乡里制度、宗族制度、乡绅等地方自治力量实现国家乡村治理目标。其中，代表王权的乡里组织主要提供听讼案件、治安的维护、乡村教化以及户籍管理、组织农业生产等公共服务。宗族传统较为浓厚的乡村社区是一个以血缘为联结纽带的熟人社会，宗法关系下的道德、习俗、家规族规等自生自发秩序约束乡民的行为，保证乡村社区内部有序和安宁。同时强大宗族利用在乡村社区中的公共权威及凭借持有公有族产，在贫弱救济、引导农业生产、发展教育、调解纠纷、平息事端、维持社会秩序等方面发挥出重要功能，部分弥补

---

① 项继权：《中国乡村治理的层级及其变迁——兼论当前乡村体制的改革》，《开放时代》2008 年第 3 期。

② 彭勃：《乡村治理：国家介入与体制选择》，中国社会出版社 2002 年版，第 51 页。

国家对乡村社区在公共服务和社会秩序控制能力方面的不足。从整体上看，自保甲制度推行以来，代表族权的宗族组织与代表王权的乡里组织关系密切，有时候甚至人员交叉重合，宗族组织成为国家在乡村社区治理的基础。弗里德曼对中国东南地区宗族组织研究发现，宗族组织兴起主要源于在国家权力无法渗透到边陲地带时，宗族组织能够促使人民聚族自保，并以此保持在国家与社会之间的权力平衡。① 据此，古德指出，"在中华帝国统治下，行政机构的管理还没有渗透到乡村一级，而宗族特有的势力却一直维护着乡村社会的安宁和秩序。"② "事实上，在帝国时代的大多数时间里，国家能够在大部分地区榨取足够的赋税，以满足正常的需要和维持社会秩序的稳定。使这些成为可能的是林林总总的地方村社的非正式制度，这些制度是在国家需要和地方社群自发承担日常政府职能的过程中成长起来的。"③ 不过，作为王权代表的保甲组织和作为血缘性亲属组织的宗族在乡村社区治理中存在诸多局限，给乡民提供的保护是有限的，为了更好地保护乡民利益，超越宗族的更公正的权威——乡绅因应而生，以乡绅为代表的地方精英是衔接国家与乡村社区的中介桥梁，他们作为政府官员和乡民的中介，在乡村社区水利等公共工程的修建、组织乡民从事公益活动、对乡村社区社会秩序维护、发展乡村社区教育及传播儒家价值文化、协助官府进行税赋征缴等方面发挥积极作用，这样，具有地域性政治组织的乡里组织、具有血缘性的宗族组织、具有地方性自治组织的乡绅共同形成了"权力的制度网络"和"权力的文化网络"，并促进国家对乡村社区的治理和整合的目标的实现。

由此，传统时期乡村社会存在着两种力量和秩序：一种是延伸到县级以王权为中心的国家官僚系统，代表着国家的力量与"人造秩序"，在国家获取资源前提下，国家不会过多干预乡村社区内部

---

① ［美］莫里斯·弗里德曼：《中国东南的宗族组织》，上海人民出版社2000年版，第145—155页。
② ［美］古德：《家庭》，社会科学文献出版社1986年版，第166页。
③ ［美］李怀印：《华北村治——晚清和民国时期的国家与乡村》，中华书局2008年版，第2页。

事务，国家对乡村社会干预和控制仅依靠律法或抽象的观点和意识形态。一种是以地方内生权威为中心的家族或宗族系统，代表着民间力量与自生自发秩序，① 自生自发秩序也可以说是费孝通所概括的"长老统治"和"礼治秩序"，或杜赞奇所说的"权力的文化网络"，这是地方内生权威行使自治权的社会基础。在传统国家维持的行政权威及体系整合水平非常有限的情况下，② 由国家权力建构的"人造秩序"仅表现在抽象意识及律法上对乡村社区进行调控，因此国家力量与"人造秩序"对乡村社区干预和控制较低、影响甚微。乡绅等地方内生权威是乡村社区主要管理者，乡村社区依靠宗族规则和乡规民约等自生自发秩序进行自我管理和服务，国家力量与乡绅等自治力量之间处于一种共存与互补的状态。但同时要注意的是，由于国家权力与乡村社区自治力量的权力来源不同，这就决定这两种权力存在疏离、冲突的一面。由于乡村社区自治权力主要来源于乡村社区，乡绅等地方自治力量享有地方权威来自于社区共同体成员的认可，乡绅等地方自治力量具有荫庇乡村社区的自愿，乡绅等自治力量对自治权的行使主要是维护乡村社区内部整体利益，这就出现乡绅等自治力量行使的自治权与政府行使的行政权相互分离的情形。这样，国家权力与乡村社区自治权力通过这种曲折而非对抗和强制的方式，国家力量与"人造秩序"和乡村社区自治力量与"自生自发秩序"相互勾连起来，并将社会自身秩序控制在国家意欲的秩序范围之内。③ 总之，这一时期国家对乡村治理能力不足，国家权力与社会自治力量在合作和博弈中共存共生，乡村社会的运转是国家权力低度干预下的乡村自治。

---

① 邓正来将哈耶克"自生自发秩序"解读为人之行动的非意图的后果，而非人之设计的后果。参见邓正来《自由主义社会理论：解读哈耶克的自由秩序原理》，山东人民出版社2003年版，第94—95页。

② [英]安东尼·吉登斯：《民族—国家与暴力》，胡宗泽、赵力涛译，生活·读书·新知三联书店1998年版，第63页。

③ 黄冬娅：《多管齐下的治理策略：国家建设与基层治理变迁的历史图景》，《公共行政评论》2010年第4期。

二 近代时期

（一）乡村建制

晚清时期，腐朽的清王朝统治已经摇摇欲坠，西方列强的入侵加剧清王朝治理危机，传统国家统治的合法性和合理性也受到质疑。在内外双重危机交困下，为延缓自己的灭亡，清王朝开始实行"新政"，这也开启我国现代国家建构过程。魏光奇认为晚清"新政"的"官治"和"自治"基本思路就是实现以上目标的具体路径选择。所谓"官治"就是由国家派官设治，扩充和健全州县国家行政，建立乡镇一级行政机构，目的是将国家行政系统延伸至地方社会政治、经济、文化等社会事务。所谓"自治"就是在国家行政的基本框架之下另外建立一个相对独立的"以本地人、本地财办本地事"的行政系统。[①] 由于清末新政是基于当时情势而为的政府自上而下的改良运动，因此，地方自治从一开始就刻上了政府推动和官主民辅的深刻烙印。[②] 辛亥革命后，国民政府继续强化国家政权整合能力及对乡村社会组织体系建设，主张以县为单位进行地方自治。孙中山认为，"中华民国之建设，必当以人民为基础；而欲以人民为基础，必当先行分县自治。"[③] 1921年7月北洋政府公布《乡自治制》等规则，在县下设立市、乡，市、乡均为地方自治体，并设置由选举产生的议决机关、执行机关和监督机关。1922年阎锡山公布了《改进村制条例》，设置村公所、村民会议、息讼会、村监察委员会等机构。[④] 通过设置"村制"，国家政权进一步下沉到乡村社区。1928年9月，南京国民政府在总结山西村治经验的基础上

[①] 魏光奇：《官治与自治——20世纪上半期的中国县制》，商务印书馆2004年版，第80页。

[②] 俞可平、徐秀丽：《中国农村治理的历史与现状——以定县、邹平和江宁为例的比较分析》，《经济社会体制比较（双月刊）》2004年第2期。

[③] 孙中山：《孙中山全集》第七卷，中华书局1984年版，第67页。

[④] 李茂盛等：《阎锡山全传》（上），当代中国出版社1997年版，第254—255页。

公布了《县组织法》，规定县以下实行区、村、闾、邻四级制，其中，百户以上的街市称为里，百户以下的街市称为村，在村公所和里公所分别设置村长、里正。1929年6月颁布《重订县组织法》，将村改为乡，里改为镇。1929年，颁布的《乡镇自治施行法》、《乡镇闾邻选举暂行规则》，规定将原村里的职设改为乡镇的职设，设乡民大会、乡公所、调解委员会、监察委员会等立法、执行、司法、监察机关。① 1930年7月修正的《县组织法》，把县以下的区和乡镇两级组织纳入国家行政系统，这两级官员纳入国家行政科层组织，自始，国家政权延伸至乡镇一级。1934年南京国民政府公布《改进地方自治原则》，规定县为一级，乡镇村为一级。1934年3月《改进地方自治原则》对村与乡做出了区分，聚居的能够独立成为自治体的村庄被称为村，不能独立成为自治体的村庄与其他村庄联合被称为乡。② 1939年南京政府又颁布《县各级组织纲要》，推行新县制，该制度的基本特点是"将地方自治与'官治'的国家行政相结合，将自治与保甲制度相结合"。③ 县以下确立区、乡（镇）、保、甲四级制，通过这四级基层政权的设置，将国家权力延伸至乡村社区。

综上，近代社会以来，乡镇行政机构以地方自治的形式设立，并成为国家一级正式政权组织，标志着国家政权设置由县级向乡镇延伸。由于战乱不断，地方自治只能体现形式上的自治而无法付诸实践，特别是国民党时期通过保甲制的设置，通过军政体制加大对乡村社区的控制。

（二）国家政权内卷化

现代国家建构的重要内容是国家一体化，这就要求实现国家对乡村社区权力渗透，将乡村社区整合到国家政权体系中。清末"新

---

① 朱宇：《19世纪中叶至20世纪中叶中国乡村治理结构的历史考察》，《政治学研究》2005年第1期。
② 《剑桥中华民国史》下卷，中国社会科学出版社2006年版，第395页。
③ 魏光奇：《官治与自治——20世纪上半期的中国县制》，商务印书馆2004年版，第212页。

政"的重要目的之一，就是"国家权力企图进一步深入乡村社会"。① 有学者指出，无论国家权力深入乡村社区目的如何，"他们都相信这些新延伸的政权机构是控制乡村社会的最有效的手段"。② 自始，国家权力开始深入到乡村社会，中国官僚机构第一次延伸至县级以下，通过延伸的官僚机构，国家权力努力实现对乡村社区的渗透和控制。伴随国家政权机关不断深入乡村社区，建立完备基层组织机构与管理体系所需治理成本激增，在当时资源紧张的情况下，中央及地方政府无法支付县级以下机构的经费支出，国家无法将乡级行政机构纳入正规国家官僚体系。此外，随着乡级行政机构的建立，地方财政压力支出更为紧张，农民负担日益沉重，国家相应加大对乡村社区财税索取力度。由于官僚机构和人员的增加需要足够财政供给，在财政供给不能支持官僚机构增长的需要时，在很多领域国家仍然没有能够建立有效的官僚机构并成功向乡村社区汲取资源，为了实现对乡村社区汲取资源和国家权力下沉的目标，国家转而依靠非官僚机构，这便是杜赞奇认为的由前官僚化或者说是世袭官僚政权向理性化官僚政权转化的一个必经阶段。③ 但是，这就形成以下悖论，一方面国家依托乡级行政机构控制乡村社区，另一方面，在无力支付乡级政府人员经济报酬的情况下，政府无法对这些人员不法行为进行有效的约束和监督，阻碍了国家对乡村社区有效整合目标的实现。因此，政权建设的结果是"国家财政收入的增加与地方上无政府状态是同时发生的，换句话说，即国家对乡村社会的控制能力低于其对乡村社会的榨取能力，国家政权的现代化在中国只是部分地得到实现"。④ 杜赞奇将这种"既有成功又有失

---

① ［美］杜赞奇：《文化、权力与国家：1900—1942 年的华北农村》，王福明译，江苏人民出版社 2010 年版，第 1 页。
② 同上书，第 3 页。
③ 黄冬娅：《多管齐下的治理策略：国家建设与基层治理变迁的历史图景》，《公共行政评论》2010 年第 4 期。
④ ［美］杜赞奇：《文化、权力与国家：1900—1942 年的华北农村》，王福明译，江苏人民出版社 2010 年版，第 66 页。

败、税收增加而效益递减"的奇怪现象，称为"国家政权的内卷化"。①

（三）赢利型经纪

"新政"使得乡村社区的乡绅的构成产生显著的变化。首先，乡村社区精英在城市化浪潮中日渐流失。在进新学堂读书和进城经商的城市化浪潮中，大量乡绅涌入城市。有资料显示，1905年前在城市学堂接受教育的人数不足30万。到1916年，在校学生为40万，受新式教育的总人数超过千万，而新旧绅士只剩下不到80万人。② 对于大多数受到现代教育的乡绅子弟，他们不大愿意回到乡村社区，这样费孝通所说的乡村社区的"社会损蚀"因现代化过程而加剧了。③ 其次，科举制度的废除削弱乡绅自治力量。在传统官、绅、民结构中，科举取士的官员遴选制度为乡绅进入国家的官吏系统提供可能，也源源不断吸纳平民流向乡绅队伍，乡绅队伍常规继替为乡村社区基层治理提供稳定的领导基层。科举制度的废除隔断了乡绅晋级的唯一渠道，使得乡绅丧失了治理乡村社区的体制性依靠，乡村社区自治力量大大被削弱。在乡绅队伍大量涌入城市过程中，土豪劣绅等乡村社区边缘人物开始占据乡村社区权力的中心。最后，在国家对乡村社区资源汲取目标支配下，赢利型经纪开始崛起。清朝"新政"中，各地兴办的新式学堂、设置巡警乃至在地方自治中推行选举都需要增加财政投入，这就使得国家财政更为困难。为缓解国家财政支出压力，加大对乡村社区资源汲取力度就成为中央及地方政权的必然选择。"新政"以来，乡民除了缴纳传统的赋税如田赋和田赋附加之外，还要以村为单位上缴村捐、亩捐，即摊款，层出不穷的摊款已成为压在乡民身上的沉重负担。前文已经指出，作为乡村社区非体制性精英治理的乡绅，他们的权威具有

---

① ［美］杜赞奇：《文化、权力与国家：1900—1942年的华北农村》，王福明译，江苏人民出版社2010年版，第66页。
② 王笛：《清末近代学堂与学生数量》，《史学月刊》1986年第2期。
③ 费孝通：《乡土重建》，载《费孝通文集》第四卷，群言出版社1999年版，第352—357页。

内生性，他们与乡村社区具有天然利益关联，他们与乡村社区和乡民的利益在总体上具有一致性，他们通过保长、甲长等乡官完成国家赋税收取任务，同时也负有抵御来自官府及衙役非法侵扰乡村的义务。在国家加大榨取乡村社区财富进程中，乡绅如果与乡保等国家政权代理人合作或者放任乡保压榨乡村社区，他们必然会丧失在乡村社区的特殊地位、声望等权威。在乡绅无法从担任村庄领袖的行为中获得物质和精神的报偿后，他们日渐退出乡村社区的舞台，这为土豪劣绅的兴起提供条件。有学者指出，土豪劣绅以盘剥乡民作为他们行为的主要目的，摊款中的很大一部分没有用于新政费用的支出，而是被各种"经纪人"——县衙之下的吏、役、胥及地方上的国家政权代理人中饱私囊了，他们不满足于传统的田赋附加收入，而是利用收取摊款之机大肆搜刮乡民。①

由此可知，在国家政权建设进程中，国家试图将官僚机构建立到乡村社区，从而增强国家乡村治理能力和其统治合法性。然而，伴随国家政权机关不断深入乡村社区，建立完备基层组织机构与管理体系所需治理成本激增，国家无力发展乡村社区经济，却加大对乡村社区资源汲取力度。在国家对乡村社区的强力榨取下，传统乡村社区治理基础逐步瓦解，传统乡绅逐渐退出乡村社区公共领域，土豪劣绅开始将乡村公职作为其牟利的手段，在经济上对乡民横征暴敛，在政治上对乡民强迫专制。作为国家代言人的土豪劣绅破坏乡村社区的宗族规则和乡规民约等自生自发秩序，强化乡村社区离心力，乡村社区自生自发秩序被土豪劣绅破坏，逐渐走向破产与萧条。因此，这一时期国家对乡村治理能力日渐萎缩。

三　新中国成立至人民公社时期

新中国成立后，国家在政治上通过土地改革运动彻底摧毁乡村

---

① 张健：《中国社会历史变迁中的乡村治理研究》，博士学位论文，西北农林科技大学，2008年，第52页。

社区权力文化网络的根基，为国家权力迅速向乡村社区渗透提供了可能，并通过下派工作队、在乡村一级建立行政机构的做法，在乡村社区逐步建立自上而下的行政管理体系，从而将乡村社区的统治权第一次集中到正式的国家官僚体系中来。在经济上，国家通过互助组、初级股份合作社、高级股份合作社、人民公社等步骤走集体化道路，将散落于乡村社区的经济权力也集中到国家之手。在文化上，国家在土地改革中动用阶级斗争手段消灭连接国家与乡村社区的地方自治力量，并对乡村社区组织、设施、象征、符号到观念进行全面而彻底的改造，在现有的文化网络以外建构新的政权体系与意识形态系统，[1] 由此，乡村社区自治力量被消灭，乡村原有的信仰与价值体系、宗法规则、传统仪式等被取缔，依附于宗族、家族的农民被彻底个体化。此后，中国共产党通过政治动员将个体化农民再度整合到阶级、政党和国家的整体体系中，植入和强化农民的政党意识。[2] 由此，国家政权组织的权力集中和渗透能力都达到了从未有过的程度，国家终于将离散的乡土社会高度整合到政权体系中来，[3] 标志着国家政权"内卷化"扩张的终结。中国共产党人最终建构起了一个足以控制和变革社会的庞大的政治体系。[4] 从1958年实行人民公社化算起至1982年人民公社被正式废除，人民公社制度在农村存在并延续了25年之久。

（一）土地改革时期

新中国成立后，为实现对农村有效的整合，获取农民的支持，国家发动土地改革。土改是对原有乡村政权结构的第一次深度冲击，土改后开始形成"基层党组织+农会+乡村农民代表会议"的

---

[1] [美] 费正清、罗德里克·麦克法夸尔：《剑桥中华人民共和国史（1949—1965）》，王建朗译，上海人民出版社1991年版，第43页。

[2] 徐勇：《"宣传下乡"：中国共产党对乡土社会的动员与整合》，《中共党史研究》2010年第10期。

[3] 徐勇：《政权下乡：现代国家对乡土社会的整合》，《贵州社会科学》2007年第11期。

[4] Vogel Eraz F., *Canton Under Communism: Programs and Politics in a Provincial Capital, 1949-1968*, University of Harvard Press, 1969, pp.350-354.

新的基层结构。① 尽管在土地改革中"一切权力归农会",但是农民协会是在党的领导下的群众组织,土改过程中国家意志主要通过各种外派的土改工作队向乡村传递。在土地改革之前,土改工作队先在村庄摸底发现"积极分子",使之从乡村边缘人成为农民协会成员,并且将出身贫下中农的"土改积极分子"吸纳为党员。"一切权力归农会",是为了确立农民协会在土地改革中的权威,而同时,接受党的领导下农民协会权威的树立,也是党在农村树立权威的过程。与此同时,土地改革将村庄公共土地予以没收。村庄族庙公产被没收,村庄无力提供农民需要的社会保障,取而代之的是代表国家意志的农民协会对村庄财富及资源的再分配,使农民感受到无处不在的国家的身影,这就加大农民对国家的依赖,农民在情感上与村庄共同体日益疏离。更重要的是,为了动员农民去反对属于长辈的地主,农民协会采取诉苦、阶级斗争的方式,从而激发出农民强烈的阶级意识。此外,辅之以暴力农村革命的土地改革,拉开了中国共产党大规模彻底改造旧的社会秩序的序幕,用阶级关系揭开并取代了尚且带有温情脉脉面纱的家族关系和封建剥削租佃关系。② 通过土地改革,消灭了地主阶级,传统农村社会精英权威被消解,农村过去以宗族、家族、财富划分社会身份的做法也随之被国家权力划分的阶级成分代替。

(二) 合作化时期

国家逐步在农村推行合作化,广大农民走上了集体化道路,合作化时期经历互助组阶段、初级合作社阶段、高级合作社阶段。到高级合作社阶段,高级合作社承担了本社范围内组织劳动生产、进行社会管理、提供社会保障等政治、经济事务。农民无任何生产资料,也无任何劳动自主权,农民日常生活依附于高级合作社。1954年颁布的《宪法》取消了村级政权,乡镇成为农村的基层政权系

---

① 朱新山:《乡村社会结构变动与组织重构》,上海大学出版社2004年版,第73页。
② 苗月霞:《中国乡村治理模式变迁的社会资本分析——人民公社与"乡政村治"体制的比较研究》,黑龙江人民出版社2008年版,第56页。

统。这就使得乡（行政村）级政权的职能由高级合作社取代，高级合作社成为乡（行政村）级执掌公共权力的机关，实现了村社合一。

（三）人民公社时期

人民公社时期国家乡村治理能力得到显著增强。国家垄断及主导农村经济发展、以超强的手段全面控制及汲取社会资源、以高强度的政治与行政方式控制乡村社区、由国家向乡村社区提供完全的公共服务等，导致国家权力对乡村社区政治、经济、社会全面控制和绝对垄断，并由此将国家权力弥散到乡村社区的各个角落，逐渐形成"总体性社会"。

在资源汲取上，对于新生政权而言，其面临最为迫切的任务是在乡村社区汲取足够多的资源，为实现国家现代化和工业化的发展战略目标提供物质支撑。新中国成立后，国家组织农民走互助组、合作社、人民公社道路，将土地等生产资料集中到集体手中，由集体统一组织农民生产和统一分配，农民的生产生活都高度依附于公社组织，这为国家征购粮食等农副产品和征派劳动力奠定组织基础。在落实统购统销任务过程中，尽管国家对农民也采取利益诱导、经济引导等手段，但由于交粮纳款涉及农民根本利益，因此统购统销从本质上说是国家单方面的强制行为，国家通过人民公社这一农村基层政权组织实现行政命令的下达和完成。人民公社是融政权组织与生产组织为一体的国家基层政权，在人民公社内部，生产资料为集体所有，因此，农民生产什么、生产多少均由人民公社统一组织管理，农民无时不是、无处不是行政命令的对象，① 通过人民公社的制度设计，使得国家统购统销政策得以实现，从而保证国家对乡村社区资源汲取。

在发展经济上，相对于传统国家对经济发展的不干预主义，现代国家的一项重要职能是对经济发展进行宏观调控和市场规制，因

---

① 徐勇：《"行政下乡"：动员、任务与命令——现代国家向乡土社会渗透的行政机制》，《华中师范大学学报》（人文社会科学版）2007年第5期。

此，新中国成立后，国家通过行政力量大力推进一系列运动的目的均是为了促进农业生产，如通过土地改革实现国家对村庄财富及资源的再分配；农业集体化道路促使农民土地集体所有、农业生产的集体统一经营；人民公社时期人民公社全权负责本行政区域内的生产经营活动等。具体而言，人民公社通过集体化生产模式，大力发展本区域农业、畜牧业、林业、副业、渔业等生产事业；兴修全社范围内的农田水利设施；保护全社范围内的山林资源；督促生产队完成国家下达的粮食和其他农副产品的征购、派购任务，促进国家在农业生产上的积累与增长。由此，人民公社时期的集体生产，加之农产品的统购统销，中国共产党不仅成功地将原先独立分散的个体农民组织起来，而且成功地将组织起来的农民与市场相脱离，强化了农民对国家的依附，推动了国家与农村社会的一体化进程。[1]

在社会管理上，土地改革以及随后的人民公社制度都是国家控制乡村社会，实现政权建设与社会整合的重要手段与重要条件。[2]新中国成立初的土地改革运动，国家在经济上将土地等生产资料均分给农民，赢得农民对新生政权的认同，在政治上将地主阶级这一阶级整体消灭，将农民从对乡绅、地主、宗族等传统权力文化网络的依附中解脱出来，赋予作为个体的农民平等的政治、经济、社会权利，为新生政权奠定巩固的社会基础与政治支持基础。同时，国家又建立自上而下覆盖乡村社区的基层政权组织，实现国家对乡村社区的干预和控制。随后，国家通过合作化运动、人民公社运动，凭借集体经济组织将行政权力进一步嵌入到乡村社区。人民公社实行"集党、政、经、军、民、学于一体"的组织管理体制，在"组织军事化、行动战斗化、生活集体化"这一具有军事化特点的组织中，国家路线、方针、政策、意识形态均通过人民公社贯彻到乡村社区。据此，徐勇指出，在人民公社这一上下垂直纵向高度集权的治理体制中，政权组织的权力集中和渗透能力都达到了从未有过的

---

[1] 周晓虹：《1951—1958：中国农业集体化的动力——国家与社会关系视野下的社会动员》，载《中国研究》2005年第1辑，社会科学文献出版社2005年版。

[2] 于建嵘：《岳村政治——转型期中国乡村政治结构的变迁》，商务印书馆2005年版，第261页。

程度，个体化的农民社会前所未有的国家化，国家实现有效的社会控制与社会动员，并在此基础上建构新政权的合法性。①

在公共服务上，在"农业支持工业"的现代化发展战略下，我国采取城乡二元供给机制，强调"人民事业人民办"，集体经济组织在不同时期都积极承担其在公共服务供给上的责任。在合作社阶段，农业生产合作社在分配劳动成果的时候，首先提取用于发展合作社的文化事业和公共福利事业的公益金，并强调每个社员都应享有以上权利。在人民公社时期，农村公共服务供给绝大部分通过人民公社、生产大队、生产队等农村基层政权组织组织农民筹资筹劳。在公共基础设施兴建上，公社和生产大队分别担负全公社范围的或者生产大队范围内的共同的水利建设和其他有利于农业生产的基本建设。在社会福利和社会保险提供上，生产大队和生产队分别从可分配的总收入扣留一定比例的公益金，公益金除了支付社会保险和集体福利事业的费用之外，还用于对于生活没有依靠的老、弱、孤、寡、残疾的社员，家庭人口多劳动力少的社员，和遭到不幸事故、生活发生困难的社员的供给或者补助。同时还对生活有困难的烈士家属、军人家属和残废军人，因公负伤的社员，因公死亡的社员的家庭给以适当的优待。

总之，这一时期国家力量与乡村社区自治力量呈现极不均衡的配置与互动。人民公社时期是国家权力渗透在日常社会生活之中的基础性政治社会②及国家"人造"秩序控制乡村社区一切的社会，是完全意义上"人造"秩序社会，③与此同时，伴随国家权力在乡村社区全面渗透，乡村社区地方自治力量彻底湮灭，地方自生自发秩序被彻底破坏。这一时期，由于国家在资源汲取、发展经济、社会管理、公共服务等方面能力十分强大，国家乡村治理能力得到空

---

① 徐勇：《现代国家的建构与村民自治的成长——对中国村民自治发生与发展的一种阐释》，《学习与探索》2006年第6期；徐勇："政党下乡"：现代国家对乡土社会的整合》，《学术月刊》2007年第8期。
② 徐勇：《非均衡的中国政治：城市与乡村的比较》，中国广播电视出版社1992年版，第3页。
③ 李增元：《自生秩序抑或人造秩序：试论农村社区管理体制的生成机制及运行》，《全国博士生论坛"现代化进程中的农村与农民问题"论文集》，第329页。

前的增强，因此，我们可以用"全能主义"来概括这一阶段国家乡村治理能力的特点。① 但同时，乡村社区秩序维护由"人造"秩序干预和调控，乡村社区活动的一切内容均政治化并受到行政权威的约束，国家力量屏蔽地方自治力量，国家"人造"秩序完全遮蔽地方自生自发秩序，国家力量与地方自治力量无法达成制度化协商与互动关系，因而，一个制度化的理性化的官僚体制式的国家基础设施并没有建立，更没有有效地渗透到社会并实现制度化的、常规的运转。② 也就是说，国家希望达到的控制程度与实际达到的控制程度之间存在差距，在国家的触角是有限的情况下，③ 国家对乡村的治理能力是虚弱的。

四 "乡政村治"时期

（一）乡镇政府的设立与村民自治的推行

人民公社制度这样一种制度设计，解决了国家在农村提取资源与分散小农直接交易的难题，有助于推动国家现代化、工业化发展的进程。同时，人民公社组织分散小农跨区域修建农业基础设施，为农业发展奠定基础，具有一定历史进步意义。但同时，人民公社对本社范围内的政治、经济、社会、文化事务全面管理，农民在生产、生活上依附于人民公社，抑制农民的自主性和农村社会多样性。更重要的是，土地集体所有、集体经营的生产方式，单个农民无法享有土地等生产资料的所有权与经营权，农民丧失农业生产的积极性，造成了农村经济的长期低迷徘徊以及农民的普遍贫困化。

---

① ［美］邹谠：《二十世纪中国政治：从宏观历史与微观行动的角度看》，牛津大学出版社1994年版。

② Lucian W. Pye, *The Dynamics of Chinese Politics*, Cambridge, Mass.: Oelgeschlager, Gunn Hain, 1981; Franz Schurmann, "Ideology and Organization in Communist China", Vivienne Shue, "The Reach of the State: Sketches of the Chinese Body Politic",《中国农村观察》2006年第5期。

③ Vivienne Shue, *The Reach of the State: Sketches of the Chinese Body Politic*, University of Stanford Press, 1998.

到 20 世纪 70 年代中后期，人民公社体制日益废弛。由农民发起的以家庭联产承包责任制为主要内容的农村经济体制改革更加速了它的瓦解。家庭联产承包责任制使得农民获得了承包土地的使用权、经营权以及人身自由权，农民从人民公社这种集政治、经济、军事、文化于一体的地方性组织回归到家庭组织中。党的十一届三中全会以后，人民公社的部分权力开始从农村社会退出，与农民利益关联极大的社会治安、公共设施、社会福利、土地管理、水利管理等公共事务陷入无人管理的困境，农民也陷入无组织的离散状态，乡村社会的无秩序状态给农民生产生活造成极大的不便。20 世纪 80 年代初，广西北部的宜山、罗城一带出于社会管理的实际需要，自发组建村民委员会，协助乡镇政府维护社会治安。由此揭开了当代中国实至名归的村民自治活动的大幕。① 对于国家而言，为了填补人民公社在农村社会权力撤离引起的"权力真空"，除了继续发挥农村基层党组织的政治、组织上领导作用外，也认可村民委员会在维护村庄公共秩序中的作用，并且将其由制定村规民约、维护村庄公共安全的职能扩充为对农村事务的全面的管理。彭真在 1982 年 7 月 22 日的全国政法工作会议上指出："村民委员会过去是有的，中间一个时期没有，近几年有些地方又建立起来了，是群众性自治性组织，大家订立公约，大家共同遵守，经验是成功的，应普遍建立。"② 1982 年 9 月召开的中共十二大指出，社会主义民主要扩大到政治生活、经济生活和社会生活的各个方面，要发展各个企业、事业单位的民主管理，发展基层社会生活的群众自治。十二大强调社会主义民主的原则，并且肯定了基层可以实现群众自治。在此思想指导下，1982 年《宪法》第 111 条规定，"城市和农村按居民居住地区设立的居民委员会或者村民委员会是基层群众性自治组织。居民委员会、村民委员会的主任、副主任和委员由居民选举。"通过国家根本大法肯定了村民委员会和村民自治的合法地位。同时《宪法》第 30 条第 3 款规定，"县、自治县分为乡、民族乡、镇。"

---

① 刘庆乐：《当代中国村民自治历史起点问题》，《华中师范大学学报》（人文社会科学版）2009 年第 11 期。

② 彭真：《彭真文选》，人民出版社 1991 年版，第 430 页。

将基层行政区划由人民公社改为乡镇，第95条规定，"省、直辖市、县、市、市辖区、乡、民族乡、镇设立人民代表大会和人民政府。"将基层行政区划改"人民公社"为"乡"，而认定农村按居民居住地区设立的村民委员会是"基层群众性自治组织"。以上规定，不仅通过国家宪法宣告人民公社的终结，而且为实践中政社分离提供法律参照。1983年10月，《中共中央、国务院关于实行政社分开建立乡政府的通知》明确指出："各地在建乡中可根据当地情况制订村民委员会工作简则，在总结经验的基础上，再制订全国统一的村民委员会组织条例。"《通知》正式宣告人民公社开始解体，要求在农村建立由村民选举产生的村民委员会，并对村民委员会的设立、职能、产生方式进行了初步规定。此后，全国性政社分开，建立乡政府的工作陆续展开，基层普遍撤销生产大队设立村民委员会。到1983年底，全国已有12702个人民公社宣布解体，1984年底又有39838个人民公社摘掉牌子。1985年所余的249个人民公社自动解体，取而代之的是79306个乡、3144个民族乡和9140个镇。① 至此，"人民公社"最终成为历史。1985年春，建乡工作全部完成，全国5.6万多个人民公社、镇改建为9.2万多个乡（包括民族乡）、镇人民政府。同时按照宪法规定，取消了原有的生产大队和生产小队，建立了82万多个村民委员会。② 村民委员会在全国范围内设立，村民自治的组织载体和制度初步形成，标志着"乡政村治"治理体制初步建立。

为了动员广大村民参与村民自治，保证村民政治权利得以行使，1986年9月中共中央和国务院发出的《关于加强农村基层政权建设工作的通知》强调，村民委员会要发动广大村民积极参加社会生活的民主管理。1987年，党的十三大明确提出要充分发挥基层群众性自治组织的作用，促进农村民主政治建设。这一政策促使《中华人民共和国村民委员会组织法（试行）》的出台。1987年11月《中华人民共和国村民委员会组织法（试行）》得以通过，并于

---

① 《中国统计年鉴（1997）》，中国统计出版社1997年版。
② 项继权：《从"社队"到"社区"：我国农村基层组织与管理体制的三次变革》，《理论学刊》2007年第11期。

1988年6月1日开始试行，于是在全国农村基层普遍地建立了村民委员会，"乡政村治"的治理架构最终确立。"乡政村治"体制不仅重新构造了农村基层的行政组织与管理体系，也重新划定了国家权力与社会权力、农村基层政府与农村基层自治组织的权力边界。①

（二）国家对乡村治理能力逐渐增强与村民自治的发育

"乡政村治"时期，基于我国后发外生型现代化国家赶超战略的选择，国家在推行现代化过程中，将分散的乡村社区整合到国家政权体系，试图实现对乡村社区政治、经济、文化、社会等方面深入介入与干预。随着国家对农村宏观战略调整，国家发展经济能力、社会管理能力、公共服务能力、制度规制能力不断增强，乡村社区民主化进程日益推进。具体说来，"乡政村治"时期又以农村税费改革为分水岭，这就使得国家对乡村治理能力在两个发展阶段呈现不同的表征。

第一阶段是指自推行村民自治至农村税费改革时期。在这个时期，一方面国家大力发展乡村经济、进行社会管理、提供公共服务和加强村民自治制度建设，力图实现将乡村社区整合到国家政权体系的目标，增加国家对乡村治理能力；另一方面，随着国家放权乡村社会，村民自治的实施为乡村自治力量的增强提供了广阔的空间和深厚的土壤，乡村社会对乡镇政府形成了越来越强的制衡和倒逼机制，乡村治理日益走向制度化、规范化的轨道。应当特别指出，在"农业哺育工业"的国家宏观战略指导下，国家乡村治理的总目标是为了实现对乡村社区资源汲取，为实现这一目标，乡镇政府加强对乡村社区自治组织的行政化控制，乡村社区的公共权力组织被乡镇政府更多地作为科层制组织来管理。② 因此，国家权力的行使不受社会制约，甚至屡屡侵犯农民合法权益，国家权力与乡村社区自治力量没有呈制度化、规范化、程序化的运作。从整体而言，乡

---

① 项继权：《20世纪晚期中国乡村治理的改革与变迁》，《浙江师范大学学报》（社会科学版）2005年第5期。
② 赵树凯：《乡村关系：在控制中脱节——10省（区）20乡镇调查》，《华中师范大学学报》（人文社会科学版）2005年第5期。

村政治表现为鲜明的"非均衡"特征：在国家内部，国家对乡村治理能力和国家与社会的制度化关系是"非均衡"的，在国家与社会之间，乡镇政府与乡村社区自治组织之间力量也是"非均衡"的。

第二阶段是指自农村税费改革至今。自农村税费改革以来，国家对农村由"资源汲取"到"资源供给"，国家对乡村社区公共服务和公共管理力度加大，乡镇政府对乡村社区治理能力增强。由此，乡村社会经济社会结构发生以下改变：一方面，乡镇政府行政功能进一步向乡村社区的弥散化，村委会表现为对乡镇政府的依附，其自治权的行使受到乡镇政府一定程度上的控制与约束；另一方面，随着多元主体参与乡村治理，村委会等乡村社区各类组织自治能力得以增强，乡村社区自治力量不断发育，这又对乡镇政府行政管理权的行使带来一定冲击。那么，乡村两级组织之间关系将发生怎样的改变？

在此，笔者将税费改革作为分界点，研究税费改革前后乡镇政府对乡村治理能力发生何种变化？与此同时，乡村社区自治力量发生何种改变？乡镇政府与乡村社区自治组织之间力量产生何种互动？乡村关系走向何方？

第三章

制度规制能力中的乡村关系

从本质上看，国家治理能力是一种公共权力，作为一种被国家垄断的暴力，它在行使中有可能会扩张并脱离人民意志，导致对社会及公民权利的侵犯。在现代工业化国家，在国家发展经济能力增强的同时，资源汲取能力、社会管理能力及公共服务能力相应得以增强，社会日益被国家规制和统御。与此同时，随着市场经济发展及公民社会组织发育，公民社会相应得以形成，这就要求合理界定国家职能范围与边界，规范国家权力的行使，即"国家通过社会中的商议和合作进程来渗透社会，组织社会关系和实施政策的能力"[①]。

历史发展经验表明，有可能国家具备较强的治理能力，但是国家在行使对社会治理能力时往往不通过与社会进行制度性和程序性的协商就采取强力予以实现，也就是说，国家治理能力的增强并不能减少由少数精英集团把持的国家专断权力。正如迈克尔·曼所言，现代威权主义国家因具有高度制度化的官僚行政体系，因此同时拥有专制权力和实质性的基础结构。[②] 由此，米格代尔强调国家基础设施在国家制度能力建设中的重要性，他认为一个国家如果基础设施不完善，即便这个国家拥有强大的专断性权力，其国家基础性

[①] Ziya Onis, "The Logic of the Developmental State", *Comparative Politics*, Vol. 24, No. 1, 1991, pp. 109–126.

[②] ［英］迈克尔·曼：《社会权力的来源》，陈海宏等译，世纪出版集团、上海人民出版社2007年版，第70页。

权力也会十分弱小，无法与社会进行协商、沟通，往往造成"强社会，弱国家"的局面。亨廷顿也强调扩大民众制度化政治参与的同时，国家在施政时与民众进行制度化协商与沟通，以增强政治组织的适应性、复杂性、内聚力及政治组织和政治程序的自主性。[①] 为避免现代国家构建中可能出现国家专断权力与基础性能力同时增强导致国家走向威权主义，必须通过制度规范合理界定国家权力和乡村社区自治权利的边界，规定国家权力运行规则，促进国家权力和乡村社区自治力量之间制度化、规范化、程序化关系形成。

一 乡镇政府与村委会的法律地位

（一）乡镇政府在本辖区内行使行政管理职权

1. 乡镇政府行政管理职权的内容和来源

乡镇政权是国家为治理农村社会而设立的直接面对民众的政权组织，是乡政权、民族乡政权、镇政权的统称，"主要由乡、镇人民代表大会和乡、镇人民政府两大部分组成"。[②]《中华人民共和国宪法》和《中华人民共和国地方各级人民代表大会和地方各级人民政府组织法》规定，乡镇政府是国家最基层的行政机关，在本行政区域享有行政职权。根据《中华人民共和国地方各级人民代表大会和地方各级人民政府组织法》的规定，乡镇政府行政职权表现为以下几个方面：执行权，即执行乡镇人大的决议，上级人民政府的决定、命令，执行本行政区域内经济和社会发展计划、预算；管理权，管理本行政区域内经济、教育、科学、文化、卫生、体育事业和相应行政事务；创制权，即发布决定和命令；保护职责，即享有

---

① ［美］塞缪尔·P.亨廷顿：《变化社会中的政治秩序》，王冠华译，生活·读书·新知三联书店1996年版，第12—22页。

② 王振耀、白益华主编：《乡镇政权与村委会建设》，中国社会出版社1996年版，第3、5页。

保护本辖区内公私主体财产权,保护少数民族、妇女等特殊主体权利。① 对于乡镇政府的权力来源,1982年《宪法》第105条规定:"地方各级人民政府是地方各级国家权力机关的执行机关,是地方各级国家行政机关。"《地方各级人民代表大会和地方各级人民政府组织法》第32条规定,"地方各级人民政府都对本级人民代表大会和上一级国家行政机关负责并报告工作。"可见,乡镇政府作为国家行政管理层级中的最后一个层次,其权力来源于两个不同的方向,一是来源于本级人民代表大会,二是来源于上级人民政府。因此,作为乡镇人大的执行机关,乡镇政府要对乡镇人大负责,受其监督;作为最基层的人民政府,乡镇政府在行使行政管理职权的时候,要向县级人民政府负责,并向其报告工作。

2. 乡镇政府行政管理职权的运行特点

(1) 乡镇政府在党领导下行使行政职权

《中国共产党农村基层组织工作条例》第8条规定乡镇党委具有以下几个方面的职责:在政治上表现为乡镇党委贯彻执行党的路线方针政策决议、领导乡镇政权机关和群团组织建设,在经济上表现为乡镇党委讨论和决定本地区经济发展,在组织上表现为加强乡镇党委自身和村级组织建设,培养后备干部,在社会管理上表现为乡镇党委领导本地区精神文明建设、做好维持社会稳定和计划生育

---

① 《中华人民共和国地方各级人民代表大会和地方各级人民政府组织法》第61条规定,乡、民族乡、镇的人民政府行使下列职权:(一)执行本级人民代表大会的决议和上级国家行政机关的决定和命令,发布决定和命令;(二)执行本行政区域内的经济和社会发展计划、预算,管理本行政区域内的经济、教育、科学、文化、卫生、体育事业和财政、民政、公安、司法行政、计划生育等行政工作;(三)保护社会主义的全民所有的财产和劳动群众集体所有的财产,保护公民私人所有的合法财产,维护社会秩序,保障公民的人身权利、民主权利和其他权利;(四)保护各种经济组织的合法权益;(五)保障少数民族的权利和尊重少数民族的风俗习惯;(六)保障宪法和法律赋予妇女的男女平等、同工同酬和婚姻自由等各项权利;(七)办理上级人民政府交办的其他事项。关于乡镇政府的乡镇职权,参见浦兴祖《当代中国政治制度》,复旦大学出版社1999年版,第200页。

等工作。① 依照以上法律规定，乡镇党委与乡镇政府是两个行使不同职责与功能的组织，其职权范围具有明显的分工。由于《中国共产党农村基层组织工作条例》规定乡镇党委是乡镇各种组织和各项工作的领导核心，导致实践中乡镇党委利用其领导地位，直接干预和操纵本辖区内经济发展和社会管理等具体事务，乡镇党委呈职权不断扩张，其权力地位不断得以强化的趋势，乡镇党委处于乡镇政权体系权力中枢地位。由于乡镇党委实行集体决策和书记分工负责的领导机制，因此，作为党内"一把手"的乡镇党委书记居于乡镇权力体系的顶端。据此，王雅林将乡镇权力体系形容为一个以乡镇党委为核心、以镇党委书记为"当家人"、党政高度一体化和政治、经济、行政与社会权力高度集中的金字塔式的权力结构。②

（2）乡镇政府"权、责、能"不均衡

由于乡镇政府没有下属行政组织，乡镇政府直接对本辖区进行行政管理，直接与农民打交道，乡镇政府事务较为繁杂。同时，乡镇一级"条块分割"问题较为明显。现阶段，设置于乡镇一级的财政、工商、税务、公安等部门大多采取垂直管理，属于县级派出机构，乡镇一级权力被县级部门肢解。相对于县、市、省等层级人民政府，乡镇政府功能不全，乡镇政府职权较弱，面对如此庞杂的行政事务，乡镇政府呈现出"权、责、能"不均衡的现状。

（3）乡镇政府具有官民交汇的特点

乡镇是国家权力在农村的基础和末梢，以乡镇党政组织为载体的"乡政"权力运行是国家权力与社区权力互为渗透、互为影响的

---

① 《中国共产党农村基层组织工作条例》第8条规定，乡镇党委的主要职责是：（一）贯彻执行党的路线方针政策和上级党组织及本乡镇党员代表大会（党员大会）的决议。（二）讨论决定本乡镇经济建设和社会发展中的重大问题。需由乡镇政权机关或集体经济组织决定的问题，由乡镇政权机关或集体经济组织依照法律和有关规定作出决定。（三）领导乡镇政权机关和群众组织，支持和保证这些机关和组织依照国家法律法规及各自章程充分行使职权。（四）加强乡镇党委自身建设和以党支部为核心的村级组织建设。（五）按照干部管理权限，负责对干部的教育、培养、选拔和监督工作。协助管理上级有关部门驻乡镇单位的干部。（六）领导本乡镇的社会主义民主法制建设和精神文明建设，做好社会治安综合治理及计划生育工作。

② 王雅林：《农村基层的权力结构及其运行机制——对黑龙江省昌五镇的个案研究》，《中国社会科学》1998年第5期。

连接点。① 福柯认为，要真正了解权力的运作和实现，应该从微观层面出发，从一种权力和另一种权力交界的地方去考察。② 因此，从理论上讲，地域特点和地理空间就有可能影响权力的运作方式。③ 由于乡镇政府是连接国家与乡村社会的桥梁，因此，乡镇政府这种居间地位决定了其权力运作过程中受到国家权力与乡村社会力量的双重作用。作为国家行政序列中的一个层级行政，乡镇政府行使行政职权是依法取得，其权力行使具有强制性的特征，因此，乡镇政府行使的行政职权区别于乡村社会的自治权力。作为国家行政序列中最基层层级，乡镇政府在工作中要更为贴近农民和乡村社区，更能了解农民的意愿和利益诉求，国家在制定与农村有关政策时往往会征求乡镇政府的意见和建议。同时，国家制定的法律、法令要通过乡镇政府在乡村社区贯彻实施，国家在乡村社区的各种惠农支农政策需要通过乡镇政府落实，乡镇政府代表国家联系着乡村社会和农民，这决定了乡镇政府在日常运作中摆脱科层式"官僚"作风，能够深入农村与农民建立直接的联系。加之乡镇政府工作人员大多来自于"生于斯、长于斯"乡村社区，他们在行使行政职权时会考虑乡村社会人情、面子、关系等传统资源，其工作方式更为民主和灵活，也更易获得农民认同与支持。

（二）村委会享有对乡村社区的自治权

1. 权力来源

《村民委员会组织法》第 2 条规定村民委员会是基层群众性自治组织，第 3 条规定，"村民委员会根据村民居住状况、人口多少，按照便于群众自治，有利于经济发展和社会管理的原则设立。村民委员会的设立、撤销、范围调整，由乡、民族乡、镇的人民政府提出，经村民会议讨论同意，报县级人民政府批准。村民委员会可以根据村民居住状况、集体土地所有权关系等分设若干村民小组。"以上规定表

---

① 叶本乾：《抵制与压制：地方治理中乡镇权力的两面性》，2005 年 4 月 30 日（http://www.cuhk.edu.hk/ics/21c/supplem/essay/0411007g.htm）。

② Michel Foucault, "Power/Knowledge", *Vintage Books*, 1980.

③ Michel Foucault, "Discipline and Punish, the Birth of the Prison", *Vintage Books*, 1978.

明，《村民委员会组织法》在两种不同的意义上使用村民委员会这一概念，① 除在大多数场合指由村民选举产生的村民自治事务的日常管理机构外，还在一些场合指由广大村民组成的自治共同体或乡镇以下的区域划分单位、设立村委会的村。② 我们这里指的是第一种意义上的村委会，即由村民选举产生的村民自治事务的日常管理机构。

（1）村委会是国家管理农村社会的组织形态

村委会是农村基层群众性自治组织，也是法定建制单位。《中共中央、国务院关于实行政社分开建立乡政府的通知》第7条规定："村民委员会是基层群众性自治组织，应按村民居住状况设立。村民委员会要积极办理本村的公共事务和公益事业。协助乡人民政府搞好本村的行政工作和生产建设工作。"《通知》明确赋予了村民委员会的部分行政职能，为村民委员会建在生产大队基础上做了铺垫。之后，除广东、云南两省外，全国大部分村委会都是在原生产大队的基础上建立起来的，明确了村委会的组织与管辖边界。《村民委员会组织法》第3条关于村委会的设立、撤销、范围调整，需由乡、民族乡、镇的人民政府提出，经村民会议讨论同意，报县级人民政府批准的规定，进一步明确村委会的设置、撤销、规模调整须经法定的程序。同时，相对于其他的社团组织，村民资格的认定与取得均具有较强的行政管制特性。村民自治是由具有一定"户籍"身份和"土地集体产权"成员资格的村民构成的，具有一定的封闭性和强制性，村民没有选择加入或退出的自由，国家正是通过村委会把分散的农民"组织"进统一的政权体系中来。一直以来，户籍制度不仅仅是出于管制的需要把农民人为划分区域，更重要的是，它建立了对农民作为社会成员应有的各项资格/权利进行界定（承认）的单位。与历史相比，由于人口流动性增加，户口的意义

---

① 全国人大常委会法制工作委员会国家法行政法室、国务院法制办公室政法劳动社会保障法制司、民政部基层政权和社区建设司：《村民委员会组织法学习读本》，中国民主法制出版社1998年版，第81页；国务院法制办公室政法司：《村民委员会组织法讲话》，中国法制出版社1999年版，第21页。

② 唐鸣、徐增阳：《什么村民？什么村？》，《河南师范大学学报》（哲学社会科学版）2010年第3期。

已经发生改变。但是上述和户口登记有关的权利资格建制，没有太大的改变。在乡村，仍然以户口登记的田地作为提供公共劳赋、福利和纳税的基本依据。① 随着农村人口流动加剧，为了保证外来人口选举权的实现，《村民委员会组织法》第 13 条第 2 款规定"户籍不在本村，在本村居住一年以上，本人申请参加选举，并且经村民会议或者村民代表会议同意参加选举的公民……"以上规定，只是确保村民政治权利得以实现，外来人口在本村获得选民资格与成为本村村民是两码事。外来人口要获得本村村民资格，由于涉及本村村民利益，理论上属于应该由村民会议讨论的事项，但是《村民委员会组织法》第 24 条没有将其列入属于村民会议讨论的事项。即使按照《村民委员会组织法》第 24 条第 1 款 "村民会议认为应当由村民会议讨论决定的涉及村民利益的其他事项" 的规定，可以由村民会议讨论通过，户籍的登记办理也纯属于行政管理的范畴，外来人口要取得本村户籍还要经过行政部门这一关。通过严格户籍管理，国家能够有效实现对村民和村庄管理。因此，作为国家管理农村社会的组织形态，村委会自开始就不是纯粹的社会组织，而是承担着基层社区的组织与管理职能，并在相当程度上被自觉或不自觉地看成是国家政权的基础。②

（2）村委会的自治权来源于村民的授权

村民自治就是由村民组织起来，在乡镇政府的指导下在法律框架内进行自我管理、自我教育和自我服务，即由村民依法按照自己的意志办理自己的事。③ 村民自治的行为主体是村民。④ 因此，村民自治实质是指全体村民的自治，全体村民在其组成的村民自治共同体内享有自治权。村民自治权是指村民依法享有的直接参与、讨论、决定和管理村庄公共事务的权利。按照现有的村委会设置建制，让所有村民对村庄公共事务进行直接管理不大现实。并且，在

---

① 张静：《基层政权——乡村制度诸问题》，浙江人民出版社 2000 年版，第 86—87 页。

② 项继权：《20 世纪晚期中国乡村治理的改革与变迁》，《浙江师范大学学报》（社会科学版）2005 年第 5 期。

③ 王振耀、白益华：《乡镇政权与村委会建设》，中国社会出版社 1996 年版，第 174—175 页。

④ 张景峰：《对村民自治概念的法学分析》，《社会主义研究》2003 年第 4 期。

民主政治实践中，并非所有的公民都有能力直接参加社会政治事务的管理，并非所有的社会政治都需要和有可能由所有公民直接进行管理。[①] 因此，"我们每个人都以其自身及其全部的力量置于公意的最高指导之下，并且我们在共同体中接纳每个成员为全体之下不可分割的一部分"。[②] 于是，"即对于个人，他就是主权者的一个成员；而对于主权者，他就是国家的一个成员"。[③] 具体到村民自治权的行使，村民会议是村民直接行使自治权的形式，通过村民会议，全体村民形成超越个体村民意志的村民公意，将村民自治权授予村委会行使，村委会是村民运用选举权所集合的公意的结果。[④] 因此，村委会是村民自治共同体的执行机构，对内管理村庄公共事务，对外代表村民自治共同体进行活动。关于村委会的法律地位和权力来源，《中华人民共和国宪法》第111条第1款规定如下："城市和农村按居民居住地区设立的居民委员会或者村民委员会是基层群众性自治组织。居民委员会、村民委员会的主任、副主任和委员由居民选举。居民委员会、村民委员会同基层政权的相互关系由法律规定。"依据宪法的规定，《村民委员会组织法》第11条第1款做出了较为具体的规定："村民委员会主任、副主任和委员，由村民直接选举产生。任何组织或者个人不得指定、委派或者撤换村民委员会成员。"以上规定表明，村委会成员由村民选举产生，村委会的权力来自于本村多数村民的授予。"领导的合法性、有效性和稳定性来源于下级集体赞同"。[⑤] 由于村委会权力须经本村多数村民的认可和授予，为了增强自身的权威和合法性基础，村委会成员由向上负责改为向村民负责，在日常运行中要更多考虑村民和乡村社区的利益。为了监督村委会对乡村社区公共权力的行使，《村民委员会组织法》不仅明确规定村委会成员由全体村民直接选举产生，而且还有罢免机

---

① 王浦劬：《政治学基础》，北京大学出版社2008年版，第175页。
② ［法］卢梭：《社会契约论》，商务印书馆1980年版，第24—25页。
③ 同上书，第26页。
④ 尤乐：《浅论村民自治的本体问题》，《法治论坛》2007年第2期。
⑤ ［美］彼德·布劳：《社会生活中的交换与权力》，孙非、张黎勤译，华夏出版社1998年版，第233—235页。

制保证村委会必须接受村民的评议和监督。这表明，村委会执掌的村庄公共权力来源于村民的授权，村委会在对本村庄进行公共管理、提供公共服务时必须尊重、维护村民的利益，随时接受村民监督。

2. 村委会自治权的运行特点

(1) 接受村党支部的领导

村党支部是中国共产党在农村的基层组织，是村级各种组织和各项工作的领导核心，是党在农村全部工作和战斗力的基础，是维护农村社会稳定和促进发展的关键力量。作为国家放权的产物，村民自治是政府主导的规划性制度变迁，是在中国共产党的领导下有步骤、有秩序的推进。因此，村党支部的领导能否适应村民自治的发展需要，是保障村民自治权利，促进村民自治健康发展的关键，也是党的政策和农村发展目标实现的关键。关于村党支部的主要任务及与村委会的关系，法律有以下的规定。在村党支部主要任务上，《中国共产党党章》第31条规定，基层党组织担负宣传、执行党的路线、方针、政策、决议等任务；组织党员进行政治学习；加强对党员的教育、管理、监督和服务；密切联系群众，了解群众的意见和建议；发现、培养和推荐群众中的优秀人才；对入党积极分子进行教育和培训；监督党员和其他干部遵纪守法；教育党员和群众抵制各种不良行为。[①]《中国共产党农村基层组织工作条例》第9

---

① 《中国共产党党章》第31条规定基层党组织的主要任务：（一）宣传和执行党的路线、方针、政策，宣传和执行党中央、上级组织和本组织的决议，充分发挥党员的先锋模范作用，团结、组织党内外的干部和群众，努力完成本单位所担负的任务。（二）组织党员认真学习马克思列宁主义、毛泽东思想、邓小平理论和"三个代表"重要思想，学习科学发展观，学习党的路线、方针、政策和决议，学习党的基本知识，学习科学、文化、法律和业务知识。（三）对党员进行教育、管理、监督和服务，提高党员素质，增强党性，严格党的组织生活，开展批评和自我批评，维护和执行党的纪律，监督党员切实履行义务，保障党员的权利不受侵犯。加强和改进流动党员管理。（四）密切联系群众，经常了解群众对党员、党的工作的批评和意见，维护群众的正当权利和利益，做好群众的思想政治工作。（五）充分发挥党员和群众的积极性创造性，发现、培养和推荐他们中间的优秀人才，鼓励和支持他们在改革开放和社会主义现代化建设中贡献自己的聪明才智。（六）对要求入党的积极分子进行教育和培养，做好经常性的发展党员工作，重视在生产、工作第一线和青年中发展党员。（七）监督党员干部和其他任何工作人员严格遵守国法党纪，严格遵守国家的财政经济法规和人事制度，不得侵占国家、集体和群众的利益。（八）教育党员和群众自觉抵制不良倾向，坚决同各种违法犯罪行为作斗争。

条规定村党支部的主要职责有以下几个方面：贯彻执行党的路线方针政策和上级党组织及本村党员大会的决议；讨论决定本村经济和社会发展中的重大问题；领导和推进村民自治活动；领导、支持和保障村级自治组织行使职权；加强对村民组织活动中党员及村干部的教育、管理和监督；搞好本村的社会主义精神文明、社会治安、计划生育工作。[①] 以上规定表明，村党支部的主要职责与乡镇党委的职责基本相同，村党支部在自己所辖的区域内总揽全局、协调各方利益和矛盾，发挥领导核心功能。在对乡村社区发挥领导作用过程中，村党支部以为农民服务为工作出发点，倾听农民的诉求，并负有向上级党组织传达的职责，从而影响对国家农村政策的制定执行。同时，村党支部利用自己组织优势和政治权威，积极推动农村经济发展，维护乡村社区稳定。在村党支部与村委会的关系上，《中国共产党章程》第32条规定，"街道、乡、镇党的基层委员会和村、社区党组织，领导本地区的工作，支持和保证行政组织、经济组织和群众自治组织充分行使职权。"《中国共产党农村基层组织工作条例》第2条规定，"乡镇党的委员会（以下简称乡镇党委）和村党支部（含总支、党委，下同）是党在农村的基层组织，是党在农村全部工作和战斗力的基础，是乡镇、村各种组织和各项工作的领导核心。"第9条第3款规定，"领导和推进村级民主选举、民主决策、民主管理、民主监督，支持和保障村民依法开展自治活动。领导村民委员会、村集体经济组织和共青团、妇代会、民兵等群众组织，支持和保证这些组织依照国家法律法规及各自章程充分行使职权。"《村民委员会组织法》第4条规定，"中国共产党在农

[①] 《中国共产党农村基层组织工作条例》第9条规定村党支部的主要职责：（一）贯彻执行党的路线方针政策和上级党组织及本村党员大会的决议。（二）讨论决定本村经济建设和社会发展中的重要问题。需由村民委员会、村民会议或集体经济组织决定的事情，由村民委员会、村民会议或集体经济组织依照法律和有关规定作出决定。（三）领导和推进村级民主选举、民主决策、民主管理、民主监督，支持和保障村民依法开展自治活动。领导村民委员会、村集体经济组织和共青团、妇代会、民兵等群众组织，支持和保证这些组织依照国家法律法规及各自章程充分行使职权。（四）搞好支部委员会的自身建设，对党员进行教育、管理和监督。负责对要求入党的积极分子进行教育和培养，做好发展党员工作。（五）负责村、组干部和村办企业管理人员的教育管理和监督。（六）搞好本村的社会主义精神文明建设和社会治安、计划生育工作。

村的基层组织,按照中国共产党章程进行工作,发挥领导核心作用,领导和支持村民委员会行使职权;依照宪法和法律,支持和保障村民开展自治活动、直接行使民主权利。"由此可知,村党支部是村级各种组织和各项工作的领导核心,它领导和推进村级民主选举、民主决策、民主管理和民主监督,支持和保障村民依法开展自治活动,支持和保证村民自治权的行使。

进一步讨论:如何处理"两委关系"?

显然,从制度文本上看,村党支部与村委会之间是"领导、支持与保障"的关系。但是,由于制度文本对村支两委关系规定笼统与模糊,实践中的村支两委关系与制度文本规定村支两委关系大相径庭。对此,郭正林认为,"如果村支两委的关系普遍出现了不协调的状况,那么根源在于不同制度规范之间存在矛盾,村支两委之间的权力冲突不过是这种矛盾的外化。"[①] 首先,条文规定过于笼统。村条文规定村党支部"领导"村委会和村民自治活动,同时又规定村党支部应"支持和保障"村民依法进行村民自治活动,那么,何为"领导"?何为"支持与保障"?二者之间存在什么样的差别?这在实际操作中留下很多解释空间。其次,条文没有明确划分村支两委的职权范围。按照《中国共产党农村基层组织工作条例》第9条第2款的规定,村党支部的一项重要职责是"讨论决定本村经济建设和社会发展中的重要问题。需由村民委员会、村民会议或集体经济组织决定的事情,由村民委员会、村民会议或集体经济组织依照法律和有关规定作出决定"。《村民委员会组织法》第24条也规定,涉及村民利益的事项,必须由村民会议或村民代表会议讨论决定方可办理。那么,"需由村民委员会等决定的事情"与"涉及村民利益的事项"是不是一回事?是不是村党支部在村民自治活动中只享有一定决策权?并且行使决策权的前提事项没有涉及村民利益,就不需要由村民会议或村民代表会议讨论?这与村党支部"讨论决定本村经济建设和社会发展中的重要问题"的规定是否

---

① 郭正林:《中国农村二元权力结构论》,《广西民族学院学报》2001年第6期。

冲突？由于对以上规定缺乏明确、具体的界定，导致乡村社区事实上存在两个决策中心，两个决策中心又缺乏明确职责分工。安东尼·奥罗姆认为，如果两个组织在职责、权限与管理对象上没有做出明确的划分，存在公共管理领域，这些公共领域就构成了不同组织间的"冲突点"。[1] 那么，在对乡村社区决策上，村党支部与村委会存在公共管理利益的冲突点，在两委无法达成协调和妥协的情况下，实践中两委矛盾和冲突不断。此外，村党支部和村委会的政治功能、具体目标与实施原则不同，对新形势下村党支部领导村委会提出相应挑战。中国共产党是我国执政党，村党支部是党在农村的基层组织，党通过村党支部实现对乡村社区的渗透和整合。从体制性权力来看，村党支部的权力是一种政治领导权，是中国共产党对国家的政治领导权力在村庄的延伸。[2] 因此，村党支部有对村级各种组织和各项各种工作的"领导权"，在乡村社区代表着国家权力，其权力的行使以国家权力为强力支撑。具体到村党支部日常工作重点，村党支部以落实党的路线、方针、政策和任务为主，甚至于诸如计划生育、维护乡村社区稳定等政务推行的责任承担上，责任人的当然主体也是党支部，这就决定村党支部政务推行者角色。这就决定村党支部在乡村社区代表国家利益，职责履行中更多向上负责。村民自治随着国家对乡村社区的放权而不断生长，在此过程中乡村社区逐渐享有自治权力，从而打破乡村社区原有"一元化"格局，使乡村社区形成了"二元化"格局。村委会是村民自治组织的执行机关，村委会的权力来自于村民的授权，这就使得村委会的主要职责和功能是管理乡村社区的公共事务和公益事业，村委会在履行职责时更多向下负责，村委会代表乡村社区村民的利益。从根本上说，村党支部代表的是国家利益与村委会代表的是乡村社区农民的利益是一致的，但是在特定情况下，两者还是会出现矛盾和冲突。通常，村党支部倾向于贯彻上级的意图，村委会倾向于关注村

---

[1] 安东尼·奥罗姆：《政治社会学——主体政治的社会剖析》，上海人民出版社1989年版。
[2] 徐增阳、任宝玉：《"一肩挑"真能解决"两委"冲突吗——村支部与村委会冲突的三种类型及解决思路》，《中国农村观察》2002年第1期。

民的利益和需求，导致"对上负责"的村党支部和"对下负责"的村委会矛盾和冲突不可避免。①

从某种意义上讲，两委关系矛盾的实质是具有国家权力属性的村党支部"领导权"与具有社会属性的村民"自治权力"的冲突，国家与社会的冲突。② 因此，实现村支部对村委会有效领导的关键在于处理好国家目标和村民自治的利益关系，将国家现代化目标转化为乡村社区农民的奋斗目标，将党的方针政策转化为乡村社区农民自觉的行为，从而实现国家农村现代化目标和农民利益的契合。③ 近年来，一些地方探索的"两票制"、"两推一选"、"一肩挑"新形式就是转变村党支部权力产生方式和领导方式的努力。"两票制"是在山西首创的，具体做法是：先由全体村民（以户为单位）对党员投信任票，根据群众的信任度确定党支部候选人，然后召开党员大会正式投票选举。"两票制"使得村党支部的权力来源由乡村社区党员扩大到乡村社区村民，为村党支部在乡村社区获得"自下而上"的权威提供一个渠道，使得村党支部能够作为乡村社区全体村民利益代表者和维护者，增强乡村社区对村党支部的认同和支持。同时，也为村党支部在落实党的路线方针政策时团结和联系农民，将党在乡村社区现代化目标转变为乡村社区农民奋斗目标奠定坚实的群众基础。"两推一选"的具体做法是：先由全体选民按照乡镇党委规定的党支部职数的两倍推出初步候选人，再由全体党员从初步候选人中推出正式候选人，最后由全体党员投票选举产生党支部成员。"两推一选"相对于"两票制"有一定的进步，在选举中既注意村党支部成员产生是建立在民意表达的基础上，同时又确保乡镇党委对村党支部选举中的领导和全体党员在选举中表达建议和意见的权利。从理论意义和民主价值上来说，"两票制"和"两推一选"能够实现村党支部和村委会权力来源的趋同，促使两者在工作

---

① 金太军：《关于村民自治若干关系问题的深层思考》，《开放时代》2000 年第 1 期。
② 黄辉祥：《"两委"矛盾：现代国家建构的内在张力——基于现代国家建构理论的尝试性解释》，《中南民族大学学报》（人文社会科学版）2008 年第 6 期。
③ 董江爱：《关于党的领导与村民自治》，《理论探索》2003 年第 1 期。

上协调或一致。2002年中央14号文件鼓励在村委会换届选举中实行"一肩挑"。"一肩挑"模式是指党支部书记和村委会主任由1人兼任，村党支部和村委会其他成员交叉兼职，实现两套班子，一套人马。"一肩挑"能够从根本上化解村党支部行使"政治领导权"与村委会行使"自治权"的冲突，对于增强村党支部的执政能力，更好领导和支持村民自治发展具有重大意义。在实践中，"一肩挑"的村干部拥有来自上下授予的双重权力，承担着党和村民双重利益的双重职能。[①] 在选举中，村干部权力来源于全体村民和全体党员授予，并由乡镇党委予以任命，因此，村干部既要代表国家在乡村社区的利益，确保党在乡村社区方针政策的执行和任务的落实，又要代表乡村社区村民的利益，保障村民自治权的行使和实现。同时，由于村党支部权力来源于全体村民，村党支部的工作是建立在广大村民的认同与支持基础上，村党支部能够将国家在乡村社区的现代化目标转化为乡村社区村民奋斗目标。即使在特定时段，当国家利益与乡村社区利益出现冲突时，村干部也会权衡利弊，找出较好的协调和解决办法。此外，建立合理的村党支部与村委会工作协调机制。一是明确村党支部与村委会权力边界。村党支部是农村各种组织和各项工作的领导核心，是党在农村各项工作和战斗力的基础。关于如何实现党政分开，邓小平曾说过，"党的领导机关除了掌握方针政策和决定重要干部的使用以外，要腾出主要的时间和精力来做思想政治工作，做人的工作，做群众工作。""党委如何领导？应该只管大事，不能管小事。"[②] 因此，村党支部应管乡村社区方向性的"大事"，村党支部应从乡村社区大量日常事务中解脱出来，致力于贯彻党在农村的路线、方针、政策和任务，研究决定乡村社区经济社会发展的方向，加强对村民自治活动的引导与监督。贯彻党在农村的路线、方针、政策和任务过程中，应该村委会在前，村党支部在后，村党支部通过村委会发动农民开展活动。村民

[①] 董江爱：《"两票制"、"两推一选"与"一肩挑"的创新性——农村基层党组织执政能力建设的机制创新》，《社会主义研究》2007年第6期。

[②] 唐鸣：《农村基层党政关系问题研究》，《当代世界社会主义问题》2009年第3期。

委员会负责乡村社区具体事务，管理乡村社区公共事务和公益事业。二是在对乡村社区涉及村民利益等重大事务决策上应相互协商。由河南省邓州市率先提出"四议两公开"的做法，作为成功经验在 2010 年中央 1 号文件中得以推广。"四议两公开"是指在村党支部的领导下，所有涉及村民利益等重大事项一律按照"四议"、"两公开"的程序决策实施。其中，"四议"是指党支部会提议、"两委"会商议、党员大会审议、村民代表会议或村民会议决议；"两公开"是指决议公开、实施结果公开。通过"四议两公开"的做法，不仅可以解决现有立法对村党支部与村委会职责分工不明的问题，还可以既发挥村党支部领导作用，又保证村民委员会依法自治，实现村党支部与村委会互联互动，实现村党支部领导与村民自治的统一。

当然，由于各地政治、经济发展水平不同，有些制度在实践中落实不到位甚至走样，两委关系也没有能够完全理顺。但是，为夯实党的乡村社区的执政基础，发挥村党支部对村民自治活动的领导作用，以下几个方面是村党支部以后发展的方向：在工作中改变"强行推进"的做法，建立与乡村社区农民平等、合作关系；领导方式由"命令式"领导转变为以"引导、说服、服务"为主的平等协商式领导；运行路径中除贯彻党的自上而下的决议外，还要自下而上反映乡村社区农民利益和诉求。

（2）执行村民会议和村民代表会议的决议

现有法律赋予村民民主选举、民主决策、民主管理和民主监督四大权利。在村民自治实际运作中，民主选举是指村民选举产生村委会，村委会按照村民的意愿对乡村社区公共事务进行管理。民主决策是指村民有机会参与乡村社区重大事项决议的制定和表达意见和建议。民主管理是指村民在法律框架范围内结合本村实际情况，以村民会议的方式讨论制定村民自治章程和村规民约，并通过村规民约对乡村社区进行管理。也有学者认为民主管理除了前文指出的规约管理外，还包括议事管理。议事管理是指村民通过直接参与的形式，对乡村社区事务提出意见和建议并对某些事项进行直接管理。① 民主监督是指村民通过村务公开、民主评议村干部和村委会定期报告工作等形式，实现对村委会的有效监督。② 罗伯特·达尔认为，"权力在本质上为一种多重影响力"③。他认为，权力分散在不同的团体，决定权力配置的资源也是高度分散的。在此基础上，米切尔·黑尧指出，少数人拥有直接影响力影响关键过程的决策过程，绝大多数人可以通过行使选举权，以实现间接影响决策的制定。④ 由此，对政治生活的参与可表现为直接参与和间接参与，村民自治权的行使也包括直接途径和间接途径。直接途径是指村民参加村民会议，选举产生村委会、监督村委会成员工作。间接途径是指村民借助村民代表会议和村委会来行使自治权，并借助村民会议进行监督。⑤ 由于村民会议既是村民自治权直接行使的形式，又能够对村民自治权间接行使进行监督，因此，村民会议在村民自治权行使中起着重要作用。基于以上原因，对村民会议的组成、议事规则和职权有以下的规定。《村民委员会组织法》第 21 条第 1 款规定，"村民会议由本村十八周岁以上的村民组成"。《村民委员会组织法》第 22 条规定，"召开村民会议，应当有本村十八周岁以上村民的过半数，或者本村三分之二以上的户的代表参加，村民会议所作决定应当经到会人员的过半数通过"。罗伯特·达尔曾经把有效的参与、投票的平等、充分的知情、对议程的最终控制和成年人的公民资格列为社团民主的五项标准，他认为一个社团如果称得上是民主管理的话，那么其议程的最终控制权应当为全体成员所掌握。⑥ 对村民会议人员组成及议事规则的规定，能够体现多数村民的意愿

---

① 郝耀武：《中国农村村民自治权研究》，博士学位论文，吉林大学，2009 年，第 78 页。
② 董江爱：《保障农民自治权的根本途径：选举程序规范与民主制度落实》，《江苏社会科学》2004 年第 4 期。
③ [美] 罗伯特·达尔：《现代政治分析》，王沪宁等译，上海译文出版社 1987 年版，第 36 页。
④ [英] 米切尔·黑尧：《现代国家的政策过程》，赵成根译，中国青年出版社 2004 年版，第 29 页。
⑤ 杨成：《村民自治权的性质辨析》，《求实》2010 年第 5 期。
⑥ [美] 罗伯特·达尔：《论民主》，商务印书馆 1997 年版，第 43—46 页。

和诉求。依照《村民委员会组织法》的规定，村民会议享有以下职权：创制权，即制定和修改村民自治章程、村规民约；决策权，即商议村集体经济的使用、分配和村公益事业的兴办、筹资筹劳等涉及村民利益的事项；监督权，即监督村委会成员的工作及村财务；否决权，即撤销或变更村委会不适当的决定等。《村民委员会组织法》第 2 条第 3 款规定，"村民委员会向村民会议、村民代表会议负责并报告工作。"以上规定表明，村民会议是村民自治组织体系中的议事决策组织，讨论决定本村涉及村民利益的重大事项，是村民直接行使民主权利的村级最高权力机构。作为村民自治事务的日常管理机构，村委会执行村民会议的决议，对其负责，受其监督。

由于村民会议承载了直接民主的理想，2000 年 11 月 6 日至 8 日全国人大内务司法委员会在北京主持召开了"贯彻执行村民委员会组织法研讨会"，会议认为村民会议是村民实行民主自治的权利基础和基本形式。[①] 实践中，客观上难以召开和主观上不愿意召集两个方面导致村民会议难以召开。客观上难以召开表现为由于行政村规模较大或者过大，村民过多难以从容顺利议事、村民居住分散和村民分户经营难以把村民召集起来、外出村民过多以致要出席村民会议的村民达到法定人数有一定困难等；主观上不愿意召开是指村委会尤其是村委会主任或怕召集困难，或嫌召集麻烦，或希望大权独揽、不愿意权力受监督被制约，不愿意召集村民会议。[②] 此外，有学者在调查村民自治实践的基础上认为，由于村代表在乡村社区素质和威望较高，加之村民代表会议较之村民会议更易召开，在荣誉感、成就感和责任感心理支配下村民代表能够积极参与，因此，村民代表会议的实际影响力比村民会议更大。[③] 现有法律认可村民代表会议是村民会议的特殊形式，明确村民代表会议享有的职权来

[①] 《民政部关于转发全国人大内务司法委员会贯彻村民委员会组织法研讨会会议纪要的通知》（民发〔2001〕2 号）（2001 年 1 月 5 日）。

[②] 唐鸣：《村民会议与直接民主》，《华中师范大学学报》（人文社会科学版）2009 年第 6 期。

[③] 郎友兴、何包钢：《村民会议和村民代表会议——村级民主完善之尝试》，《政治学研究》2000 年第 3 期。

自于村民会议的授权，并对其组成人员做出具体规定。《村民委员会组织法》第25条第1款规定，"人数较多或者居住分散的村，可以设立村民代表会议，讨论决定村民会议授权的事项。村民代表会议由村民委员会成员和村民代表组成，村民代表应当占村民代表会议组成人员的五分之四以上，妇女村民代表应当占村民代表会议组成人员的三分之一以上。"因此，按照《村民委员会组织法》第2条、第10条、第24条、第30条的规定，村委会也应执行村民代表会议的决议。

（3）接受村民会议和村民代表会议的监督

自治，对应着他治，是指"人们自己管理自身事务，并对其负责的一种状态"。[①] 在马克斯·韦伯看来，"自治意味着不像他治那样，由外人制订团体的章程，而是由团体的成员按其本意制订章程"。[②] 因此，自治权既是一种权力，也是一种权利。作为自治权利，村民自治权是全体村民权利的集合，表现为民主选举、民主决策、民主管理、民主监督四大权利；作为自治权力，村民自治权表现为通过村民会议和村委会行使的，对每个村民具有约束力，具有内部管理色彩的乡村社区公共权力。[③] 有学者认为，由于村委会的自治权力源于村民的授权，它增加了农民合法维权的渠道，对当选的村干部则是一种有威慑力的监督和制约。[④] 但同时，也有学者从村民自治所凭借道德资源、经济资源及精英的资源虚置化三个方面，指出选举对村委会行为的制约作用受到了限制。[⑤] 现阶段，中国农村的村民自治尚未完全展开为真正意义上的群众自治，事实上是由村干部和头面人物主导甚至垄断村庄公共权力，普通村民除选

---

① 白钢、赵寿星：《选举与治理——中国村民自治研究》，中国社会科学出版社2001年版，第2页。

② ［德］马克斯·韦伯：《经济与社会》，林荣远译，商务印书馆1997年版，第78页。

③ 崔智友：《中国村民自治的法学思考》，《中国社会科学》2001年第3期。

④ 杨善华、罗沛霖、刘小京、程为敏：《农村村干部直选研究引发的若干理论问题》，《社会学研究》2003年第6期。

⑤ 王中人、贺更行：《理论虚置化：村民自治神话的背后》，《社会科学论坛》2002年第3期。

举权外，几乎无力影响村庄公共权力的运作，所以至多只能说是一种村民群众选举的精英治理。张静认为，"实际上属于一种（地方）'权威性自治'，而不是现代意义上的（村民）'代表性自治'。"①村委会在乡村社区公共权力的行使，其目的是为乡村社区居民的生产和生活提供必需的公共产品，如道路修建、治安维护、纠纷解决等，与乡村社区居民切身利益密切相关。在村委会对乡村治理尚属于精英治理的情况下，保障村民民主监督权利的行使，建立对村委会成员的行为监督机制就显得非常重要。其中，村民会议和村民代表会议在民主监督中起到主导作用。现有法律规定，民主监督包括村务公开制度、民主评议和定期汇报工作等。《村民委员会组织法》第 30 条规定，村民委员会实行村务公开制度。规定村务公开事项应包括以下内容：村委会执行村民会议、村民代表会议情况，落实国家计划生育政策及各种捐赠资金、物资使用情况，村委会协助人民政府工作情况、涉及村民利益的事项。其中，涉及村民利益的重大事项要随时公布。《村民委员会组织法》第 31 条规定了村委会不及时公开和公开事项不实的法律责任承担。②《村民委员会组织法》第 23 条、第 32 条、第 33 条规定了民主评议制度。村委会每年向村民会议汇报其履行职责情况，并接受村民会议的评议，如果村委会连续两次被评议不称职的，其职务终止。村民会议有权撤销或者变更村委会不适当的决定。民主评议由村务监督机构主持。村务监督

---

① 张静：《村庄自治与国家政权建设》，载《中国乡村研究》（第一辑），商务印书馆 2003 年版，第 214 页。

② 《村民委员会组织法》第 30 条规定，村民委员会实行村务公开制度。村民委员会应当及时公布下列事项，接受村民的监督：（一）本法第二十三条、第二十四条规定的由村民会议、村民代表会议讨论决定的事项及其实施情况；（二）国家计划生育政策的落实方案；（三）政府拨付和接受社会捐赠的救灾救助、补贴补助等资金、物资的管理使用情况；（四）村民委员会协助人民政府开展工作的情况；（五）涉及本村村民利益，村民普遍关心的其他事项。前款规定事项中，一般事项至少每季度公布一次；集体财务往来较多的，财务收支情况应当每月公布一次；涉及村民利益的重大事项应当随时公布。村民委员会应当保证所公布事项的真实性，并接受村民的查询。第三十一条规定，村民委员会不及时公布应当公布的事项或者公布的事项不真实的，村民有权向乡、民族乡、镇的人民政府或者县级人民政府及其有关主管部门反映，有关人民政府或者主管部门应当负责调查核实，责令依法公布；经查证确有违法行为的，有关人员应当依法承担责任。

机构除主持民主评议之外，还负责村民民主理财，监督村务公开等制度的落实。为保证村务监督机构的专业性和独立性，《村民委员会组织法》第 32 条规定，"村务监督委员会或者其他形式的村务监督机构，其成员由村民会议或者村民代表会议在村民中推选产生，其中应有具备财会、管理知识的人员。村民委员会成员及其近亲属不得担任村务监督机构成员。"

3. 村委会的职能

前文已经分析，村委会是村民自治机关的执行机关，在行使公共权力对乡村社区公共事务进行管理中，村委会几乎要负责与"村落生活"有关的一切事务，村长的责任就类似于村落这个大家庭中家长的无限责任。[①] 那么，村委会到底担负哪些职责？

（1）协助乡镇政府

在现代社会，随着经济发展和技术进步，行政职能日益扩张，行政管理呈专业化和技术化趋势发展，即使行政机构逐渐膨胀，也无法满足如此庞杂的行政管理需要。"仅凭借行政资源不足以解决公共问题，其势须借助外部自身的社会力量来弥补。"[②] 以上客观环境的变化为行政协助发展提供了契机。行政协助是指行政机关在执行职务时，遇有特定情形，而依法请求与其无隶属关系的其他机关予以协助，被请求机关不得任意拒绝。[③] 由于行政协助是行政机关执行职务过程中发生的，因此，请求协助是请求机关的法定权利，而予以协助是被申请机关的法定义务；在协助过程中，请求机关仍是行政行为的主体，被请求机关处于辅助地位。

乡镇政府是我国基层政府，担任发展农村的经济、教育、科学、文化、卫生、体育事业和管理财政、民政、公安、司法行政、计划生育等行政工作。乡镇政府的行政管理是在一定时间和空间进

---

① 李培林：《巨变：村落的终结——都市里的村庄研究》，《中国社会科学》2002 年第 1 期。

② 陈爱娥：《行政程序制度中当事人协力义务》，载"台湾行政法学研究会"主编《当事人协力义务、行政调查、国家赔偿》，《"台湾行政法学会"2006 年学术研讨会论文集》，台湾元照出版公司 2006 年版，第 19 页。

③ 黄学贤：《行政程序中的协力行为研究——基于两岸理论与实践的比较》，《苏州大学学报》（哲学社会科学版）2006 年第 9 期。

行的。从全国来看,自农村税费改革以来,乡镇规模不断扩大,面对管理人口众多、管辖范围增大的现状,乡镇政府必须借助村委会的协助才能实现对农村有效的管理。村委会虽然负有法定的协助乡镇政府义务,但是,乡镇政府不能当然就以此为依据将村委会当作其"一条腿",在所有行政管理事项上堂而皇之地抓村委会"当差"。村委会协助乡镇政府的行为发生应有严格的限定,我们认为,乡镇政府提起请求的情形应该为以下几种:由于法律上或者事实上的原因,乡镇政府无法自己执行公务的;乡镇政府执行公务时所需要的事实材料,无法自行调查和索取的;乡镇政府执行公务显然比请求村委会协助办理需要付出更多费用的。村委会协助乡镇政府过程中,双方产生以下法律关系:由于协助事项的执行或者关系到乡村社区居民基本权利的实现,或者是乡村社区居民应该履行基本义务,因此,村委会协助乡镇政府的是村委会负有法律上协助的义务,无论愿意与否,村委会都负有不可推卸的法定义务。村委会在协助乡镇政府完成工作中,乡镇政府应为村委会提供相应的便利和条件,而不需要按照市场价格给以村委会相应的报酬。

村委会协助乡镇政府的事项散见于一些法律、法规的规定。《村民委员会组织法》第5条第3款规定"村民委员会协助乡、民族乡、镇的人民政府开展工作"。《村民委员会组织法》第37条第1款规定"人民政府对村民委员会协助政府开展工作应当提供必要的条件"。以上的规定明确了乡镇政府在对农村行政管理过程中,村委会负有协助乡镇政府的法定义务。具体而言,村委会协助乡镇政府主要表现为以下几个方面。在对乡村社区治安维护方面,《中华人民共和国宪法》第111条第2款规定,"居民委员会、村民委员会设人民调解、治安保卫、公共卫生等委员会,办理本居住地区的公共事务和公益事业,调解民间纠纷,协助维护社会治安,并且向人民政府反映群众的意见、要求和提出建议。"《村民委员会组织法》第2条规定"村民委员会协助维护社会治安,向人民政府反映村民的意见、要求和提出建议"。维护社会治安是国家一项重要的对内职能,属于政府行政管理权,因此,"村民委员会协助维护社会治安"就是协助政府维护社会治安。《中华人民共和国禁毒法》

第 17 条规定，"居民委员会、村民委员会应当协助人民政府以及公安机关等部门，加强禁毒宣传教育，落实禁毒防范措施。"① 吸毒不仅影响社会公德，扰乱公共秩序，更是一种违法行为，因此村委会协助乡镇政府开展禁毒防范工作，维护乡村社区公共秩序是其法定的义务。在对乡村社区公共安全提供方面，表现为在村委会协助政府应对突发事件、做好消防安全、进行安全生产等方面的义务。《中华人民共和国突发事件应对法》第 29 条第 2 款规定，"居民委员会、村民委员会、企业事业单位应当根据所在地人民政府的要求，结合各自的实际情况，开展有关突发事件应急知识的宣传普及活动和必要的应急演练。"《中华人民共和国消防法》第 23 条规定，"村民委员会、居民委员会应当开展群众性的消防工作，组织制定防火安全公约，进行消防安全检查。乡镇人民政府、城市街道办事处应当予以指导和监督。"《中华人民共和国安全生产法》第 65 条规定，"居民委员会、村民委员会发现其所在区域内的生产经营单位存在事故隐患或者安全生产违法行为时，应当向当地人民政府或者有关部门报告。"在对乡村社区公共卫生提供方面，《中华人民共和国传染病防治法》第 9 条第 2 款规定，"居民委员会、村民委员会应当组织居民、村民参与社区、农村的传染病预防与控制活动。"《血吸虫防治条例》第 5 条规定，"血吸虫病防治地区村民委员会、居民委员会应当协助地方各级人民政府及其有关部门开展血吸虫病防治的宣传教育，组织村民、居民参与血吸虫病防治工作。"《艾滋病防治条例》第 6 条规定，"国家鼓励和支持工会、共产主义青年团、妇女联合会、红十字会等团体协助各级人民政府开展艾滋病防治工作。居民委员会和村民委员会应当协助地方各级人民政府和政府有关部门开展有关艾滋病防治的法律、法规、政策和知识的宣传教育，发展有关艾滋病防治的公益事业，做好艾滋病防治工作。"《中华人民共和国人口与计划生育法》第 12 条第 1 款规定，"村民委员会、居民委员会应当依法做好计划生育工作。"血吸虫、艾滋

---

① 在人民政府层级中，乡镇政府是最低级行政层级，村委会协助人民政府工作，应当包含村委会协助乡镇政府开展工作。

病等疾病防治及计划生育，属于国家为乡村社区提供的公共卫生服务。在此，村委会应积极参与相关工作，以保障乡村社区居民享有国家提供的基本医疗与卫生服务。在普及九年制义务教育方面，《义务教育法》第13条第2款规定，"居民委员会和村民委员会协助政府做好工作，督促适龄儿童、少年入学。"《中华人民共和国宪法》第46条第1款规定，"中华人民共和国公民有受教育的权利和义务。"接受九年义务制教育既是我国公民的基本权利，也是其基本义务，在乡村社区义务教育提供上，村委会负有不可逃脱的职责。因此，村委会负有协助乡镇政府普及乡村社区九年义务制教育的义务。在乡村社区社会公德建设方面，主要表现为村委会对婚姻家庭关系的处理和对未成年人、老人、妇女等特殊主体的保护。在婚姻家庭关系的处理上，法律规定对于实施家庭暴力、虐待或遗弃等违法现象，村委会予以劝阻、调解或制止。《中华人民共和国婚姻法》第43条规定，"实施家庭暴力或虐待家庭成员，受害人有权提出请求，居民委员会、村民委员会以及所在单位应当予以劝阻、调解。对正在实施的家庭暴力，受害人有权提出请求，居民委员会、村民委员会应当予以劝阻；公安机关应当予以制止。"《中华人民共和国婚姻法》第44条规定，"对遗弃家庭成员，受害人有权提出请求，居民委员会、村民委员会以及所在单位应当予以劝阻、调解。"在村委会负有通知被继承人义务上，《中华人民共和国继承法》第23条规定，"继承开始后，知道被继承人死亡的继承人应当及时通知其他继承人和遗嘱执行人。继承人中无人知道被继承人死亡或者知道被继承人死亡而不能通知的，由被继承人生前所在单位或者住所地的居民委员会、村民委员会负责通知。"在对未成年人、老人、妇女等特殊主体的保护上，《中华人民共和国预防未成年人犯罪法》第3条第2款规定，"政府有关部门、司法机关、人民团体、有关社会团体、学校、家庭、城市居民委员会、农村村民委员会等各方面共同参与，各负其责，做好预防未成年人犯罪工作，为未成年人身心健康发展创造良好的社会环境。"同时，该法在预防未成年人犯罪的法制宣传、对未成年人人身权益保护、对本辖区内暂住人口中未成年人的管理、预防未成年人犯罪等方面相应规定了村委会应履行的职责。《中华人民共和国民法通则》规定了村委会对未成年人监护人指定上的职责,并列举了村委会担当未成年人监督人的法定情形。在对老年人权益保护上,《中华人民共和国老年人权益保障法》第6条第3款规定,"居民委员会、村民委员会和依法设立的老年人组织应当反映老年人的要求,维护老年人合法权益,为老年人服务。"在对妇女权益保护上,《中华人民共和国妇女权益保障法》第四条规定,"保障妇女的合法权益是全社会的共同责任。国家机关、社会团体、企业事业单位、城乡基层群众性自治组织,应当依照本法和有关法律的规定,保障妇女的权益。"

以上法律从乡村社区治安维护、对乡村社区公共安全提供、普及九年制义务教育、乡村社区社会公德建设等方面,规定村委会协助乡镇政府的义务。值得一提的是,《全国人民代表大会常务委员会关于〈中华人民共和国刑法〉第九十三条第二款的解释》,详细地列举了村委会等村基层自治人员协助人民政府从事行政管理工作的行为,指出当他们实施以上行为时,将他们定位于"其他依照法律从事公务的人员"。[①] 具体说来,村民委员会等村基层组织人员协助人民政府从事的行政管理工作涉及救灾、抢险、防汛、优抚、扶贫、移民、救济款物的管理;社会捐助公益事业款物的管理;国有土地的经营和管理;土地征用补偿费用的管理;代征、代缴税款;有关计划生育、户籍、征兵工作;协助人民政府从事的其他行政管理工作。这些事项几乎涵盖了乡镇政府在农村实施的所有行政管理事项。我们认为,《解释》对于村委会执行公务行为时身份的认定,

---

① 全国人民代表大会常务委员会讨论了村民委员会等村基层组织人员在从事哪些工作时属于《刑法》第93条第2款规定的"其他依照法律从事公务的人员",解释如下:村民委员会等村基层组织人员协助人民政府从事下列行政管理工作,属于《刑法》第93条第2款规定的"其他依照法律从事公务的人员":(一)救灾、抢险、防汛、优抚、扶贫、移民、救济款物的管理;(二)社会捐助公益事业款物的管理;(三)国有土地的经营和管理;(四)土地征用补偿费用的管理;(五)代征、代缴税款;(六)有关计划生育、户籍、征兵工作;(七)协助人民政府从事的其他行政管理工作。村民委员会等村基层组织人员从事前款规定的公务,利用职务上的便利,非法占有公共财物、挪用公款、索取他人财物或者非法收受他人财物,构成犯罪的,适用《刑法》第三百八十二条和第三百八十三条贪污罪、第三百八十四条挪用公款罪、第三百八十五条和第三百八十六条受贿罪的规定。现予公告。

具有较大的进步意义。但是，在立法时他们没有考虑到村委会协助乡镇政府行为有严格的前提条件，没有意识到作为法律上独立身份的村委会与乡镇政府，除了产生协助关系外，还有乡镇政府对村委会在村民自治活动中的指导关系、村委会接受乡镇政府委托产生的委托关系。《解释》关于村委会协助乡镇政府事项的规定略显扩张。

(2) 发展经济

我国是实行公有制社会主义国家，农村和城市郊区的土地等资源除规定为国家所有之外，由集体所有。《中华人民共和国宪法》第10条第2款规定，"农村和城市郊区的土地，除由法律规定属于国家所有的以外，属于集体所有；宅基地和自留地、自留山，也属于集体所有。"但同时，村集体所有制采取的是整体占有模式，即村集体的任何一个成员不能以任何方式行使名义上归其所有的财产。[①] 因此，作为村集体的成员，他们只是在名义上享有村集体财产的所有权，单个个人无法具体行使村集体所有权益。为保障村集体财产的使用和收益，《中华人民共和国宪法》等法律规定，村集体经济组织对村集体财产进行经营和管理。《中华人民共和国宪法》第8条第1款规定，"农村集体经济组织实行家庭承包经营为基础、统分结合的双层经营体制。"从中可以看出村集体经济组织与农村土地产权、农村经营制度三者之间存在紧密的联系。村集体经济组织是农村土地所有者，在统分结合的双层经营机制中发挥"统"的功能，组织分散经营的农户进行社会化生产以抵御市场风险。《村民委员会组织法》第8条第3款规定，"村民委员会应当尊重并支持集体经济组织依法独立进行经济活动的自主权，维护以家庭承包经营为基础、统分结合的双层经营体制，保障集体经济组织和村民、承包经营户、联户或者合伙的合法财产权和其他合法权益。"以上规定表明，村委会与村集体经济组织是两个平行、独立的村级组织，作为乡村社区公共权力的执掌者，村委会尊重和支持村集体经济组织的经济活动。但同时，现有法律又规定村委会享有对村集

---

① 潘嘉玮、周贤日：《村民自治权与村民经济自主权》，《华南师范大学学报》（社会科学版）2003年第4期。

体经济管理的职权，使得村委会与村集体经济组织在职责上交叉重叠。《村民委员会组织法》第8条第2款规定，"村民委员会依照法律规定，管理本村属于村农民集体所有的土地和其他财产，引导村民合理利用自然资源，保护和改善生态环境。"《民法通则》第74条第2款规定，"集体所有的土地依照法律属于村农民集体所有，由村农业生产合作社等农业集体经济组织或者村民委员会经营、管理。"《中华人民共和国土地管理法》第10条规定，"农民集体所有的土地依法属于村农民集体所有的，由村集体经济组织或者村民委员会经营、管理。"《中华人民共和国农村土地承包法》第12条第1款规定，"农民集体所有的土地依法属于村农民集体所有的，由村集体经济组织或者村民委员会发包。"为妥善处理村委会与村集体经济组织的权利和关系，《全国人大常委会法制工作委员会对关于村民委员会和村经济合作社的权利和关系划分的请示的答复》中规定，有村集体经济组织的，由村集体经济组织经营、管理村集体土地，没有村集体经济组织的，由村委会经营、管理村集体土地。以上的规定既避免村委会与村集体经济组织可能出现的争权，也确保在村集体经济组织缺位下村委会有权经营、管理村集体土地。鉴于从分田到户后村集体经济组织大多数名存实亡，即使存在的村集体经济组织，往往与村委会实行"两块牌子，一班人马，交叉任职"，村委会与村集体经济组织"村社一体"、"政经不分"。针对"村社一体"、"政经不分"的现象，项继权认为，村委会是一种社会组织，以社会管理和社会服务为目标，致力于社会平等和公平；而村集体经济组织则是一种经济组织，以追求利润和经济效益为目标，致力于竞争和效率。村社不分混淆两者的功能和目标，不仅削弱村集体经济组织的竞争力，而且削弱了村委会对乡村社区的社会整合能力。[①] 徐增阳、杨翠萍也指出，村委会与村集体经济组织的性质不同，两者有着不同的组织目标、价值诉求和运作逻辑。村委会是行使公共权力的机构，它的组织目标是为乡村社区所有成

[①] 项继权：《农村社区建设：社会融合与治理转型》，《社会主义研究》2008年第2期。

员提供同等的公共服务，它的价值诉求是公平正义，它的运作逻辑是民主；村集体经济组织的性质是经济组织，它的组织目标是追求经济利益的最大化，它的价值诉求是效率，它的运作逻辑是资本决定发言权。① 在此基础上，项继权建议村集体经济组织与村委会的适当分离，从传统生产共同体或经济共同体向社会生活共同体转变，强化村委会社会管理和社会服务功能。② 徐增阳、杨翠萍建议剥离村委会在农村集体资产经营管理方面的功能，村集体资产经营管理由村集体经济组织负责，村委会应回归村民自治组织的属性，村委会所需经费由公共财政和集体收益支出。③ 他们的建议指明以后发展方向，无疑是正确可行的。据农业部统计，现阶段60%的行政村的村委会与村集体经济组织合二为一，有近40%的行政村另有村集体经济组织。④ 因此，村委会在乡村社区经济发展上发挥着重要的作用。

对于村集体经济组织成员而言，他们是村集体财产的所有权人，依照法律规定有权承包、经营村集体所有土地和享有由此产生的收益，同时，他们也有权分配基于村集体财产产生的收益。村委会代表村集体与村民签订土地承包合同，向村民分配由村民会议、村民代表会议讨论通过的村集体财产的收益。在"村社合一"的乡村社区，村委会的边界就是村集体的边界，村集体经济组织成员权和乡村社区成员权混同。事实上，村集体经济组织成员权和乡村社区成员权的性质是截然不同的。村集体经济组织成员权是一种财产性权利，也是一种自益性的权利，具有排他性的特征，它是基于村集体经济组织成员身份享有的，能够给权利人带来自身的利益。乡村社区成员权是公益性的权利，具有公共性的特征，它是指在乡村

---

① 徐增阳、杨翠萍：《合并抑或分离：村委会和村集体经济组织的关系》，《当代世界与社会主义》2010年第3期。
② 项继权：《农村社区建设：社会融合与治理转型》，《社会主义研究》2008年第2期。
③ 徐增阳、杨翠萍：《合并抑或分离：村委会和村集体经济组织的关系》，《当代世界与社会主义》2010年第3期。
④ 卫敏丽、赵超：《村委会组织法修订草案未定村委会和集体经济组织关系》（http://news.xinhuanet.com/legal/2010-06/22/c_12248978.htm）。

社区居住的居民对本社区的公共事务与公益事业进行决策、管理和监督以及选举产生自治组织的权利。[1] 作为乡村社区公共权力执掌者，村委会在经营、管理村集体财产的同时，也要对乡村社区公共事务进行管理和提供服务。基于村委会身份双重性，村委会往往无视村集体经济组织成员和乡村社区成员的区别，在与村集体经济组织成员签订土地承包经营合同过程中，往往将村民应当上缴国家税收、提留甚至计划生育义务都列入合同条款，在村民不能完成合同规定义务情况下，可以以此为依据解除承包合同。因此，赵晓力认为，农村承包合同不应简单地理解为民事法律意义上的"租佃契约"，它是地方政府和乡村干部对农民进行全方位治理的一种手段，计划生育、催粮要款、农田基建、修桥修路等这些通常难以实现的目标，都可以通过承包合同这一杠杆实现。[2] 辽宁省汉阳县人民法院总结土地承包经营合同纠纷案例，指出承包合同中的发包方和承包方地位不对等，他们之间的关系是"纵向隶属关系"，合同的内容不是平等主体之间财产的交换，而是村集体财产的收益在村集体经济组织成员间分配，发包方对承包方拥有治理上的特权。[3] 这就导致村民在人身上形成对村委会较强的依附关系。此外，现有户籍制度加剧了村民与村委会之间的地位不对等。新中国成立以来，基于国家宏观发展战略和对农村政策的制定，我国在较长时期实行城乡二元隔离的政策，对于村民而言，除了招工、就业等少量途径流入城市外，在法律上不享有迁徙的自由。在"生于斯、长于斯"的乡村社区，村民或因出生或因婚姻关系而获得本村户籍，他们没有任何自由加入或退出村民自治组织。因此，村民的生产和生活都不得不与一个村委会联系在一起，村委会在乡村社区享有较强的公共权威。总的说来，村委会在税费时期一方面通过承包合同促使村民

---

[1] 潘嘉玮、周贤日：《村民自治权与村民经济自主权》，《华南师范大学学报》（社会科学版）2003年第4期。

[2] 赵晓力：《通过合同的治理——80年代以来中国基层法院对农村承包合同的处理》，《中国社会科学》2000年第2期。

[3] 汉阳县人民法院：《当前农村承包合同纠纷产生的原因及值得注意的几个问题》，《审判实践》1989年第5期。

完成各种负担和任务，一方面凭借其公共权威筹集人力、物力对乡村社区公共设施进行建设，如组织灌溉，修建机耕道，修挖大型堰塘水坝等蓄水或防洪设施等，为分散的农户提供农业生产所需的基础性条件。贺雪峰将这一时期村委会与村民关系概括为农民缴纳税费，村干部提供必要的公共品。① 进入 21 世纪，伴随国家在农村由资源汲取到资源反哺的政策转变，村委会面临的"收粮收款"的压力解除。同时，土地承包期由延长 15 年不变、30 年不变到长期化，农民的土地承包经营权中具有了所有权的要素，村委会不得再以农民完不成承包合同规定的义务为由解除合同，村委会日益退出农户经营事业。同时，面对税费时期不断恶化的干群关系，主流观点认为乡村干部是侵犯农民权益的源头，因此，国家在土地制度设置和实践都极力防范乡村干部，降低他们的权力，削弱乡村集体。② 也是基于同样的逻辑，国家在惠农政策实施中直接越过乡村干部，采取瞄准率极高的方式直接将惠农补贴发放给农户。其直接后果是村委会公共权威日益削弱，日常运转经费支出困难，在乡村社区动员能力不足，在统分结合的双层经营机制中"统"的功能日益弱化。在农业生产中，单个农民无法对带有公共品特征的沟渠、道路进行修建，在农业生产基础设施缺失的情况下，农民农业生产中可能会再次面临"高投入、高风险、低回报"的困境。③

（3）兴办社区公益事业

自新中国成立以来，我国一直致力于现代国家建设，现代国家的乡村治理相对于传统国家上下分立的治理模式，呈现出纵横交错的特征。所谓的"纵"就是国家权力一直下沉到乡村社区，"横"就是乡村社区自组织生长，村民可以通过自组织表达和反映自己的意见和要求，行使和实现自己的民主权利。④ 村民自治的生长就遵

---

① 贺雪峰：《农村土地的政治学》，《学习与探索》2010 年第 2 期。
② 陈柏峰：《农民地权诉求的表达结构》，《人文杂志》2009 年第 5 期。
③ 贺雪峰、龚春霞：《找回村社：农地收益与农民所要》，《华中科技大学学报》（社会科学版）2010 年第 2 期。
④ 徐勇：《现代国家的建构与村民自治的成长——对中国村民自治发生与发展的一种阐释》，《学习与探索》2006 年第 6 期。

循以上的逻辑。村民自治的生长源于20世纪80年代初,在改革开放大潮推动下农村率先在经济领域推行家庭联产承包责任制,面对国家权力在农村撤离导致治理真空,广西宜山农民自发组织起来以村规民约的形式维护乡村社区秩序,并成立村委会管理乡村社区公共性事务。面对村民在实践中的伟大创造,中央高层给以法律、制度上支持,并强力推动村民自治在全国推广。在国家法制定过程中,有关村民权利和义务、乡村社区资源和利益的分配、乡村社区内部事务处理等实践中创造的好的经验也被认可或吸纳。《宪法》第111条第2款规定,"居民委员会、村民委员会设人民调解、治安保卫、公共卫生等委员会,办理本居住地区的公共事务和公益事业,调解民间纠纷,协助维护社会治安,并且向人民政府反映群众的意见、要求和提出建议。"《村民委员会组织法》对《宪法》规定的村委会对乡村社区公共事务和公益事业的职能进一步细化,第9条规定:"村民委员会应当宣传宪法、法律、法规和国家的政策,教育和推动村民履行法律规定的义务、爱护公共财产,维护村民的合法权益,发展文化教育,普及科技知识,促进男女平等,做好计划生育工作,促进村与村之间的团结、互助,开展多种形式的社会主义精神文明建设活动。村民委员会应当支持服务性、公益性、互助性社会组织依法开展活动,推动农村社区建设。多民族村民居住的村,村民委员会应当教育和引导各民族村民增进团结、互相尊重、互相帮助。"以上对村委会在乡村社区公共职能的规定,就是对村民实践探索出经验的肯定和尊重。在传统社会,中国的乡村社区是以血缘和家族为基础形成的血缘共同体及家庭共同体,人们在家族范围内形成相互信任、守望相助、亲密无间的关系。[①] 为了实现共同体内人们的认同和信任,乡村社区内乡绅和宗族首领通过对乡民提供治安、水利耕作、贫弱救助等公共事务的管理和服务,乡民在公共需求满足的基础上形成共同的行为规范和道德标准,乡民也产生对乡村社区认同感和归属感。这种以血缘和地缘为基础形成

---

① 项继权:《农村社区建设:社会融合与治理转型》,《社会主义研究》2008年第2期。

的共同体具有较强的封闭性和排他性。随着现代工商业的兴起，乡村社区日益走向开放，传统社会血缘和宗族共同体相应被生产或生活共同体取代。对此，F.滕尼斯强调，"这些社会体和共同体在那种原初的同属状态中保持了它们共同的根基"。"即使这种原初的共同存在、共同生活以及共同工作的状态已被改变，它依然保留并能更新其精神的形式、政治的形式以及其合作的功能"。在现代乡村社会，传统社会血缘和宗族共同体的生活方式、价值观念以及人际关系中的精华部分还将继续持久地存在于社会的生活方式内部。[①] 因此，村委会办理乡村社区公共事务和公益事业等公共事务，如维护社会治安、调解民间纠纷、发扬社会公德、修建道路桥梁、建设社区公共环境等，是以村民对乡村社区公共规范的自觉遵守为前提，村民在公共需求满足基础上，增强对乡村社区的认同和信任，乡村社区凝聚力相应得以增强。《宪法》和《村民委员会组织法》对村委会在乡村社区公共职能的规定，体现了国家对乡村社区共同价值和公共规范的认可和尊重。

与此同时，作为一种乡村政治制度安排，村民自治是在中国自上而下的权威体制内生成的，有关村级组织的性质、结构和职权是在国家法律权威下形成的制度性安排。[②] 也有学者认为，村民自治本身与国家利益是相一致的情况下，国家实际上是把所有权制度、户籍制度及相关的村庄内部事务委托给村民组织进行自治。[③] 这表明，村委会在乡村社区行使公共事务和公益事业的职能源于国家的让权。将国家权力下沉到乡村社区是现代国家建设的目标，国家将部分治理权让给村委会，并非指国家急于行使相应行政管理职责，而是指国家可以通过村委会在乡村社区的公共职能的履行实现对乡村

[①] 项继权：《中国农村社区及共同体的转型与重建》，《华中师范大学学报》（人文社会科学版）2009 年第 3 期。

[②] 于建嵘：《失范的契约——对一示范性村民自治章程的解读》，《中国农村观察》2001 年第 1 期。

[③] 赵一红：《我国村民自治制度中的自制规章与国家法律关系现状的分析》，《政治学研究》2007 年第 2 期。

社区有效治理。一般而言，国家通过一些专门法的规定，对村委会应该行使公共事务和公益事业做出具体的规定。何海波通过村委会依照村规民约行使处罚权的个案分析，指出在现阶段，村民委员会制度的目标和功能应当被理解为特定政治和社会情势下国家治理的一种方式。[1] 卞利认为，村规民约包括"村规"与"民约"，"村规"是指为维护乡村社区整体利益，由乡村社区中村民共同制定和遵守的行为准则，"民约"是指部分村民为某一特定事项而进行的某种约定。[2] 在村民自治实践中，村民对民间纠纷的解决、治安的维护、社会公德、计划生育等与村民生产、生活密切相关的事项约定共同行为规则，要求村民遵守村规民约的相关规定，村委会通过对违反行为人行使处罚权实现对乡村社区进行治理。实践证明，由于村规民约具有乡土性、地域性、自发性、内控性等特点，它能够深化到村民内心深处，在乡村社区共同价值观点和道德准则约束下，无论是在遵守村规民约上还是对村委会的处罚上，村民能够较好遵守和认同。[3] 由于村委会的处罚能够有助于维护乡村社区的执行，在乡镇政府因人手、精力有限、管辖事项繁多情况下，无暇顾及乡村社区一般性打架、赌博、盗窃等案件时，乡镇政府官员往往认可甚至支持村委会处罚行为，将村委会的调解和处罚行为视为维护乡村社区稳定的"安全阀"。由此可知，村委会在乡村社区享有一定程度的治理权，不仅有利于乡村社区秩序的维护和凝聚乡村社区的团结，还能够帮助乡镇政府对乡村社区进行管理。因此，村干部等乡村精英与乡镇政府在乡村治理中形成较为密切的关系，这更有利于村民自治的深化和国家对乡村社区整合目标的实现。

---

[1] 何海波：《依据村规民约的处罚——以明堂村近25年情况为例》，载沈岿主编《谁还在行使权力：准政府组织个案研究》，清华大学出版社2003年版。
[2] 卞利：《明清徽州村规民约和国家法之间的冲突与整合》，《华中师范大学学报》（人文社会科学版）2006年第1期。
[3] 胡延群、方玉媚：《村民自治制度下村规民约的完善——基于四川成都下属区县三镇的调查》，《云南农业大学学报》2010年第4期。

二 乡镇政府与村委会之间的制度化关系

(一) 乡村关系的本质

《村民委员会组织法》第 2 条第 1 款规定，"村民委员会是村民自我管理、自我教育、自我服务的基层群众性自治组织，实行民主选举、民主决策、民主管理、民主监督。"第 5 条规定，"乡、民族乡、镇的人民政府对村民委员会的工作给予指导、支持和帮助，但是不得干预依法属于村民自治范围内的事项。村民委员会协助乡、民族乡、镇的人民政府开展工作。"条文规定村委会是基层性群众自治组织，对内管理村庄事务，对外代表村庄接受乡镇政府指导，并协助乡镇政府开展工作。那么，村民自治权来源何处？村委会行使自治权法理依据何在？乡镇政府对村委会是否有管辖权？乡镇政府是否仅仅对村委会进行指导、支持和帮助，还是应当和可以对村民自治活动进行指导、支持和帮助？

1. 村民自治权是国家向基层社会让渡的部分治权

现代国家权力来源于社会，通过人民的授权将社会主体权利转化为国家权力，并代表整个国家来管理国家和社会公共事务，为社会整体利益、根本利益服务。在中央与地方权力划分上，不同国家基于民主传统不同而有不同的划分形式。按照宪法规定，我国是一个单一制国家。在单一制国家，中央政府的权力是一种固有权力，整个单一制国家是一个统一的整体，只是为了便于治理而把领土划分成若干行政区域，并设立相应的地方政权。因此，单一制国家中地方政府的权力并非地方固有的权力，而是中央授予的权力。[1] 在我国，中央政府与地方政府的权限划分由宪法予以规定，但是，中央政府可以根据需要经过法定程序对地方政府权力进行调整。新中国成立后，我国采取与计划经济体制相适应的中央高度集权的政治体制，对地方进行严格的政治控制和经济管制，导致国家与社会的

---

[1] 魏定仁、赶超英、傅思明：《宪法学》，北京大学出版社 2004 年版，第 286 页。

高度一体化，社会丧失了发展的自主空间和独立地位。在农村，通过土地改革和包括人民公社在内的集体化运动，加之农产品的统购统销，中国共产党不仅成功地将原先独立分散的个体农民组织起来，而且成功地将组织起来的农民与市场相脱离，强化了农民对国家的依附，推动了国家与农村社会的一体化进程。[1] 中国共产党人最终建构起了一个足以控制和变革社会的庞大的政治体系。[2] 1978年改革开放以来，我国自上而下推进"放权让利"的政策。放权式改革的重要制度后果就是分权，首先是国家分权于社会，经济、社会和文化权力开始相对独立于政治权力，这一切都意味着一个相对独立的自主性社会得以发育生长。[3] 国家行政权力从社会—经济领域部分撤退。

首先，作为上层建筑，村民自治是农村实行家庭联产承包责任制的必然结果。我国的改革是从农村开始起步的，家庭联产承包责任制突破了人民公社时期"土地集体所有，统一生产经营"生产方式。这种以家庭为基本生产单位的分散灵活的经营方式，更有利于调动农民的积极性，因适合当时农村的生产力水平而得以在全国推广。承包责任制的主要方式是农户向村委会或村民小组承包土地等生产资料，这种承包形式逐渐都采取了签订合同的方式，形成了国家、集体与农户之间"交够国家的，留够集体的，剩下的全是自己的"利益分配格局。尽管赵晓力通过对80年代以来农村承包合同的研究指出，农村承包合同这种本来是村民（农户）与村委会（村集体）之间民事法律意义上的租佃契约，在实践中成为地方政府和村干部治理农民和农村事务的一种新方式。[4] 但不可否认的事实是，自农村家庭联产承包责任制推行以来，农民的人身自由从人民公社

---

[1] 周晓虹:《1951—1958：中国农业集体化的动力——国家与社会关系视野下的社会动员》,《中国研究》2005年第1辑, 社会科学文献出版社2005年版。

[2] Ezra F. Vogel, *Canton Under Communism: Programs and Politics in a Provincial Capital, 1949-1968*, Cambridge, MA: University of Harvard Press, 1969, pp. 350-354.

[3] 徐勇:《内核—边层：可控的放权式改革——对中国改革的政治学解读》,《开放时代》2003年第1期。

[4] 赵晓力:《通过合同的治理——80年代以来中国基层法院对农村承包合同的处理》,《中国社会科学》2000年第2期。

时期高度集中的集体生产中获得解放，以户为单位的农业生产使得农民得到更多的切身利益。基于1981年《经济合同法》规定，各地司法实践中都将农村承包合同视为经济合同的一种，将签订承包合同的农户与村委会或村民小组界定为平等的民事主体。由此，国家、集体与农户之间的平等权利关系逐渐形成，农村经济活动领域的契约精神日益凸显。

其次，村民自治权来源于国家向基层社会让渡的部分治权。随着家庭联产承包责任制的推行，建立在"土地集体所有，统一生产经营"基础上的人民公社体制因不适应新的生产方式和生活方式而日趋解体，农村陷入"治理真空"而出现无序和混乱状态。在此背景下，广西宜山、罗成一带的农民自发成立村委会等群众自治组织，对村庄公共事务进行自我管理。由于村委会等群众自治组织能够解决实行承包制后村庄公共事务无人管的问题，村委会及村民自治得到中央高层的支持并在全国得以推行。村民自治制度是在国家与社会分离过程中产生的，是为了解决国家与社会分离过程中出现的紧迫性公共问题而对治理体系的变革，通过向基层社会和公民让渡和下放部分治权，重新构造对社会整合体系。其结果是基层社会和公民通过运用这部分治权而直接行使民主权利。[1] 因此，村民自治的生长具有国家放权的性质，村民自治权是国家向基层社会让渡的部分治权。

2. 村委会的自治权来源于村民的授权

"社会是一切权利与权力的原始的和最终的根源。"[2] 村民自治权来源于乡村社区的契约和内生规则，其自治权的行使，对外代表乡村社区维护其成员的整体利益，对内维护乡村社区公共秩序和公共利益。因此，村民自治实质是指全体村民的自治，全体村民在其组成的村民自治共同体内享有自治权。村民自治权是指村民依法享有的直接参与、讨论、决定和管理村庄公共事务的权利。按照现有的村委会设置建制，让所有村民对村庄公共事务进行直接管理不大

---

[1] 徐勇：《村民自治：中国宪政制度的创新》，《中共党史研究》2003年第1期。
[2] 郭道晖：《社会权力与公民社会》，译林出版社2009年版，第63页。

现实。并且，在民主政治实践中，并非所有的公民都有能力直接参加社会政治事务的管理，并非所有的社会政治都需要和有可能由所有公民直接进行管理。① 因此，《村民委员会组织法》规定，村委会是村民自治共同体的执行机构，对内管理村庄公共事务，对外代表村民自治共同体进行活动。为了监督村委会对村庄公共权力的行使，《村民委员会组织法》不仅明确村委会成员由全体村民直接选举产生，而且还有罢免机制保证村委会必须接受村民的评议和监督。

（二）乡镇政府与村委会之间的互动

1. 村委会在村民自治活动领域内行使自治权

为确保村委会自主行使自治权，减少乡镇政府对村委会的行政干预，国家提供了相对健全的法律保障。首先，法律赋予村委会对乡村社区公共事务管理的自治权。村委会管理乡村社区自治领域内的公共事务统称为村务。村务是一村之内关系到村民共同利益的公共事务，村务的内容由全体村民共同决定，即村民认为必须共同管理的事务才能够纳入村规民约成为村务。由于它体现了全村村民的公意，能够在较大程度上维护和实现乡村社区整体利益，因此能够得到全体村民支持和自觉遵守。一般说来，村务包括一村之内的公共事务和公益事业，如调解民间纠纷，维护社会治安；建设乡村社区公共环境；发展乡村社区卫生、文化教育、体育事业和公共福利事业；维护村民的合法权益，促进男女平等；做好计划生育工作；普及科技知识；对村庄进行精神文明与道德建设等。其次，法律为村委会独立行使自治权留下了自主空间。《村民委员会组织法》第11条第1款规定，"村民委员会主任、副主任和委员，由村民直接选举产生。任何组织或者个人不得指定、委派或者撤换村民委员会成员。"第16条规定，"本村五分之一以上有选举权的村民或者三分之一以上的村民代表联名，可以提出罢免村民委员会成员的要求，并说明要求罢免的理由。被提出罢免的村民委员会成员有权提

---

① 王浦劬：《政治学基础》，北京大学出版社2008年版，第175页。

出申辩意见。罢免村民委员会成员，须有登记参加选举的村民过半数投票，并须经投票的村民过半数通过。"第17条第1款规定，"以暴力、威胁、欺骗、贿赂、伪造选票、虚报选举票数等不正当手段当选村民委员会成员的，当选无效。"第18条规定，"村民委员会成员丧失行为能力或者被判处刑罚的，其职务自行终止。"以上条文规定了村委会成员由村民直接选举产生、规定罢免的法定程序、列举当选无效和职务自行终止的几种情形等，从法律上对村委会成员任职资格的取得与解除的程序作出规定，避免乡镇政府随意撤换与任免村委会成员，保证村委会人事任免上具有相对独立性。同时，《村民委员会组织法》第36条第3款规定，"乡、民族乡、镇的人民政府干预依法属于村民自治范围事项的，由上一级人民政府责令改正。"对乡镇政府不得干预依法属于村民自治范围内的事项的规定，排斥乡镇政府非法干预，并赋予村委会在权利受到侵害时请求救济的权利，增强了村委会的自治能力。

2. 乡镇政府有权指导属于村民自治范围的事项

按照我国词典的解释，"指导"的意思是指示教导、指点引导，"指导"着重在于指点、指示，对象可以是思想方面的，也可以是"路线"、"方针"、"政策"。行政指导是指行政机关在职责范围内为实现一定行政目的而采取的符合法律精神、原则、规则或政策的指导、劝告、建议等行为。行政指导是比较柔和的行政管理方式，它不具有权力强制性，行政相对人是否接受行政指导听凭自愿，并未丧失自己行为选择自由。[①] 行政指导作为一项新型行政管理模式，是在第二次世界大战后才兴起的。它是从主张完全排斥政府干涉到主张政府强硬干涉再到主张政府柔性干预的产物。[②]

实行家庭联产承包责任制以后，我国改变了对农村社会集权式管理，给予农村社会自主发展空间，在法律上规定村委会在村民自治活动领域内行使自治权。值得注意的是，在现阶段，绝大多数地区村集体经济发展水平较低、村民自治组织体系功能不完备、村民

[①] 莫于川：《从法律价值角度看行政指导行为》，《法制与社会发展》2000年第5期。
[②] 王连昌：《行政法学》（修订版），中国政法大学出版社1997年版，第315页。

民主意识较弱、村民参与能力不足等,村民自治发展民主化程度并不高,完全依靠乡村社区自身的力量实现村民自治有效运作显然不够。如果离开乡镇政府的指导,行使乡村社区公共权力的村委会很有可能在乡村社区及少数村民利益驱动下,不仅可能侵犯部分村民的合法权益,甚至可能发展成超越法律、不受任何权力控制和约束的"土围子"。为了实现对村委会行使自治权的约束和控制,促进村民自治良性运作,加强乡镇政府对村委会的指导显得非常重要。从法律规定上讲,乡镇政府对村委会指导的范围和内容与村委会执行村务的范围和内容是一致的,当前乡镇政府指导村委会工作主要有以下几点:首先,指导村委会依法搞好村民自治活动。指导村委会搞好村委会选举,确保村委会成员的群众基础;指导村委会召集村民会议或村民代表会议,确保村民民主决策权利得以实现;指导村委会制定村规民约,指导村委会搞好村务公开、民主评议制度、对村委会成员实行任期和离任经济责任审计,确保村民民主管理和民主监督权利得以实现。其次,指导村委会制定乡村社区公共事务和公益事业的发展规划。制定乡村社区公共事务和公益事业的发展规划,虽然属于乡村社区自身事务,但是发展规划能否实现及实现效果还取决于国家政策及政府支持,因此,乡镇政府应结合乡镇教育、卫生、体育、文化、科技等社会事业发展规划,为村委会开展村务提供政策、法律上的指导。最后,乡镇政府对村委会指导方式应以支持鼓励为主。乡镇政府对村委会指导方式选择上,应更多采取培训、宣传、教育、鼓励、动员等手段,为村委会提供政策、物质上的帮助。郑人豪总结一些地方的成功实践,认为乡镇政府指导支持和帮助村委会工作的方式主要有:根据乡镇国民经济和社会发展计划,制订指导性的工作计划供村委会参考;典型示范和经验推广的方式;检查评比和行政奖励的方式;建立村民自治章程、村规民约的备案审查制度;协调解决村内矛盾或者以村为一方或双方当事人的纠纷。[①]

[①] 郑人豪:《新农村建设与村民自治法律问题研究》,博士学位论文,中国政法大学,2007年,第80页。

第四章

资源汲取能力中的乡村关系

财政是国家的生命线。[①] 作为国家经济基础的财政，随国家产生而产生，并与国家兴衰紧密相关。任何国家在任何时期，为了维护国家机器的正常运转，都要向社会汲取财政资源并按一定的方式进行支出。在不同时期，由于国家汲取和使用财政资源的方式不同，就形成不同的财政制度。不同的财政制度通常与不同的国家治理制度相联系，并意味着不同的国家治理水平。[②]

新中国成立以来，由于我国是农业大国，在国家现代化与工业化宏观发展战略指导下，国家加大向乡村社区汲取资源的力度，来自乡村社区的财政资源成为国家财政基础，国家财政被称为"农业财政"。在"农业财政"下，中国财政体制经历了三次变革，从改革开放前高度集中的统收统支财政体制，到改革开放后的财政包干体制，以及1994年以来"分税制"改革，从本质上看，这三次变革仅仅是国家向乡村社区汲取资源手段与方式的变化，其实质和目的均表现为国家出于宏观经济发展需要而向乡村社区汲取资源。由于国家财政来源与财政能力决定和制约着国家对乡村社区治理格局的特性和治理绩效，在国家向乡村社区汲取资源过程中，围绕税费的汲取与上缴，就产生了国家与乡村社区、政府与农民和农村干部与群众之间利益划分、争夺与平衡的问题。也就是说，乡、村两级组织互动主要表现为乡镇政府对乡村社区的资源的汲取和乡村社区

[①] 王绍光：《公共财政与民主政治》，《战略与管理》1996年第2期。
[②] 王绍光、马骏：《走向"预算国家"——财政转型与国家建设》，《公共行政评论》2008年第1期。

对乡镇的税费上缴，乡村关系的核心问题是基于税费征缴而产生的乡村两级主体利益分配关系。

一 改革开放以来乡镇财政体制变迁

新中国成立后，快速实现国家工业化和现代化成为我国首要目标。由于我国的现代化是外部驱使，在西方列强竞争压力下我国的工业化原始积累只能来自于国家内部，即我国的工业化与现代化必须依赖于农业和农民提供大量的原始积累。出于国家向农村大量汲取资源的需要，我国建立计划经济体制和集中型财政体制。新中国成立之后长达30年的时间里，我国高度集中型财政体制使得国家具有超强的资源汲取能力，中央集中大量财政资源，确保集中财力办大事的国家发展战略。据统计，1950—1978年，国家通过工农业产品剪刀差大约取得了5100亿元收入，国家提取农业剩余净额4500亿元。[①] 但是，中央对地方财政"管得过多、统得过死"，忽视地方的经济利益和经济自主权利，成为妨碍中国经济发展的重要因素，由此，从1980年开始，中国财政体制就开始了"分灶吃饭"的财政包干制的改革。中共中央、国务院于1983年10月颁布的《关于实行政社分开，建立乡政府的通知》中规定，"随着乡政府的建立，应当建立一级财政和相应的预算决算制度，明确收入来源和开支范围。"随着乡镇政府的建立，各地根据通知中的规定，开始有步骤建立乡镇一级财政。乡镇财政体制包括制度内财政和制度外财政，其中，制度内财政由预算内财政和预算外财政构成，预算内财政中财政收入即预算收入是指地方税收和上级政府转移收入，预算外财政中财政收入即预算外收入是指"三提五统"，制度外财政中财政收入是指乡镇政府以各种形式筹集的自筹资金，如收费、集资、摊派等。在财政包干制下，地方政府能够保留地方财政收入大

[①] 陈光焱：《论农村税费改革的定律约束和取向选择——兼评所谓"黄宗羲定律"》，《财政研究》2002年第8期。

部分甚至全部，地方财政积极性得以大大调动。具体到乡镇一级，乡镇政府有了自由支配的财力，乡镇政府开始呈现自利性倾向。与此同时，随着"分灶吃饭"推进，国家财政收入占国内生产总值比重不断降低，中央财政收入占全国财政收入比例失调，中央政府行政能力和宏观调控能力下降。特别是中国政府的财政收入汲取能力仍然很低，甚至于相对以前更低。① 在这种背景下，1994年国家开始"分税制"的财政体制改革。"分税制"的财政体制重新界定了中央政府、地方政府之间的财权和事权范围，着眼点是增强中央政府的宏观调控能力，明确各级政府的责、权、利。实践中，由于尚未建立省级以下政府之间财力分配框架，省级以下政府层层向上集中财力，并层层将事权下放，即财权层层的上收和事权的过度下移。到了政府最基层的乡镇政府，其履行事权所需财力与其能够支配财力极不对称，形成中央少给钱甚至不给钱基层政府也要办事甚至多办事的格局。"财权上收"是指乡镇财政预算内收入大都由上级政府拿走，即农业税、农业特产税、契税和耕地占用税等农业四税虽然属于乡镇财政收入，由乡镇财政所负责征收，但是被征缴的农业四税最后全部要上缴到县级财政。"事权下移"是乡镇财政除了支付本级政权机关日常运作所需经费外，还要提供本区域内基础设施、义务教育、社会治安、环境保护等公共产品，以及支持本地经济发展的支出。在乡村社区公共产品供给上，随着国家权力向乡村社区下沉，以国家目的出现的公共事务越来越多，中央和上级政府向乡镇政府定政策、下指标，但是国家没有相应给予因事权增加的财政支持，而是由乡镇财政负责经费来源，即所谓的"中央请客，地方出钱"。例如为实现农村九年义务制教育的目标，学校基础设施的兴建大多由农民集资集劳完成。并且，乡镇政府所要履行的事权，如提供计划生育、优抚、民兵训练、修建公路桥梁等地方性公共物品的支出，大都属于刚性支出，不仅不能压缩，而且支出基数大、增长快，这就加大乡镇财政支出压力。由此可知，"财权上

---

① 王绍光、马骏：《走向"预算国家"——财政转型与国家建设》，《公共行政评论》2008年第1期。

收、事权下移"的财政利益分配格局使得大多数乡镇财政陷入困境。

为了缓解乡镇财政困境，保证国家成功向乡村社区汲取资源以支持工业化发展，以及维持乡镇财政正常支出，乡镇政府加大向农民征缴"三提五统"及收费、集资、摊派的力度。"三提五统"是指农民在承包村集体所有土地时按照合同约定其应对村集体经济组织所应承担的义务，简称为"村提留、乡统筹"。村提留是农民向村集体经济组织缴纳的公积金、公益金和管理费，用于乡村社区公共事务的支出。乡统筹是乡镇政府向农民征收的，主要用于乡里教育优抚、民兵训练、计划生育、道路建设等民办事业。"三提五统"俗称"二税"，是乡镇财政的重要收入来源。实践中，乡镇财政收入中"三提五统"主要用于乡镇政府的一些公共项目支出，并且，越是经济欠发达地区的乡镇财政对"三提五统"依赖程度越高。与制度内财政相比，虽然制度外财政收入同样用于乡镇政府在教育、卫生、交通、基础设施、政府必要的行政开支等公共项目的开支，但是乡镇财政对制度外财政收入自由支配权限更大，这就激发乡镇政府自利性倾向，加之20世纪90年代各地为了完成上级政府下达的如教育达标、计划生育达标、小康村达标等行政任务，以及乡镇政府为追求政绩兴建的"短、平、快"等政绩工程，这就导致20世纪90年代农村出现的乱收费、乱集资、乱摊派等"三乱"现象，俗称"一税轻，二税重，三费是个无底洞"中"三费"就是指以收费、集资、摊派等为主的制度外财政。并且，随着农村经济的不断发展，乡镇财政收入中制度外财政收入急剧膨胀，其增长速度已超过了制度内财政，制度外财政收入在乡村社区公共产品供给、促进本地经济增长方面发挥着重要作用。[1] 在这样的背景下，乡镇政府向乡村社区进行税费征缴中不可避免地要以牺牲农民利益和增加农民负担为代价。据此，刘尚希认为，"乡镇这个基层政权尽管身在乡村，但其使命是为城市服务，而不是为乡村居民服务。乡镇的任务就是把八亿农民稳定在农村有限的土地上，同时，从农村、农业和农民

---

[1] 孙潭镇、朱钢：《我国乡镇制度外财政分析》，《经济研究》1993年第9期。

身上尽可能地汲取资源，以支撑在城市展开的国家工业化运动"。[1]

二 乡镇政府加强对村委会的干预

乡镇财政体制改革对乡村治理影响甚大。在"分灶吃饭"财政包干制下，省级以下每级财政收入包括下级财政收入上缴，因此，下级政府上缴的财政收入成为上级政府评价和考核下级政府工作业绩的一项主要指标。[2] 在层层加压的财政收入上缴压力下，乡镇政府是财税任务下达的终端。出于对自身政治前途考虑，面对沉重的财税任务，乡镇的中心工作就是税费的征缴，因此，乡镇干部的工资、福利与乡镇财税任务的完成状况直接相关。于是，没有税收权利的乡镇干部却成了税务干部，他们甚至任意加重农民负担。[3] 加之在压力型体制的影响下，乡镇政府承担向本辖区提供公共产品和促进经济发展的任务，同时乡镇政府机构膨胀、人员臃肿加剧乡镇财政支出压力。由此，乡镇政府加大对乡村社区税费征缴力度成为必然，这意味着农民负担的增加，为了保证税费征缴任务的完成，乡镇政府将行政权力的触角延伸到村委会，通过对村委会在人事上、财务上、任务完成上的干预以及建立了管理区和干部包村制度，加强对村委会的干预和控制。

（一）人事安排

乡镇政府对村委会人事上的控制首先表现为乡镇政府干预村委会选举，影响和控制村委会成员配备。一些地方的乡镇政府和乡镇党委，为了实现内定人员当选的目的，在村委会选举各个环节，从

---

[1] 刘尚希：《谨防乡镇机构改革落入"循环改革"陷阱》，《中国经济时报》2006年2月20、21日。
[2] 杨善华、苏红：《从"代理型政权经营者"到"谋利型政权经营者"——向市场经济转型背景下的乡镇政权》，《社会学研究》2002年第1期。
[3] 唐晓腾：《价值取向、利益冲突与乡村民主政治的困惑——村民自治中乡村干部和村民的行为取向分析》，2002年6月10日（http://www.chinaelections.org/PrintNews.asp?NewsID=13096）。

村委会成员候选人的提名、竞选到投票都直接或间接施加影响，如果内定人员没有成功当选，有些地方甚至出现以各种理由否定选举结果的局面，直接指定或委派村委会成员。此外，乡镇政府对村委会人事上的控制还表现为乡镇政府不按时组织和指导村委会换届选举，随意任免、撤换、停止、诫勉村委会成员职务。因此，对于村干部而言，他们当选与否主要取决于他们完成乡镇政府下达的行政任务、与乡镇政府配合及私交的程度。①

乡镇政府对村委会的人事上除了直接控制外，还通过村党支部成员的产生间接控制村委会。在农村政治权力网络中，乡镇党委与村党支部之间的关系是一种明确的上下级之间的领导与被领导关系，同时，村委会在村党支部领导下开展工作。实践中，村党支部往往是乡村社区的权力中心，村级党组织负责人一般是乡村社区权力中心的核心人物。依照现行的党的组织原则规定，村级党组织负责人的产生必须经过乡镇党委的考察和选配，乡镇党委对村级党组织负责人行使任免权不仅强化对村党组织的领导，而且有效地调控村委会的行为。特别是在村委会选举过程中，村党组织在很大程度上能够影响村委会候选人的提名和最后当选，这就进一步控制村委会成员的产生。据此，有学者指出，村委会换届选举的成功与否和政府的组织推动有很大关系，乡镇政府在历届村委会换届选举过程中的作用是举足轻重的。②

（二）财务管理

在财务上，乡镇政府通过"村财乡管"的方式，控制村级财务。自1990年以来，乡镇政府对于村级财务的控制程度不断上升，乡镇以清理、整顿村级财务，加强村级财务监督、管理为名，对村级账目和现金进行"代管"，并使"村财乡管"合法化和制度化。"村财乡管"开始是"单代管"，即乡镇政府只代理会计账目，不

---

① 王荣武、王思斌：《乡村干部之间的交往结构分析——河南省一乡三村调查》，《社会学研究》1995年第3期。

② 马宝成：《国家管制与村庄民主的行政化——山东秋村调查》，《北京行政学院学报》2002年第5期。

直接代管现金，随后发展为比较普遍的"双代管"，账目和现金都被"代管"，村级财务被乡镇政府全面掌控。乡镇政府通过"村财乡管"这一直接控制村级财务的方式，直接控制村级经济活动，扩张乡镇权力，强化乡镇政府对于村委会的控制，加剧了行政化乡村关系。

此外，乡镇政府还通过给村干部发工资的方式干涉村级财务。在对村委会成员工资报酬发放上，乡镇政府制定一套量化考核指标，依据村委会成员完成考核指标上规定的任务决定工资及报酬的发放，并由乡镇政府核定村委会成员的工资标准，这就进一步加大村干部对乡镇政府的依附。黄辉祥、徐勇以 L 乡为个案，指出自 L 乡实行了"村财乡管"以来，乡镇牢牢将村级财政权掌管在自己手中，并且，乡镇政府通过夏、秋两季给村干部发工资的做法，强化对村干部的约束和控制。[①]

（三）任务指标

中国是发展中国家，在现代化进程中采取赶超战略，而赶超战略的实施是以"压力型体制"为制度基础。压力型体制一般指的是"一级政治组织为了实现经济赶超，完成上级下达的各项指标而采取的数量化任务分解的管理方式和物质化的评价体系"。[②] 在压力型体制中，上级政府往往将政治、经济、社会任务逐一分解到下级政府，并与下级政府签订责任书，这些任务和指标的完成情况是上级政府评价、考核和衡量下级政府政绩的主要标准，下级政府官员的升迁、荣辱也与完成这些任务和指标的情况挂钩，从而在行政体系中自上而下形成一种压力型体制。乡镇政府是压力型体制的基础和末梢，这就决定国家在农村的发展目标、任务和指标都需要乡镇政府落实，完成国家发展目标、任务和指标的情况就成了衡量乡镇干

---

① 黄辉祥、徐勇：《目标责任制：行政主控型的乡村治理及绩效——以湖南 L 乡为个案》，载徐勇、项继权主编《村民自治进程中的乡村关系》，华中师范大学出版社 2003 年版，第 40—42 页。

② 荣敬本等：《从压力型体制向民主合作体制的转变：县乡两级政治体制改革》，中央编译出版社 1998 年版，第 28 页。

部工作业绩的主要指标。在行政升迁压力下，为了摆脱自身困境和转嫁自身管理成本，乡镇政府把村委会当作自己的"一条腿"，乡镇政府与村干部之间订立了"目标责任书"性质的"责任状"，确保村干部完成乡镇政府下达的各项任务和指标。

在上级政府对乡镇政府考核指标体系中，赵树凯通过对4个乡镇的实践考察，指出对乡镇考核体系中，对财政收入实行的是一票否决，由于一票否决居于考核体系的中心地位，如果这个一票否决的指标没有达到，其他各项工作无论怎么好，这个乡镇就不能评先进，乡镇主要负责人也不能晋升，工资奖金也受影响。[①] 事实上，乡镇政府通过对村干部的"目标责任制"管理确保任务得以完成，"夏粮征购"、"税费收取"等任务的完成在考核体系中居于中心地位。虽然村干部的身份是农民，但是乡镇对他们基本上采取了政府内部的管理办法，或者说把他们当作政府官员对待，将税费征缴等事项通过层层签订责任书的方式下达至村干部。由于目标责任书有着明确的奖惩事项，如果没有完成任务村干部面临如罚款、扣发工资补贴等经济处罚和通报批评、党内处分甚至是撤职或建议免职等行政性处罚，对于村干部而言，他们中心工作就是围绕着责任目标展开。这样，村级组织就仍然在一定程度上承担着行政职能，村干部也在一定程度上成为乡干部在村级的利益代表。[②]

（四）日常管理

管理区是我国一些农村地区乡镇政府在乡和村之间设立的一种"准管理组织"，始于人民公社时期，在这一时期管理区被称为"片"。20世纪90年代初，乡镇政府向乡村社区征缴税费压力加大，乡镇政府将税费征缴任务下派到村委会时，村干部出于边际人身份在执行任务时往往倾向于民系统而自觉不自觉地对抗官系统。[③] 为保证乡镇政府下派至各村的税费征缴任务得以落实，乡镇政府改

[①] 赵树凯：《逆向的乡镇问责》，《乡镇论坛》2005年第6期。
[②] 王荣武、王思斌：《乡村干部之间的交往结构分析——河南省一乡三村调查》，《社会学研究》1995年第3期。
[③] 王思斌：《村干部的边际地位与行为分析》，《社会学研究》1991年第4期。

"片"为管理区，每个管理区管辖几个或十几个村庄，管理区设置党总支书记和区长，通常管理区党总支书记和区长由乡镇干部担任。由于管理区不是一级行政机构，管理区干部在得到乡镇政府授权后，代表乡镇政府处理乡村社区日常事务，村委会在管理区指导下完成乡镇政府下派的各项任务。从性质上看，管理区是联系着乡和村之间一级"准管理组织"。王荣武、王思斌在对花乡管理区干部和村干部的互动过程与行为考察基础上，指出税费征缴是村委会执行的中心工作，由于中心工作的执行情况直接决定着管理区干部的奖金发放与职务晋升，出于对自身经济、政治等切身利益的关注，管理区干部主动"逼近"乡村社区，"盯着"村干部执行乡镇政府下派的行政任务，这就加剧村干部的行政化色彩。[1]

包村干部是乡镇政府和村级组织之间一个固定的联系渠道。一般说来，包村干部负责落实乡镇政府在乡村社区各项任务、指标，指导和督促村干部落实乡镇政府下派到村的各项任务、指标，当村干部完成任务遇到困难时，包村干部协调村干部与乡镇政府之间关系，为村干部提供帮助。由于包村干部全面介入村干部的工作，乡镇政府下派到村级的所有工作任务包村干部都要督促和协同村干部落实，因此，乡镇政府对于村级组织的考核，同时也是对于这个包村干部的考核。[2] 在税费征缴上，自签订"目标责任书"后，包村干部的奖金发放与职务晋升都紧紧地和目标的完成情况紧密相关，包村干部与村干部有了共同的利益和目标，由此，包村干部一方面通过各种方式监督和敦促村干部完成各项任务和指标，另一方面努力为村干部的工作提供各种帮助和便利。[3] 具体而言，乡镇政府就是通过对包村乡干部和村干部的控制从而实现对村的领导和控

---

[1] 王荣武、王思斌：《管理区干部和村干部的互动过程与行为——豫西南花乡的实地研究》，《社会科学研究》1996年第3期。
[2] 赵树凯：《乡村关系：在控制中脱节——10省（区）20乡镇调查》，《华中师范大学学报》（人文社会科学版）2005年第5期。
[3] 黄辉祥、徐勇：《目标责任制：行政主控型的乡村治理及绩效——以湖南L乡为个案》，载徐勇、项继权主编《村民自治进程中的乡村关系》，华中师范大学出版社2003年版，第40—42页。

制的。[①]

三 村干部在税费征缴中的角色及行为

(一) 村委会"准政权组织"的性质

如前所述,村委会在完成乡镇政府下派的税费征缴任务过程中,由于乡镇政府对村委会在人事上、财务上、任务完成上的干预以及建立了管理区和干部包村制度,加强对村委会的干预和控制,村委会日益成为乡镇政府的下属办事机构或者说"准政权组织",其行政职能"吞噬"自身的自我管理、自我教育和自我服务等自治功能。

(二) 村干部角色与身份的多重性

随着研究的深入,学者开始将村级组织作为独立的利益个体,强调村干部有着独立的利益诉求与行为取向,在此,他们指出,村委会在税费征缴中并非绝对表现为"准政权组织",基于他们多重角色与身份,在完成乡镇政府下派的行政任务的同时,他们有着独立的利益追求,有着自主的行为空间。

1. 村干部具有双重角色

依照现行法律规定,村委会是村民自治组织,村委会主要职责是对乡村社区公共事务进行管理和服务,村委会成员由村民选举产生。特别是在税费时期,村干部的报酬来自于村民缴纳的提留,其在乡村社区公共权威来自于村民的认可,从这个层面上看,村干部是村民的"当家人"。在税费征缴上,村委会负有协助乡镇政府开展工作的法定义务。由于乡镇政府直接向成千上万户分散居住的农民征收税费成本较大,村干部可以接受乡镇政府的委托,代办乡镇政府交付的行政任务,村干部的代理权来自于乡镇政府的授权,从

---

① 黄辉祥、徐勇:《目标责任制:行政主控型的乡村治理及绩效——以湖南 L 乡为个案》,载徐勇、项继权主编《村民自治进程中的乡村关系》,华中师范大学出版社 2003 年版,第 40—42 页。

这个层面上看，村干部是乡镇政府的"代理人"。据此，村干部扮演着政府代理人和村民当家人的双重角色。在村民自治发育之初，政府的影响较大，村干部往往更多扮演的是政府代理人的角色，随着政府任务不断加重，村干部角色冲突不断加剧。① 实践中，由于村委会具有双重性质，一方面代表国家权力向村民传达和贯彻国家意志，另一方面代表村民的意志与利益和国家讨价还价。在现阶段，由于国家权力对乡村社区影响较大，因此，村委会实际上只是国家权力的代表，代表国家在乡村社区收取税费，其主要职能是完成政府的行政任务。②

2. 村干部的边缘人身份

村干部的边缘人身份的形成始于20世纪80年代初，随着国家权力在乡村社区的撤离与弱化，加之家庭联产承包责任制的推行，在经济欠发达地区的农村，村委会履行职能所需资源和经费日益紧缺，村委会无法对乡村社区进行公共管理与服务，村干部日益丧失其合法性基础，村干部逐渐成为游移于国家和农民之外的边缘人。③ 在税费时期，乡村互动主要表现为乡镇政府对乡村社区财政资源的汲取和乡村社区对乡镇政府税费上缴，基于国家利益代理人和村庄利益当家人双重角色，村干部陷入身处国家与农民夹缝之中的结构性两难困境：一方面是村庄利益当家人，却要完成乡镇政府交办的税费征缴事项，一方面村干部是国家利益代理人，却又为村民所供养，由村民任免，他们既受到乡镇政府与农民双重力量影响，同时又不被任何一方吸纳和认可，在乡镇政府与农民的双重夹击下，村干部落得两头不讨好的困局。这实际上是一个驱使村干部成为国家与村庄社会双重边缘者的村政环境，作为一个愈益被结构化的双重

---

① 徐勇：《村干部的双重角色：代理人与当家人》，《二十一世纪》（香港）1997年8月号，总第四十二期。
② 马宝成：《国家管制与村庄民主的行政化——山东秋村调查》，《北京行政学院学报》2002年第5期。
③ 谭三桃：《从"代理人"到"边缘人"——论村干部角色的转换》（http://www.cngdsz.net/paper/politics/007/8738.html）。

边缘群体。①

3. 村干部拥有一定的"自由"政治空间

实践表明，在村干部成为国家与乡村社区双重边缘群体情况下，村干部拥有一定的"自由"政治空间，尽可能谋求个人利益。具体说来，有以下几种表现。

既敷衍国家也脱离村民的消极利益阶层。吴毅指出，在村干部逐渐成为双重边缘群体情况下，村干部发现自己处于乡镇政府与农民都试图介入却又无法真正介入和控制的"第三领域"中，在这第三领域，村干部拥有能够实现自身利益的自主空间。② 于是，村干部成为村庄秩序的"守夜人"和村政中的"撞钟者"（"维持会"），村干部对工作得过且过、两头应付，其结果是村干部怠于履行职责，与乡镇政府之间关系日渐疏离。③ 秦晖持相同的观点，他认为，在以农业为主的乡村社区，作为"国家政权末梢"的村委会，其职能主要是完成乡镇政府下达的"要粮要钱要命"等行政任务，"要粮要钱要命"都与农民切身利益紧密相关，这必然会损害农民的利益，在村委会日常经费由农民供养的情况下，村委会陷入"给国家办事而国家不养，由村民养活而无益于村"的尴尬境地，村干部"两头不落好"之余往往会成为既敷衍国家也脱离村民的消极利益阶层。④

村干部的非规范行为。王思斌从村干部的产生机制考察，指出村干部实际上处于干部、民众两个系统的连接处，村干部处于干部系统的衍射部分，是一种边际地位，处于民众系统的最高层次，也即处于边际地位。由于村干部的边际位置，当国家利益与农民个人利益不一致时，村干部就不是左右逢源，而是要在两难之中抉择，

---

① 吴毅：《双重边缘化：村干部角色与行为的类型学分析》，《管理世界》2002年第11期。

② 同上。

③ 吴毅：《"双重角色"、"经纪模式"与"守夜人"和"撞钟者"——来自田野的学术札记》，《开放时代》2001年第12期。

④ 秦晖：《税费改革、村民自治与强干弱支——历史的经验与现实的选择》，《开放时代》2001年第9期。

这就使得他们在对农村进行行政管理时会实施种种不规范的行为。[①]杨善华从农村基层政治精英选拔的角度，指出随着乡镇政府下达行政任务的增多，为确保党和政府在农村各项任务如税费征缴等事项的完成，党选拔机制由强调基层干部的忠诚感到基层政治精英的办事能力转变，这就意味着村干部所拥有的自由政治空间大大增加了，乡镇政府甚至默认村干部的自由空间，实际上意味着国家和村干部在某种程度上达成了一种妥协，只要保证政府的各项任务的完成，村干部在某种程度上可以谋取个人和家庭好处。[②]孙津、许昀认为村干部拥有行动的"自由"政治空间，村干部基于自身利益的选择，在履行税费征缴等职能时变通性实施，在这种情况下，村干部的策略行为的基本原则是在规则与资源等结构性要素允许的范围内最大限度地实现自身利益。[③]吴清军认为村干部拥有村庄的"自由"政治空间，国家基于控制乡村社会的需要和基层社会为了与国家进行沟通、交流的需要，都默认这种空间的存在。村干部在自由空间运转中，变通执行上级政策并制定变通的"非正式制度"，既获得分配中的最大份额，又维护乡村社会秩序，成功地将国家政策予以贯彻实施，村干部自身的权威也得以增强。[④]

四　税费征缴中的乡村关系

（一）乡镇政府与村委会之间的关系主要表现为行政化的关系

自村民自治实施以来，国家在立法上不断扩大村民自治的空间，如规范村委会选举程序，实行村务公开及对村务监督等，但同时，由于现有法律规定村委会并不是完全意义的群众自治组织，它

[①] 王思斌：《村干部的边际地位与行为分析》，《社会学研究》1991年第4期。
[②] 杨善华：《家族政治与农村基层政治精英的选拔、角色定位和精英更替——一个分析框架》，《社会学研究》2000年第3期。
[③] 孙津、许昀：《村干部的策略行为与村委会的职能偏离》，2009年10月11日（http://www.ias.fudan.edu.cn/News/Detail.aspx?ID=1557）。
[④] 吴清军：《乡村中的权力、利益与秩序——以东北某"问题化"村庄干群冲突为案例》，《战略与管理》2002年第1期。

是一定行政地域上产生的、具有唯一性的基层组织实体，从而有一定的基层地方行政功能，即政府的目标和任务要通过村民委员会这一基层组织来实现。① 这表明，村委会实际是国家一个包含经济、政治、社会、文化等各种功能在内的社会治理单位，它具有"准政权"的性质，国家通过村委会联系着乡村社区及农民。在现有压力型体制下，乡镇政府的各项工作和社会经济发展任务，如税费征缴等，必须依靠村委会配合和支持去完成。由于税费征缴并不完全是合理或合法的，甚至有些地方超出农民的承受能力，为了顺利在乡村社区汲取资源并将乡村社区秩序控制在可控范围内，乡镇政府压缩村民自治的空间，乡镇政府通过对村委会人、财、物方面行政化管理，乡村关系行政化问题严重。其结果是农村大量的资源被乡镇提取，农民的负担也因此不断加重，干群关系日益紧张，乡村的治理性危机不断暴露。这表明，作为国家在乡村社区治理手段的村民自治，村民自治发展的程度取决于国家放权的程度，国家放权程度取决于国家宏观政策环境的变化。在国家主导和推动现代化战略并没有根本改变，上级政府向地方和基层政府层层施压的"压力型"或"动员型"体制并没有改变背景下，乡镇政府对村委会的控制不可避免。② 压力型行政体制驱使乡镇政府控制村委会，也是村委会过度行政化的外在原因，这一体制是乡村关系失调的压力源。③

（二）乡镇政府干部与村干部之间辅之以"原则+情感"的关系

基于村委会有着独立的利益需求与行为选择，乡镇政府在通过行政手段要求村委会完成行政任务时，在"一票否决"考核压力下，为确保任务的完成，乡镇政府感受到村委会自主要求给自己带来的压力与困难，控制与自主的对接就使乡村关系出现一种"纠

---

① 徐勇：《村民自治的成长：行政放权与社会发育——90年代以来中国村民自治发展困境的反思》，《华中师范大学学报》（人文社会科学版）2005年第2期，第2页。
② 项继权：《乡村关系行政化的根源与调解对策》，《北京行政学院学报》2002年第2期。
③ 毛飞：《宏观体制困境的基层映射：村民自治背景下的乡、村关系问题》，《理论导刊》2003年第4期

结"状态。这种"纠结"状态的实质是逐步的平等和愈益频繁的谈判。① 由此,在税费征缴中,为激励村干部完成预定的税费征缴目标,乡镇政府除了在人事上、财务上、任务完成上对村委会进行干预和控制之外,还采取"原则+情感"的工作方式,通过与村干部之间情感交流来确保目标的完成。具体说来,乡镇政府对村委会"原则+情感"的工作方式,主要表现为以下几种。

支持协助。由于税费征缴涉及村民的切身利益,村委会的工作难度非常大,在完成乡镇政府下派的行政任务时,有时候会遇到村民的消极抵抗甚至出现暴力冲突。在此,作为国家公权力代表的乡镇政府参与、协助村干部,不仅体现国家权力"在场",让村民感受到上缴税费是其应尽的法定义务,而且增强村干部税费征缴的合法性基础,提高其在乡村社区公共权威。实践中,当村干部在工作中"碰到钉子"时,乡镇政府会大力支持、协助。

个人情感。在乡村社区,乡村干部之间最顺畅的工作关系是在工作中融入个人情感,这也是乡村干部之间沟通的重要方式。王荣武、王思斌认为改革以来乡村干部之间的交往虽然以工作为基础,但是在交往中常常呈现出工作交往和私人交往的相互缠合的特点。② 在税费征缴中,乡镇政府在向村干部下达行政任务的同时,非常注重与村干部之间私人情感互动,村干部往往也会给乡镇干部"面子",更尽心尽力完成工作目标,从这个意义上看,乡村干部在工作中融合个人情感的方式的实质是为了更好实现工作目标,乡村干部之间情感上的互动可以带动工作上的协作,乡村干部之间的交往表现为一种协助和互惠的过程。

正式制度的非正式运用。孙立平、郭于华、吴毅通过"过程—事件"分析方法,描述乡镇政府在向农民收粮和收税过程中,对正式权力的运用相当谨慎,他们往往借助日常生活中的"道理"、人情和说服方式,采取软硬兼施的办法,达到了向农民收粮和收税的

---

① 仝志辉:《乡村关系紧张的村庄原因——以内蒙古Q乡为例》,载徐勇、项继权主编《村民自治进程中的乡村关系》,华中师范大学出版社2003年版,第318—319页。
② 王荣武、王思斌:《乡村干部之间的交往结构分析——河南省一乡三村调查》,《社会学研究》1995年第3期。

预期目的。①

选择性控制。任宝玉、贺庆华从乡村两级之间权力互动角度，认为乡公共权力对村公共权力控制上表现为准行政化，乡公共权力对村公共权力诱导上采用契约化手段，乡村关系呈现出准行政化与准契约化二重性特征。② 吴淼认为，在目标完成的行政压力下，乡镇政府对村委会采取选择性控制，乡村关系表现为结果控制和程序放纵的双重特性。③

利益共同体。贺雪峰、苏明华认为，为调动村干部完成行政任务的积极性，乡镇政府对村干部征收税费时实施不法行为持默许甚至纵容态度，乡村之间结成利益共同体。④ 董磊明认为在利益群体的内部，乡村两级为了各自利益有着激烈的利益争夺，但同时他又指出，在对外压力上，乡、村两级利益一致，因此双方紧密团结，一致对外。⑤ 吴毅将村干部界定为"青皮手"，他将村干部与乡镇政府之间关系概括为"跟从、借重、应对、平衡"，通过以上描述，揭示出"作为政治市场理性人和乡村文化网络中的社会人"的村干部，如何在感性和理性之间寻求协调。⑥

由此可知，当乡镇政府面对任务重、难度大的税费征缴任务，乡镇干部职务升迁及工资奖金等切身利益都与之关联，无论是乡镇

---

① 孙立平、郭于华：《"软硬兼施"：正式权力非正式运作的过程分析——华北B镇定购粮收购的个案研究》，载《清华社会学评论·特辑》，鹭江出版社2000年版；吴毅：《小镇喧嚣——一个乡镇政治运转的演绎与阐释》，生活·读书·新知三联书店2007年版。

② 任宝玉、贺庆华：《准行政化与准契约化：乡村公共权力关系的二重性——以河南省刘乡为个案》，载徐勇、项继权主编《村民自治进程中的乡村关系》，华中师范大学出版社2003年版，第186—205页。

③ 吴淼：《选择性控制：行政视角下的乡村关系——对湖南省H镇政府与村关系的个案阐释》，载徐勇、项继权主编《村民自治进程中的乡村关系》，华中师范大学出版社2003年版，第57页。

④ 贺雪峰、苏明华：《乡村关系研究的视角与进路》，《社会科学研究》2006年第1期。

⑤ 董磊明：《乡村关系、税费改革与村民自治——来自苏北地区的调查》，载刘亚伟编《无声的革命——村民直选的历史、现实和未来》，西北大学出版社2002年版，第201—201页。

⑥ 吴毅：《小镇喧嚣——一个乡镇政治运转的演绎与阐释》，生活·读书·新知三联书店2007年版，第619—621页。

政府加大对村干部的行政控制，还是与村干部形成情感上的互利互惠，其目的都是为了确保既定税费征缴任务的实现。这表明，在这一时期乡村关系没有表现为法律规定的"指导与被指导"关系，其运作逻辑具有较强功利性，即以税费征缴目标的实现为乡村两级组织行为原则，乡村关系呈现出非制度化、非规范化的特征。乡村关系非制度化与非规范化，导致实践中出现两种危害：其一，乡镇政府在乡村社区治理能力薄弱。由于乡镇政府制度能力缺乏，乡镇政府缺乏维持乡村秩序的常规性、规范化权力，乡镇政府乡村社区治理能力下降。其二，村委会自治功能弱化。现有法律规定，村委会公共权威来自于乡村社区内部，村委会应当发挥其自治功能，为乡村社区提供公共管理与服务。实践中，由于非制度化乡村关系影响，村委会的权威实际上受到国家行政权威的种种限制，在某种程度上，村委会的权威仍然依赖于上级党政机关的支持，[1] 村委会正陷入一种行政色彩强化、实际功能弱化的尴尬境地，即村级组织的"脆化"。[2] 为了增强国家统治合法性与农民对现有政权的认同感，解决日益突出的农民负担问题，从20世纪90年代开始，有些省份开始进行税费体制改革。进入新世纪后，随着国家财源基础增强，国家对乡村社区由"资源汲取"到"资源反哺"，在我国延续近2000多年的农业税被取消，国家财政收入汲取方式得以根本性改变。据此，有学者认为，我国农村税费改革是继土地改革、实行家庭联产承包责任制之后我国农村的第三次革命。[3] 在不同的财政收入汲取方式下，国家和社会之间的关系是不同的。一旦国家汲取财政收入的方式发生变化，必然使国家与社会的关系发生改变，有时甚至是根本性的改变。[4] 由此，在国家向乡村社区资源取予的变化中，乡村关系也产生相应的变化。

---

[1] 徐湘林：《"三农"问题困扰下的中国乡村治理》，《战略与管理》2003年第4期。
[2] 赵树凯：《乡村治理：组织和冲突》，《战略与管理》2003年第6期。
[3] 张曙光：《中国农村税费改革即将全面开始》，新华社合肥2000年2月15日电。
[4] 王绍光、马骏：《走向"预算国家"——财政转型与国家建设》，《公共行政评论》2008年第1期。

第五章

发展经济能力中的乡村关系

1978年改革开放以来，中国农村经济社会发展取得了巨大的成就，作为国家基层政府，乡镇政府在组织和推动乡村社区经济建设与发展上起到不容忽视的作用。在"分灶吃饭，权力下放"改革后，乡镇政府拥有独立财政，成为相对独立的一级政府，承担组织地方经济活动的职责。同时，乡镇政府拥有自身利益的追求，这种对地方利益的追求成了地方政府推动本区域经济社会发展的驱动力。① 为了"抓住经济发展的主动权"，从改革开放初期到现在，乡镇政府根据外部环境的变化和本地经济发展的实际，不断对发展本地经济政策进行调整，其主导本地经济经历了发展乡镇企业、对农村土地开发、促进农地经营权规模流转及农业产业化经营等阶段。由于乡镇政府发展本地经济过程就是农村生产要素重新配置和组合的过程，在土地、资本、劳动等生产要素的重组过程中，乡村社区生产关系产生较大的变化。经济基础的变化必然导致上层建筑的变革，乡村社区经济生产关系的变化必然会引发乡村社区上层建筑权力结构的变动，乡、村关系也相应产生变化。

一 乡镇企业发展及改制中的乡村关系

（一）乡镇政府主导乡镇企业发展的原因分析

改革开放以来，乡镇企业异军突起，成为中国农村改革中最令

---

① 唐兴霖：《政府行为与农村发展——中国部分农村地区经济和社会发展进程中政府行为比较研究》，《政治学研究》2000年第1期。

人瞩目的成就之一。乡镇企业从20世纪80年代初期的起步，到80年代中后期的高速增长，从90年代初期的调整优化，再到90年代中期的再次快速发展，创造了一个又一个发展奇迹，日益成为农村经济乃至国民经济的重要支柱和增长源。① 乡镇企业的迅速发展，西方学者认为是一个难解之谜，因为在许多发展中国家工业化进程中，由于地方政府缺乏激励机制，导致工业发展计划实施困难重重，农村工业化的失败不可避免。② 但是在中国，乡镇企业发展过程中，地方政府的积极支持和参与起到不容忽视的作用。潘维从市场经济发展的角度，指出作为农民与新兴市场之中介的农村基层政权的功能：一是帮助农民争夺各种工业资源，包括冲破计划经济的限制，帮助农民取得资金，获得技术，并促使行政资源商业化等，以在对外竞争中取胜；二是通过巩固农村集体来加强社区和企业的内聚力。他进而指出，基层政权对企业的干预是市场化的重要组织部分，导致中国平稳地确立了市场经济。在乡镇企业与基层政权的关系越深入、直接的地方，市场化的进程往往越平稳、迅速，付出的社会代价越低。③ 白苏珊通过对乡村工业化进程的研究，认为在乡村工业化发展进程中，地方干部会根据本地集体传统和经济基础等因素，相应采取了不同的发展策略。④ 那么，乡镇政府主导乡镇企业发展的生发机制是什么？

1. 财政收入激励

20世纪80年代初，中央通过以下两种方式推行"财政分权"，一是"财政包干制"，中央政府和省级政府通过签订财政包干合同就地方财政收入按照一定比例分成，地方政府收入越多，地方政府财政分成也就越多；二是允许地方政府建立"预算外"账目。"预

---

① 刘牧：《非正式制度对于中国乡镇企业研究的重要性》，《中国特色社会主义研究》2005年第4期。

② 艾伦·盖尔伯、简·斯维纳：《中国乡镇企业的国际比较》，载威廉·伯德、林青松主编《中国农村工业：结构、发展与改革》，经济科学出版社1990年版。

③ 潘维：《农民与市场：中国基层政权与乡镇企业》，商务印书馆2005年版，第165、318页。

④ ［美］白苏珊：《乡村中国的权力与财富：制度变迁的政治经济学》，浙江人民出版社2009年版，第52页。

算外资金"主要指企业上缴利润和行政收费,是属于地方政府自己的小金库,"预算外资金"主要用于本地经济发展,其支出不受中央政府的干预。财政包干制赋予地方政府一定剩余索取权,"预算外资金"使得地方政府有了更多的财政自主权。具体到乡镇一级,兴办乡镇企业可以创造财政资源,增加乡镇政府的财政自主权,支持乡镇政府日益扩张的支出需要,尤其是预算外的支出需要。① 乡镇企业给乡镇政府创造三部分收入:一是与上级政府分享的税收;二是企业上缴的利润,乡办企业把利润交给乡政府,村办企业缴纳给村委会;三是管理费用。其中,第二部分和第三部分的收入来源均属于乡镇政府预算外收入,由乡镇政府支配。因此,预算外收入越多,乡镇政府可自由支配的财政资源就越多。特别是随着"压力型"体制的形成,为了缓解地方财政资源紧张的压力,大力发展乡镇企业是乡镇政府必然的选择。正因如此,有学者指出,20 世纪80 年代以来中国乡镇企业迅速发展在相当程度上是乡镇政府及基层干部基于财政压力而寻找新的资源的努力的结果。②

2. 政绩驱动

政治锦标赛作为一种政府治理的模式,是指上级政府对多个下级政府部门的行政长官所设计的一种晋升竞赛,竞赛优胜者将获得晋升,而竞赛标准由上级政府决定,它可以是 GDP 增长率,也可以是其他可度量的指标。③ 改革开放以来,政治锦标赛的考核标准由政治忠诚转变为发展经济,在职务晋升的激励下,"发展是硬道理"、"经济第一"成为各级政府官员工作准则,各地政府官员纷纷致力于发展本地经济。为实现经济发展目标,各地党政部门和地方政府将发展目标指标化、数字化,自上而下层层订立责任状,确保经济发展目标的实现。具体到乡镇一级,尽管在重建乡镇政府时国

---

① 邱泽奇:《政府与厂商之间:乡镇政府的经济活动分析》,载马戎、刘世定、邱泽奇《中国乡镇组织变迁研究》,华夏出版社 2000 年版。

② Oi, Jean, "Fiscal Reform and Economic Foundations of Local State Corporatism in China", *World Politics*, Vol. 45, 1992, pp. 99-126.

③ 周黎安:《转型中的地方政府:官员激励与治理》,格致出版社、上海人民出版社 2008 年版,第 89—91 页。

家要求"政企分开",不得干预乡镇企业日常经营活动,国务院在1986年发出的《关于加强农村基层政权建设的通知》中指出乡镇政府不得干预各经济组织、经济实体的具体业务活动。但是一直到乡镇企业改制前,乡镇政府仍掌管大多数乡镇企业的生产经营活动和管理人员及普通工人人事上的控制权。[①] 为了推动乡镇企业的发展,一些乡镇政府采取了行政手段消灭"空壳村",并将乡镇企业的发展与村干部工资挂钩,以督促乡村干部努力兴办乡镇企业。在政治和行政及政绩压力下,各地政府将乡镇企业发展作为大事来抓,常常是"书记挂帅",为乡镇企业发展跑资金。[②]

3. 政权合法性需求

20世纪80年代初期,中央开始"简政放权",把原来属于中央一级政府的行政和经济管理权力下放企业和地方政府,地方政府越来越多地获得自主性。随着地方高度分权体制的形成,周黎安将中央政府和地方政府之间的关系概括为传统的行政发包体制。[③] 曹正汉则认为,中国治理体制是"上下分治的治理体制",中央政府主要执掌治官权,地方政府掌管治理本地区民众的权力,地方政府在遵循中央政府大政方针的前提下,可以自由行使行政权力,灵活处理本地区事务。[④] 农村自推行家庭联产承包责任制以来,村集体将集体所有的土地等生产资料发包给农户,农户对其所承包的土地等生产资料享有占有权、使用权、收益权以及部分处分权,也就是说,农户获得了农业经营剩余索取的权利。由此,农民在农业生产的积极性被激发出来,劳动生产率得以提高,农业剩余劳动力得以解放,农业生产有了剩余,城乡之间交流日益频繁,这为乡镇企业的产品开辟了市场,但同时,传统的城乡二元体制依然存在,举办

---

① Weitzman Martin, Xu Chenggang, "Chinese Township-village Enterprises as Vaguely Defined Cooperatives", *Journal of Comparative Economics*, Vol. 18, No. 2, 1994, pp. 121–145.

② 项继权:《集体经济背景下的乡村治理——南街、向高和方家泉村村治实证研究》,华中师范大学出版社2002年版,第182页。

③ 周黎安:《中国地方官员的晋升锦标赛模式研究》,《经济研究》2007年第7期。

④ 曹正汉:《中国上下分治的治理体制及其稳定机制》,《社会学研究》2011年第11期。

乡镇企业已成为农民进入非农产业因而也是实现其社会流动的主要甚至唯一的途径。① 同时，农业生产有了剩余，可以转化为发展农村工业的积累。由于劳动生产率的提高和农民收入的增加，乡镇企业的发展获得足够的资金来源，也为以轻工业为主的乡镇企业的发展提供了充足的原材料来源。② 面对乡村经济结构的变化，乡镇政府结合本地区经济发展的实际，因地制宜地发展乡镇企业。在兴办乡镇企业过程中，乡镇政府拥有种种优势，如较强的动员能力，拥有比其他经济主体更高的信用度，掌握土地征用、银行贷款、财政支持等稀缺资源，能够更及时获取国家信息及有关政策等。通过乡镇政府配置有利于乡镇企业发展的各种资源，促使乡镇企业迅速发展，进而为乡镇政府对本辖区的社会管理和公共服务提供有力支持。

（二）乡镇企业改制前的乡村关系

1."村企合一"

苏南、珠三角等地乡镇企业的发展实践表明，乡镇企业发展成效与村党支部或村委会等村级组织有较大的关联。20 世纪 80 年代初，由于家庭分散经营导致农业生产经营的低效率，或外部市场的需求等原因，苏南、珠三角等地区的村庄开始重新走集体化道路。村支部或村委会等村级组织兴办乡镇企业，由村支书或村委会主任担任乡镇企业负责人，村级领导班子利用其执掌的村庄公共权力，为乡镇企业发展提供土地、资金等支持，村委会等村级组织对乡镇企业发展的重大事项作出决策，如任命乡镇企业的经理、对乡镇企业利润的分配和重大投资作出决策等。因此，乡镇企业往往是村庄的企业。对于村级领导班子而言，其日常工作内容包括对乡镇企业的经营管理与对村庄的日常管理，他们共同对乡镇企业和村级公共事务进行统一安排和部署。鉴于村干部和乡镇企业经营者交叉任职的情况非常普遍，苏南的经济曾被广泛地称为"干部经济"或"精

---

① 折晓叶：《村庄的再造——一个"超级村庄"的社会变迁》，中国社会科学出版社 1997 年版，第 67 页。

② 吴敬琏：《当代中国经济改革教程》，上海远东出版社 2010 年版，第 101 页。

英经济"。① 在对村级公共事务管理的经费支出上，由于乡镇企业属于村庄的企业，乡村社区发展的资金往往由乡镇企业承担。乡镇企业承担乡村社区发展的经费主要包括本应由村民缴纳的提留、用于乡村社区公共设施的兴建、乡村社区福利提供等。在乡镇企业发达的乡村社区，用于生产和生活的公共设施得以兴建、针对村民的社会福利和社会保障制度得以健全，迅速促进了乡村社区的工业化和城镇化，同时也开始了对乡村社区传统、文化、生活交往方式等的重新构建。②

2. 村委会对乡镇政府存在强烈依赖关系

分析前文可知，乡镇政府不仅仅为乡镇企业的发展提供制度上的保护，而且为乡镇企业发展提供资源上的支持，表现为以下几个方面：乡镇企业的创办需要经过乡镇政府的签署意见；各级工商行政管理部门凭乡镇企业主管部门的批准文件，及时给予核发工商营业执照；乡镇企业用地也须经乡镇政府批准；乡镇企业争取国家贷款需要乡镇政府支持甚至由乡镇政府提供信用担保；乡镇企业申请国家税收优惠也需乡镇政府的支持和协助等。顾建平考察苏南模式后指出，在苏南模式下，社区政府的头等工作是发展农村工业，它以要素组织者的身份忙于项目决策、征地招工、争取贷款、选拔经营者、处理经济纠纷以及收益分配等工作，即政府做着企业家的事。③ 因此，这一时期乡镇企业主要表现为对乡镇的强烈依赖。在"村企合一"乡村治理结构中，由于乡镇企业在实际运行中大多由村委会等村级组织直接控制，村委会等村级组织通常是乡镇企业资金的投入者、筹资者、村办企业的经营者、利润的分配者和风险的承担者，乡镇企业在争取外援中，总是以村委会的名义与乡镇政府等主管部门联系，获得它们对村办企业发展的政策及市场支持，并争取税收、信贷等优惠措施。正因为乡镇企业发展中乡镇政府对村

---

① 张建君：《政府权力、精英关系和乡镇企业改制——比较苏南和温州的不同实践》，《社会学研究》2005 年第 5 期。

② 毛丹、张志敏、冯钢：《后乡镇企业时期的村社区建设资金》，《社会学研究》2002 年第 6 期。

③ 顾建平：《苏南乡镇企业改制：启示、问题与趋势》，《中国软科学》1999 年第 10 期。

委会的支持与协助，村委会对乡镇政府存在强烈依赖关系，乡镇政府得以对村委会采取多种调控方式，从而实现乡村社区综合发展的目标。在人事任命上，乡镇政府通过村党支部影响村委会的选举。村党支部是事实上的权力中心，由村党支部主持村委会选举并提名村委会成员候选人，成功地将乡镇政府意志贯彻到村委会选举过程中。在财务监管上，乡镇政府对村委会实行"村财乡管"。在任务下达上，乡镇政府通过"目标责任制"，将税费收取、公粮收购、计划生育等任务指标下达至乡村社区，确保政务得以完成。

（三）乡镇企业改制后的乡村关系

"村企合一"的乡村治理结构中，乡镇政府居于主导地位，在凭借其掌握的行政、经济资源大力推动本地经济发展的同时，也使得乡镇企业存在自身难以克服的局限，如产权模糊、政企不分、腐败丛生、内部管理混乱、缺乏激励机制等。随着国家对乡镇企业改制宏观政策的出台，乡镇企业的改制相应进行，乡村社区组织与管理方式及权力运作方式发生了相应的变化。

1. 村企"形式分离、实质合一"

乡镇企业在改制过程中，由于乡镇企业改制遵循"经营者持大股、集体退股越多越好"的原则，村集体在公司所占股份较少，公司集团成了村的代名词，村庄是公司的村庄，村委会都是公司内的一个分支机构。在村委会作为公司的一个分支机构的村庄，村委会主要职责是为企业提供良好的公共设施与公共服务，同时为乡村社区村民提供社会福利。在为企业服务方面，村委会积极规划乡村社区发展目标，积极兴建厂房等基础设施，维护乡村社区秩序等。在对乡村社区村民社会福利提供方面，主要用于与村民切身利益有关的事项，如义务教育、贫困救济等，通过以上的投入，社区村民对企业的认同感得以增强。同时，在一些村集体经济发达的村庄，大量人口涌入乡村社区，村委会除了对本社区村民进行社会管理外，还要处理本社区村民与外来人口的纠纷、企业之间的纠纷、劳动者与企业之间的纠纷，这就导致村委会开始将外来人口纳入本社区公共管理和公共服务，村委会管理与服务对象的范围相对于公司更大。如中山市乡镇企业改制后对乡村社区组织机构进行以下设置：分别设立村委会和股联社，这两个机构相互独立。村委会是村民自治组织，主要负责村级日常公共事务的管理、为乡村社区提供公共服务等。股联社是集体经济组织，主要负责村集体经济的运营和管理。村级组织设有党支部和村委会，股联社设有党支部、董事会。但由于村委班子与董事会班子的"重叠"性，导致很多职能都是交叉进行。[①] 甚至于苏南等地在企业改制中通过"党支部书记—董事长"、"村长—总经理"公司领导体制，实现了村支部书记与村股份合作经济组织董事长的"一肩挑"。例如常南、康博、梦兰3个村的党支部书记，先是企业老总，之后才担任村党支部书记。[②] 这表明，虽然村办企业与村委会分离，但是基于诸多原因，二者的分离只是形式上的分离，它们之间依然存在紧密的联系，公司与村委会之间存在合作互利的关系。对于公司而言，尽管它建立现代公司治理结构，但是它与乡村社区有以下密不可分的联系：首先，公司发展壮大离不开乡村社区曾做出的在资本积累中的贡献，它需要向社区提供最低福利以维护和乡村社区之间和谐的关系；其次，公司以后的发展依赖于乡村社区源源不断向其提供资金、劳动力、土地资源等；最后，公司的董事长是乡村社区的村民，从情感上对社区负有天然的责任和义务。对于村委会而言，在村企分离下，村委会对乡村社区提供公共管理和服务的资金大部分来源于公司，村委会会谨慎使用资金，为公司发展提供良好的外部环境，如为企业提供良好的公共设施与公共服务，为乡村社区村民提供社会福利等，以上措施将进一步提高公司经营效率、降低公司与乡村社区之间的交易成本。

2. 村委会与乡镇政府之间呈平等合作关系

前文分析可知，改制后的村企分离只是形式上的分离，实质上依然是一体。在村集体经济发达地区，公司经济实力得到增强，公司经济范围扩大，其地域边界、活动边界、人员边界已经突破了乡

[①] 张开云、李倩、石虹霞：《农村村社治理研究——基于"中山模式"的分析》，《中南民族大学学报》（人文社会科学版）2010年第5期。

[②] 郑有贵：《常熟市村集体经济组织建设及相关问题辨析——以四个村为个案》，《当代中国史研究》2004年第1期。

村社区的范围，其发展所需资金、技术、人才和设备也不是乡镇这一地域范围所能完全提供的，乡镇政府对各项经济资源的控制能力日渐削弱，因此，改制后的公司逐步减少对乡镇政府的依赖。甚至在有些集体经济发达的超级村庄，由于其创造较高的工业产值，在当地拥有较高纳税份额，其上缴税额直接影响到乡镇财政收入的多少。随着超级村庄对乡镇财政支持力度加大，超级村庄对村庄公共事务管理能力增强，他们对乡镇政府治理提出更高的要求，如要求乡镇政府改善投资环境、提高工作效率、改进服务方式、完善配套设施等。相应地，镇在投资地方建设，规划经济发展，确定城镇规划时，都必须考虑一两个超级大村的地位。① 值得注意的是，以上村庄获得相对于乡镇政府的独立性及与乡镇政府结成合作关系，主要源于乡镇政府对他们的认可和支持。对于村集体经济较弱的村庄，乡镇政府更多采取的是乡镇行政命令和干预。

二　土地承包经营权流转下的乡村关系

20世纪90年代，随着农村市场经济发展，乡镇政府也顺应经济体制转轨客观形势，对农村经济发展由直接干预到间接介入，譬如通过产业倾斜计划、政策优惠、政策性贷款、税务优惠，等等，并抓住新的经济增长点和新的角色定位，那就是改进投资环境和招商引资，来推动农村产业化的发展。对于乡镇政府而言，以上目的的实现，其关键是抓住本地区土地等生产要素的开发权，这就意味着家庭分散经营的土地经营模式的转换，农村土地经营模式转换中，处于核心地位的是土地所有权与经营权的归属问题。布莱克斯通曾经宣称："没有任何东西像财产所有权那样如此普遍地焕发起人类的想象力，并煽动起人类的激情。"② 实践中，基于中央政策对

---

① 折晓叶：《村庄的再造——一个"超级村庄"的社会变迁》，中国社会科学出版社1997年版，第347—350页。

② [德] 罗伯特·霍恩、海因克茨、汉斯·G.莱塞：《德国民商法导论》，楚健译，中国大百科全书出版社1996年版，第189页。

土地所有权与经营权的归属不断做出调整,土地承包经营权流转在坚持土地集体所有制基础上,将分散的农户组织起来,实现土地规模化经营,促进农业产业化经营。

(一) 土地承包经营权流转的探索

1979年以来的家庭联产承包责任制,集体统一经营的土地变为家庭分散经营,农村土地所有权与经营权表现为"劳动群众集体所有,家庭承包经营"。由于"劳动群众集体所有,家庭承包经营"双层生产经营机制将农村土地所有权主体与经营权主体进行分离,农民能够行使土地经营权及掌握土地剩余控制权,[①] 并能克服农业生产内部规模经济不显著、劳动的监督和度量等困境,[②] 从而提高农村土地使用绩效,因此,国家颁布一系列法律、政策,我国逐渐建立了稳定土地承包经营关系。土地经营权的固定化有利于稳定承包关系,有利于鼓励农民对土地的投入、培肥地力,促进了农村经济的发展和农村社会的稳定,增加了农民对土地使用权的稳定预期和安全感,提高了他们对土地中长期投入的积极性。土地承包经营的长期不变,土地承包经营权证的发放,也为土地的转包、转让,培育土地流转市场提供了制度基础。[③] 但同时,家庭联产承包责任制实施20多年来,其进一步发展遭到"制度瓶颈":家庭联产承包责任制将农地承包经营权以人口均分为原则、以家庭为承包单位分给该集体组织的每一位成员,并按土地肥力进行好坏搭配、远近岔开以示公平。这样,农户经营的土地呈现出细碎化、分散化、单个化特点。[④] 这就导致单个农民在资金、技术、信息等方面处于劣势,

---

[①] 陈锡文:《中国农村改革:回顾与展望》,天津人民出版社1993年版,第57—60页。

[②] 林毅夫、蔡昉、李周:《中国的奇迹:发展战略与经济改革》,上海三联书店1994年版,第123页。

[③] 徐珍源、蔡斌、孔祥智:《改革30年来中国农地制度变迁、评价及展望》,《中共济南市委党校学报》2009年第1期;陶林:《21世纪中国农村土地制度创新与展望》,《学术论坛》2008年第12期。

[④] 温铁军:《土地的社会保障功能与关系制度安排》,载甘藏春主编《农村集体土地股份合作制理论与实践》,中国土地出版社2000年版,第50—51页。

农业生产组织化程度低，难以适应社会化大生产的要求，在市场竞争中极易遭遇市场风险。因此，对于进一步改革与发展家庭联产承包责任制，探索土地承包经营权流转成为紧迫的需要。总体来说，对家庭承包制的改革，仍然是采取了渐进、增量的方式，遵循了"帕累托改进"原则。[①]

在农村土地承包经营权流转上，在不断扩大、强化和稳定农民的土地产权的基础上，同时允许土地流转，实行规模经营，即"大稳定，小调整"。实践中土地流转经历了初步允许土地流转时期、土地流转日趋规范化时期。与此同时，中央不断探索农地有效流转的新做法，并在法律、政策上允许土地可以规模化经营，这为土地流转提供法律和政策上的支持。

（二）土地承包经营权流转的几种典型模式

土地承包经营权流转是指由乡镇政府和村集体积极主导土地承包经营权市场化流转，并表现为转包、出租、入股等三种形式。其具体做法是在坚持村集体所有的基础上，将农民拥有的土地承包经营权出租或者转变为价值形态的股份，土地的实际经营权由土地股份合作社或者其他企业统一规划行使。通过土地承包经营权的流转，有效集约土地和发挥土地的潜能，实现土地规模化经营，提高了农民的组织化程度，实现了农业生产向企业化、规模化、专业化生产的转变，加快了农村产业结构调整。从各地实践来看，农村承包经营权流转体现了土地、资金、劳动等要素的联合，在不同的地区，土地、资金、劳动等要素配置不同，这些要素在互相碰撞和重新组合中，形成农村承包经营权流转不同的运行模式。

1. 土地承包经营权流转的不同模式

（1）广东南海模式

广东南海于1992年起推行土地股份合作制，将土地分散经营改为集体统一经营。土地股份合作制是指以行政村或村民小组为单

[①] 蔡昉、王德文、都阳：《中国农村改革与变迁：30年历程和经验分析》，格致出版社、上海人民出版社2008年版，第2页。

位，将村集体财产和村集体土地折成股份，由行政村或村民小组组建土地股份合作组织统一经营管理。在配股对象选择上，以具有本社区户口为基准，并根据不同成员情况设置基本股、承包权股和劳动贡献股等多种股份，农民按照所持有股权的比例进行分红。土地股份制实行土地所有权、承包权和经营权三权分离，土地股份合作社通过给予农民股权，换取农民手中承包经营权，农民凭借手中股权享受土地非农化收益。由于土地股份合作制提高土地使用效率，满足工业化发展对土地的需求和保护农民对土地的权益，至2003年全市已经建立农村股份合作组织近1870个，其中以村委会为单位组建集团公司191个，占村委会总数的80%，以村民小组为单位组建股份合作社1678个，占村民小组总数的99.8%。[①]

(2) 上海模式

2001年以来，上海市一些地区的农村在土地流转中推行一种村集体土地流转模式，俗称"上海模式"。上海模式的具体做法是：由村集体内部的成员将其承包的土地入股给所属的行政村或村民小组，行政村或村民小组将其成员入股的土地及尚未发包的机动土地统一"打包"，然后以村集体的名义入股到土地信托投资公司、土地信用合作社等特定的经济组织；特定的经济组织将各集体入股的土地集中起来，打破原有的村组界限，以出让、出租等形式将土地推向市场，土地使用者向特定经济组织支付相关费用后取得一定期限的土地使用权。在整个运行环节，特定经济组织起到至关重要的作用。特定的经济组织接受村集体的委托，负责对土地进行集中整理、提高土地价值；向市场供给土地，向土地使用者收取相应费用；管理和投资土地股份基金，确保基金保值增值；向村集体支付土地红利。村集体在得到特定经济组织支付的报酬后，按照入股农民所持股权比例向农民发放相应收益。农民对其持有的股权处置上具有较大的权利，农民的股权可以继承、抵押、买卖，不过在同等条件下本集体其他成员享有优先购买权。在上海模式这种制度安排

[①] 国务院发展研究中心课题组：《南海土地股份合作制在探索中完善》，《中国经济时报》2003年5月16日。

下，由村集体统筹农民的土地并推向市场，可以满足上海工业化进程用地需要，同时规避单个农民面向市场风险，为农民从事非农产业、增加农民的收入创造条件。

（3）昆山模式

针对家庭承包分散经营导致低效益的现状，江苏昆山推进土地使用权改革，积极探索成立土地股份合作组织和专业合作经济组织，通过对土地等生产要素进行市场化配置，保障农民权益和促进农业持续发展。按照《江苏省农民专业合作社条例》的规定，农民专业合作社以其成员为主要服务对象，主要为其成员提供生产服务；农地股份合作社以农民承包经营权为主要出资方式，主要任务是增加土地承包经营权收益，分享农业适度规模经营效益；农村社区股份合作社以量化到村集体经济组织成员名下的集体经营性净资产份额作为主要出资方式，主要任务是为合作社全体成员提供与农业生产经营有关的公益性服务及其他服务。该条例还突破性地规定农村土地股份合作社和农村社区股份合作社与农民专业合作社同样具有合作社法人地位。因此，昆山市在推进发展土地股份合作社时一个显著特点就是整体推进，同时成立社区股份合作社、土地股份合作社及农民专业合作社三大合作社，这三大合作社相互渗透和相互配合，标志着昆山农民开始走上"户户有资本、家家成股东、年年有分红"新的互惠互利之路。昆山市在成立土地股份合作社时明确土地流转的"三个不"，即不改变土地集体所有性质、不改变土地用途、不损害农民土地承包权益。不改变土地所有权性质，就是在流转中不改变土地所有权属性和权属关系；不改变土地用途，就是农地流转只能用于农业生产，不能用于非农开发和建设；不损害农民土地承包经营权益，就是土地是否流转和以何种方式流转，完全由农民自己做主，并确保农民的土地流转收益不受侵害。在土地股份合作社收益分配上，昆山市规定土地股份专业合作社收益分配保底分红每年每亩不低于500元，保底分红后的利润在提取10%的公积金、10%的风险基金和10%的管理费后，按照股权进行二次分配。入社农民在获得土地股份专业合作社的分红之外，还能获得工资性收入分配。通过对土地、劳动力、资金的合理配置，拓宽了农民增收的途径，增强了农民增收的后劲。据了解，2010年，昆山市农地股份专业合作社农民共分红1.4亿元。对于村集体通过复垦获得一些非农建设用地的"额度"的使用，村集体向本村农户"招标"，一般做法是村集体以50年的期限将土地有偿出让给农户，并允许农户进行非农建设、投资和转让。一般情况下，由农户自己或者农民成立的诸如"投资合作社"或"富民合作社"等合作经济组织联合投资修建标准厂房、商铺或打工宿舍楼向外来工商投资者出租。相对于南海模式，昆山模式下的非农用途的土地转让权不再完全归集体，而主要是通过集体与农户的合约直接分配给农户或农民的合作组织。由于农民可以加入合作社分红也可以选择单干，合作社的分配行为受到约束，农民的权益得以保护和实现。

（4）重庆模式

2007年6月，经国务院批准，重庆成为统筹城乡综合改革配套试验区，城乡统筹改革的关键是提高农民收入，改善农村生活水平，而提高农民收入，促进农村农业发展的突破口是土地流转。因此，重庆探索对村集体土地股份化改革，建立新型土地股份合作社，俗称"重庆模式"。重庆模式的具体做法是：坚持土地是农民财政性收入的主要来源，在村集体土地所有权不改变、承包期限内土地用途不改变的前提下，把土地承包经营权量化为股权，农民以农村土地承包经营权出资入股设立农民专业合作社，或者农民以农村土地承包经营权出资入股到公司。据此，实践中农民将土地承包经营权入股主要有两种做法。（1）"股份合作社+农户"的模式。农民将土地承包经营权入股到土地股份合作社，土地股份合作社由此取得土地经营权，土地股份合作社根据产业发展需要对土地进行整治规划，由合作社负责经营，农民依股权从经营收益中按比例获得分配。在对农民分配时，首先保证农民的固定红利收入，确保农民获得稳定的生活来源。然后按照合作社章程，在收益提取公益金、风险金后的剩余按照农民所持股权比例进行分红，而合作社的集体资产中，年底还将有一定比例的利润分给入股农户，实现盈利分红。以上的做法被概括为"土地变股权、农户当股东，收益保底、盈利分红"的土地经营新模式。由于农民能够以土地为资本成为土地股份合作社的"股民",通过"保底分红+盈利分红"的做法,农民在基本生活得以保障的情况下还能够提高其收入,同时拓展融资渠道,缓解农村发展资金短缺的问题,促进农村产业化发展,推进农民转市民和农村城镇化进程。因此,该模式在重庆被广泛采纳。如重庆北碚静观镇采用该种模式,到2012年,已实现了1082户、3200名农民入股,入股各类土地面积4606.5亩。①(2)"公司+农户"的模式。在"公司+农户"的模式中,公司是指从事农业生产的公司,农民以土地承包经营权入股到公司成为股东,在出资方式上,农民以土地、劳动力为出资形式,公司以资金、技术及种苗、肥料等生产资料出资,双方收益的分配以公司与农民约定为准。重庆万源长坝乡采取该种模式,其中,龙头企业是主体,农户以土地入股,收益按比例分成。企业出种苗、出技术、出肥料、出管护资金,按市场价格回收产品;农民变股民,出劳力,搞管护,就地务工增加收入。前两年企业每亩给农户600元的租金,从第三年起不给租金,实行收益5∶5分成。通过"公司+农户"模式,实现农业生产规模化、规范化、市场化,该乡集中连片发展香椿种植350亩、核桃600亩。②对比以上两种模式可知,两者的区别在于农民选择何种入股方式。"公司+农户"的模式中,农民直接以土地承包经营权入股到公司,"股份合作社+农户"的模式中,农民将土地承包经营权直接入股到土地股份合作社,由土地股份合作社负责土地保值增值,土地股份合作社根据市场情况决定到底是自己直接经营还是入股到公司。通过该种模式,可以让单个农民规避市场风险,保障入股农民的收入,还可以降低外来公司与单个农民谈判成本,有利于招商引资。两者共同之处在于在保持土地农用用途不变的基础上,通过土地规模化使用,实现农业产业化产供销一条龙发展,土地相应成为具有社会保障性质的农民财产性收入的制度来源。

---

① 李伟:《重庆北碚静观推进新型土地股份合作农民变股东年底将分红》,《重庆日报》2012年9月21日。
② 张永国、陈昌伟:《万源:土地股份合作走出富民新路子》,《重庆青年报》2012年4月6日。

2. 土地承包经营权流转的总体特征

（1）农民土地承包经营权转化为土地股权

土地承包经营权流转最大的制度创新是由家庭联产承包责任制下的"两权分离"演化为"三权分离"，其具体做法是将土地承包经营权分离为承包权和经营权，农民的土地承包权依然保留并转化为股权。同时，农民分散经营的土地重新集合起来，土地经营权由土地股份合作社经营或者将其委托给企业统一经营，由此形成农地所有权、股权形态的承包权、生产形态的经营权"三权"分离的局面。[①] 即村集体拥有土地所有权，农民拥有对土地的承包权和股权，土地实际经营者拥有土地经营权。[②] 通过土地承包经营权流转，过去的集体所有、农民家庭分散经营的土地变成了集体所有、集体统一经营，土地再次向村集体经济组织集中，实现了土地的规模化和集约化经营，村集体经济实力得以增强。对于农民而言，土地承包经营权流转下，农民不再直接对土地进行生产经营，而是将土地经营权委托给土地股份合作社或者其他企业，通过土地股份合作社对土地合作经营，农民凭借其持有的股权享有农地非农化的收益。因此，尽管在土地股份合作制下农民不直接对土地进行生产经营，他们对土地的收益权不仅没有减少，相反还明显提高，这表明，家庭分散经营制下农民对承包土地的收益权不仅得以充分保护，而且农民对土地的收益权还得以拓展，农民享有基于农地非农使用后级差增值收益的分红权。

（2）土地股权具有社区福利性

土地承包经营权流转中，农民对土地承包权被折算成股权，在以南海、昆山、上海为代表的社区型土地股份合作社中，土地股权具有社区福利性。社区型土地股份合作社是指以行政村或村民小组为单位，村集体以村集体土地及村集体资产入股，农民以承包的土地入股，由行政村或村民小组组建土地股份合作社，股权结构包括

[①] 马雨蕾、林嘉敏、江华、邹帆：《土地股份合作制对农民增收的影响研究——基于广东东莞虎门镇的调查》，《广东农业科学》2012年第4期。

[②] 贾春梅、葛扬：《农地股份合作制的农民增收效应研究——基于1992—2009年佛山四市（区）的实证分析》，《南京师大学报》（社会科学版）2012年第1期。

集体股和个人股，土地股份合作社与社区行政组织有着密不可分的联系。如南海、昆山等地以村集体土地或村集体经营资产等入股，农民以土地承包经营权入股，上海等地以农民承包土地经营权入股到村组集体，村组集体再将农民入股的土地及村集体未发包的土地入股到更高级的特定经济组织，重庆等地以农民承包土地经营权、劳动力、资金入股。在对个人股享有者资格确认上，以具有本村户籍的村民为准，将个人股分为基本股、土地承包股和劳动贡献股，按照农民承包的土地亩数、对村集体经济发展的贡献等因素确定农民分配比例。一般而言，以村组为单位设立土地股份合作社在收益分配上，大多持优先向社区成员提供基本生活保障的价值取向，为了防范土地股份合作社可能出现的经营风险而导致农民分红无法实现的现象，上海、昆山等地实行保底分红与股权分红相结合的原则，规定土地股份合作社每年首先给予农民每亩最低保底分红数额，然后土地股份合作社在提取公积金、风险金、管理费用后，按照农民持有股权二次分配。这就保证农民在获得基本生活保障的情况下，可以凭借股权分享土地非农化的收益。

（3）土地股权的流动具有封闭性

实践中，在考量相关因素下，各地都对土地股权转让作出限制性的规定。南海土地股份合作社成立初期，在股权设置上采取"减人不减股"与"增人不增股"的办法，股权不得转让、抵押、赠送、继承，不得抽资退股。自1996年开始，南海部分土地股份合作社采取了一些改革措施，在"固化股权"即"生不增，死不减"基础上，允许股权在社区范围内流转、继承、赠送、抵押。同时，把农民股权进一步划分为资源股和物业股。资源股属于无偿配给，但不能继承、转让、赠送、抵押、抽资退股；物业股只对原有社区成员无偿配给，新增人口要以现金购入相应档次的物业股权。资源股和物业股分红比例相同。[①] 虽然南海在股权转让上的限制不断放宽，总的来说，南海土地股份合作社在股权设置上较为封闭，主要

---

① 朱守银、张照新：《南海市农村股份合作制改革试验研究》，《中国农村经济》2002年第6期。

以原社区组织成员为配股对象，转让范围局限于原社区组织成员。相对于南海对固化股权转让不断放宽的规定，昆山、上海在土地股份合作社成立初就允许土地可以有限度的流转。《江苏省农民专业合作社条例》第18条规定，"农地股份合作社应当根据生产经营的需要，在章程中明确规定成员退社的条件。农地股份合作社成员退社的，鼓励其依法向本社其他成员流转该承包地的经营权。"文本上的规定为昆山土地股份合作社成员股权的流转提供法律依据，昆山等地土地股份合作社规定，个人股在社区范围内可以继承、馈赠，经过批准后可以转让，但是不能退股提现。上海土地股份合作社的农民持有的股份可以继承、抵押、买卖，股权流动中，在同等条件下本集体成员享有优先购买权。以上规定表明，在村集体经济较为发达的地区，农民持有的股权是凭借原村集体经济组织成员权获得的，其持有的股权具有高福利性的特点，农民在享有股权收益和分红收益情况下，意识到只有将股权严格限定在社区范围内，才能保证他们持续享有土地股份合作社的收益。因此，在村集体经济发达地区，土地股权流转具有封闭性的特点。

（三）土地承包经营权流转下的乡村关系新变化

如前所述，土地承包经营权的流转意味着农村主要的生产要素重新配置和组合，在土地、资本、劳动等生产要素的重组过程中，乡村社区的经济社会发生相应的变化，如大量资本进入、劳动力流动加剧、农民阶层分化明显。经济基础的变化必然导致上层建筑的变革，乡村社区的经济社会的变化必然会引发乡村社区上层建筑权力结构的变动，乡村关系也相应产生变化。

1. 乡村治理的变化

（1）村委会成员构成以村社精英为主

前文已经指出，土地承包经营权流转中农民土地承包权转化为土地股权，因此，家庭联产承包责任制下农民承包经营权的实现程度决定土地股份合作制下农民股权实现程度。家庭联产承包责任制下，农民享有承包经营权是一种没有充分保障的土地使用权，这项权利的行使受到较大的限制或容易受到"侵犯"。村委会在与村集体经济组织成员签订土地承包经营合同过程中,往往将村民应当上缴国家税收、提留甚至计划生育义务都列入合同条款,在村民不能完成合同规定义务情况下,可以以此为依据解除承包合同。因此,赵晓力认为,农村承包合同不应简单地理解为民事法律意义上的"租佃契约",它是地方政府和乡村干部对农民进行全方位治理的一种手段,计划生育、催粮要款、农田基建、修桥修路等这些通常难以实现的目标,都可以通过承包合同这一杠杆实现。[1] 这就导致村民在人身上形成对村委会较强的依附关系。土地承包经营权的流转源于工业化、城市化对土地资源的大量需求,为获得更多的土地资源,乡镇政府及村干部积极将农民的分散经营重新合并,这就导致在缺乏农民参与的土地流转中,农民土地权益极易受到侵害。在对土地股权折算与评估上,目前我国土地价格评估市场尚不健全,各地土地价格评估主要由当地基层政府与村干部决定,有可能出现对土地价格估计过低,农民只持有少量股权,大部分股权归村集体持有甚至由村干部个人持有,集体股"一股独大"的局面。对于农民而言,虽然他们在名义上是土地股权的股东,由于单个农民掌握股份极其分散,他们无力参与到土地股权评估与土地经营活动中,加之土地股权分红高福利的特征,在农民持有股权分红水平年年增加的情况下,农民易丧失监督土地股权公共支出的积极性,土地股权的分配与使用容易形成"内部人控制"的局面。[2] 由此,在村集体经济发达地区农村,以村干部为主的村社精英基本主导了乡村社区权力与资本的配置。

(2) 村委会村治对象转向乡村社区所有居民

前文已经指出,在村集体经济发达地区,土地股权设有集体股和个人股,村集体持有绝大多数股权,由于实践中村委会与村集体经济组织"合二为一"、"村社不分",村委会往往充当村集体资产的管理者和经营者的角色,导致村委会持有绝大多数土地股权。按

---

[1] 赵晓力:《通过合同的治理——80年代以来中国基层法院对农村承包合同的处理》,《中国社会科学》2000年第2期。

[2] 朱守银、张照新:《南海市农村股份合作制改革试验研究》,《中国农村经济》2002年第6期。

照村民自治的制度安排，村委会代表村民管理乡村社区公共事务和提供公共服务，因此，村委会同时行使对乡村社区公共管理职能与经营管理职能。在村集体经济发达地区，由于村委会具有较强经济实力，村委会不仅向农民提供基于其股权享有的基本生活保障、就业保障，而且还承担乡村社区公共服务的支出，如农田水利及道路修建与维护、治安维护、公共卫生、基础教育等。在此，农民凭借其持有的土地股权享有村委会给予其高福利待遇，村委会成员与村集体经济成员混同，在对村民资格确定上具有封闭性和排他性的特点。但同时，随着土地承包经营权的流转，农民实际上丧失了对土地的控制权，有些农民因外出务工不再居住在乡村社区，他们与乡村社区的联系仅仅表现为领取年底股权分红，与村委会关联不大，他们认同单元由村委会偏移到村集体经济组织。同时，由于股权高福利性，为了维持股东获得的土地增值收益，大多数土地股权固化，这就导致乡村社区因出生或者因婚丧嫁娶而新增的村民无法享有土地股权，这些新增村民在乡村社区生产与生活，他们是本村村民但是无法享有土地股权分红。这些因素的交错使得"村民"身份变得模糊不清，难以界定，那么，这就为村委会提出一个难题，村委会到底是以村集体经济成员为对象还是以村民为对象提供管理和服务？

随着土地承包经营权流转市场化，大量外来资本和外来人口随之进入乡村社区。大量外来资本的进入和乡村社区人员流动的加剧，将会对乡村治理提出新的问题，即村委会为谁服务？首先，关于对外来企业管理和服务的问题。外来企业将资本投入到乡村社区，对于村委会而言，虽然外来企业不是本村村民，但是他们在生产经营活动中与村委会产生密不可分的联系，如对该企业外来人口的管理、因该企业入驻乡村社区导致环境污染治理等问题，由于这些问题均属于乡村社区公共管理与服务范畴，因此需要村委会提供协助或支持。同时，村委会在对乡村社区进行管理和服务时，有些问题也需要外来企业提供人、财、物的支持，如在兴建乡村社区公益事业、对乡村社区环境保护等。吴晓燕曾指出，外来资本是村庄治理的潜在主体，尽管目前还是隐性的。① 因此，村委会对乡村社区公共事务进行管理与服务中，外来企业是不容忽视的一股力量。其次，关于对外来人口管理和服务的问题。随着大量外来人口进入，乡村社区由以农业生产为主的熟人社会变成以居住为中心的非农聚集区，乡村社区人员构成异质性增强，为了吸纳新的社区成员参与到乡村社区公共事务，就需要村委会突破传统的村集体身份，以乡村社区公共权威的身份对社区所有人口进行统一的管理与服务。折晓叶提供对一个超级村庄的个案研究，认为超传统集体的社区公共权威机关对外来人口进行管理和服务时应包括以下几个方面：组建具有乡村"司法"意义的民事调解机构和治安保卫机构，处理社区内部民事纠纷和外来企业与"打工仔"之间的劳资纠纷；推行社区协调和公平政策，为村民提供就业机会和贫困救助；提供较高水准的社区福利和保障。② 因此，为适应开放、流动乡村的治理需要，村委会在服务对象上开始由封闭走向开放，其服务对象应是生活和居住在本社区的所有人员，对社区所有成员提供均等的、无差别服务，通过服务纽带将社区内多元主体黏合在一起，重建乡村社区成员对社区的认同和社区秩序。

（3）村委会村治方式更多表现为与乡村社区居民民主协商

随着土地承包经营权流转，农民降低对土地的依附，更多的村庄能人在摆脱土地的束缚后，很快找到新的非农收入来源和谋求新的职业，他们不在乡村社区务农甚至不在乡村社区居住。当非农收入成为他们主要收入来源时，他们逐渐降低对土地的依赖，参与乡村社区公共事务的能力增强。为了保证自己的土地股权得以实现，他们会形成自己的"小团队"与村干部谈判。在此形势下，村干部在决定土地股权收益分配时，必然会尊重农民的意愿和考量农民利益诉求，农民土地权益将会得以保障和实现。同时，在村集体经济发达地区，随着土地承包经营权流转各地相应成立土地股份合作

---

① 吴晓燕：《农村土地承包经营权流转与村庄治理转型》，《政治学研究》2009年第6期。

② 折晓叶：《村庄的再造——一个"超级村庄"的社会变迁》，中国社会科学出版社1997年版，第257页。

社。在设有集体股和个人股的土地股份合作社，其股权的形成主要表现为农民以土地承包经营权入股、村集体经济组织以村集体土地和村集体资产入股，村集体经济组织在土地股份合作社成立、股权的折算量化、年终分红中起到主导作用。在某种意义上，土地股份合作社是从村集体经济组织这一"母体"成长的经济组织，并具有与村集体经济组织相同的特征。相对于村集体经济组织成员基于成员权而自然享有村集体经济收益，土地股份合作社股东享有的股权收益更具有较强的契约性。因此，土地股份合作制更类似于一种通过合作化的形式建立起来的一体化的企业组织。土地股份合作制通过要素合约，在农村社区内部实际上建立了一种企业内部管理关系。[①] 按照土地股份合作社章程的规定，土地股份合作社设有社员代表大会、董事会、监事会等组织机构，这些机构的职能类似于公司的股东代表大会、董事会、监事会，分别行使决策权、经营控制权、监督权，形成权力分立与制衡的治理结构模式。此外，土地股份合作社在财务管理、董事会的任期、公积金的提取、收益分配等都采取公司化管理。在"政经合一"的乡村社区，土地股份合作社与村委会领导交叉任职，土地股份合作社的契约化管理必将促使村委会治理方式的改变，村委会将依照村民自治的制度设计，确实发挥村民会议或者村民代表会议决策及监督的职能，激发村民参与乡村社区公共事务的热情和提高他们参与乡村社区公共事务的能力。

（4）村委会村治内容以向乡村社区居民提供服务为主

土地承包经营权流转导致乡村社区人口流动的加剧，农民职业的改变，这些与土地流转有关的经济社会的变化使得农民公共需求发生变化，进而村委会治理内容也产生相应变化，主要集中在与土地有关的服务事项，村委会治理内容由"管理向服务"转变。首先，村委会为土地承包经营权流转积极提供各种便利条件。土地承包经营权流转的前提条件是将高度分散经营的农民联合起来，如果依靠农民自发行动，极容易陷入"集体行动的困境"导致合作无法达成，一般情况下，土地承包经营权流转的达成都依赖村委会在乡

---

① 王小映：《土地股份合作制的经济学分析》，《中国农村观察》2003年第6期。

村社区的公共权威。此外，在引进外来资本过程中，作为乡村社区基层组织的村委会更具有较强的市场信誉，外来资本在进入乡村社区时也乐意与村委会联系，在外来资本投资过程中，往往是村委会牵线搭桥，既为"资本"服务，又为土地承包经营权流转担保，成为合作双方的中介人、担保人、协调人和见证人。其次，村委会为农民提供各项服务。农民将土地承包经营权流转后，不再被束缚在土地上，农民在职业去向选择上有三个方面：一是在土地股份合作社或其他企业打工，二是外出做生意，三是外出打工，这样，农民就业非农化趋势明显，农民与土地联系日渐减少。随着农民不再从事农业生产并向乡村社区外流动，农民公共服务需求发生了变化，主要集中在土地股权分红得以实现的需求，外出就业信息提供的需求，外出务工技能培训的需求，基本生活保障需求等。基于农民公共需求的变化，村委会服务内容将发生以下的改变：村委会主要为农民提供就业信息的发布，务工技能的培训，协调农民与土地股份合作社或其他企业因劳务产生的纠纷等，以确保农民与外来企业各方利益得以实现。

2. 乡村关系的变化

（1）在与土地流转有关的公共服务供给上乡镇政府与村委会合作

前文已经指出，土地承包经营权流转下村委会可以通过以下两条途径获取用于乡村社区公共服务支出：一是直接从土地股份合作社收益中提取公益金；二是凭借其持有集体股享受股权收益。具体而言，村委会向乡村社区提供公共服务包括农民的社会保障和社会福利的提供，乡村社区的道路、农田水利设施等公共基础设施的修建。应当特别指出的是，土地承包经营权流转下，对于乡村社区公共服务的供给，仅仅依靠村委会是远远不够的，需要乡镇政府加大对因土地承包经营权流转引发社会问题提供配套保障。

土地承包经营权流转从某种意义上说是各方求得利益均衡的过程，土地承包经营权流转后农村社会阶层分化明显，部分农民因受制于年龄、文化程度、身体状况等因素而无法从事新的职业，主要依靠土地股权分红维持生计，在土地股权收益及保底收益难以实现的情况下，农民日常生活保障都难以为继，生活可能会陷入困窘。如果现代农业的发展以农民的破产和边缘化为代价，那么这种现代化注定是一种失败的现代化①，在农业生产的社会价值与市场价值并重的情况下，乡镇政府应完善对农民土地权益保护、农民就业与社会保障方面措施。在农民土地权益保护方面，由于土地承包经营权流转的关键在于对入股土地价值的估价与折算，为了保障处于弱势的农民土地权益，土地流转合同一般要经由乡镇主管土地承包流转部门鉴证才能生效，这就使得乡镇政府增加了与土地流转有关的服务职能履行。为了给农民土地流转提供便捷的服务，实践中，有些乡镇将土地流转服务下沉到乡村社区，如温江区在93个农村社区成立了农村土地流转服务中心和农村土地流转服务站，配备专兼职人员负责土地流转的申请登记和咨询服务。② 在农民就业与社会保障方面，实践中有些乡镇将就业服务延伸到乡村社区，乡镇劳动保障所派专职人员负责农民就业信息登记及收集，为农民提供就业信息及对农民提供就业技能培训。可以借鉴成都为农民办理失地农民保险、养老保险和新合作医疗服务的做法，乡镇政府应通过政策及财政支持，将农民养老、就业、医疗等社会保障纳入政府提供的基本公共服务中，为失地农民提供基本的社会保障，以维持他们基本生活需要。

（2）村委会在经济活动中能够更多地与乡镇政府平等对话与协商

自家庭联产承包责任制推行以来，我国采取的是"统分结合，双层经营"的土地集体所有制，由村集体掌握农村集体经济发展及其资源的配置。实践中，由于集体所有权模糊导致村集体权力弱化，在村集体无力行使所有权导致集体利益受损情况下，农民土地权益相应受到侵犯。十七届三中全会提出，"以家庭承包经营为基础、统分结合的双层经营体制，是党的农村政策的基石。发展集体

---

① 苑鹏、杜吟棠、吴海丽：《土地流转合作社与现代农业经营组织创新——彭州市磁峰皇城农业资源经营专业合作社的实践》，《农村经济》2009年第10期。

② 吴晓燕、李赐平：《农地流转与基层社会治理机制：成都例证》，《改革》2009年第12期。

经济、增强集体组织服务功能,培育农民新型合作组织,发展各种农业社会化服务组织,鼓励龙头企业与农民建立紧密型利益联结机制,着力提高组织化程度。"报告在坚持农村土地村集体所有的基础上,要求大力发展村集体在农业生产中"统"的功能。在推进土地承包经营权流转的实践中,无论是南海模式还是上海模式,它们的共同做法是,在坚持村集体土地所有权基础上,通过土地股份合作社或者其他企业把分散经营的土地集中起来,由土地股份合作社或者其他企业直接走向土地市场,以入股、联营、出租等形式直接向各类外来企业供给土地。土地股份合作社或者其他企业这种在决策与经营上的集中行为,可以形成类似于市场垄断的市场力量,才能充分保护农民土地权益,也才能组织农民在生产中联合以共同抵抗市场风险,促进农业生产低成本、高效益的进行,也才能动员农民参与乡村社区公共设施新建,从而满足农民对公共服务的需求。[①]也只有村集体实力增强,在经济活动中能够拥有更多的与乡镇政府平等对话与协商的权利,在一定程度上保证村集体和农民由此能够分享城市化和现代化带来的土地增值收益。

因此,无论是乡镇企业发展与改制还是土地承包经营权流转,都经历由乡镇政府主导到以村委会为代表乡村社区自治组织经济实力增强的过程,在这一过程中,仍然需要乡镇政府对农村经济发展进行指导,但同时,随着村委会为代表的乡村社区自治组织经济实力增强,乡镇政府与以村委会为代表的乡村社区自治组织在经济活动中将更多表现为合作协商关系。

[①] 贺雪峰、刘金志:《对农村土地承包期的思考》,《广东社会科学》2009年第4期。

第六章

社会管理能力中的乡村关系

改革开放30多年来,"从农村到城市、从经济领域到其他各个领域,全面改革的进程势不可当地展开了;从沿海到沿江沿边,从东部到中西部,对外开放的大门毅然决然地打开了。这场历史上从未有过的大改革大开放,极大地调动了亿万人民的积极性,使我国成功实现了从高度集中的计划经济体制到充满活力的社会主义市场经济体制、从封闭半封闭到全方位开放的伟大历史转折"。[①] 在这一历史进程中,乡村社区由农业的、封闭与半封闭的传统型社会向工业化、市场化、城镇化、开放的现代型社会转变。[②] 在社会转型过程中,农村社会管理遇到了一系列新情况新问题,村委会人员构成上的封闭性与乡村社区日益开放之间的矛盾、村社一体的组织体制与乡村社区多元主体政治参与之间的矛盾、城乡分离二元体制与城乡公共服务一体化之间的矛盾等日益突出,客观上要求社会管理理念从管理理念转向服务理念,发挥各类主体在社会管理中的作用,创新社会管理。[③] 因此,改变现有乡村社区的组织、管理、服务体制,加强社会管理创新,构建与开放、流动、分化和多样化相适应的新型农村组织体系、管理体系及服务体系,已经成为当前农村改

---

① 胡锦涛:《高举中国特色社会主义伟大旗帜 为夺取全面建设小康社会新胜利而奋斗——在中国共产党第十七次全国代表大会上的报告》,2007年10月15日(http://news.xinhuanet.com/newscenter/2007-10/24/content_6938568.htm)。
② 郑杭生:《改革开放三十年:社会发展理论和社会转型理论》,《中国社会科学》2009年第2期。
③ 徐琳:《服务型政府建设与创新社会管理》,《光明日报》2012年10月21日。

革和发展中最迫切的任务。①

一 现阶段农村社会管理的困境

（一）村委会人员构成上的封闭性与乡村社区日益开放之间的矛盾

从村治制度产生和运行的经济及社会条件来看，村民自治是以村籍居民为自治主体、集体土地产权为经济基础、行政村地域范围为边界、籍—地关系为维系纽带、村集体组织为依托、村庄公共事务为自治内容的基层群众自治模式。②迄今村委会及村集体经济组织依然是建立在村集体土地所有基础上，具有强烈的封闭性和排他性。由于我国绝大多数地区村委会与村集体经济组织合二为一，村集体经济组织成员权与村民资格成员权相应具有合二为一的特性。村民是村集体经济组织的成员，他们基于村集体经济组织成员权共同拥有村集体产权；村民也是村集体组织成员，他们基于村民资格成员权享有乡村社区自治权利。因此，只有具有本村户籍，才能成为本村村民，具有村民资格和村集体经济组织成员资格，才能获得本村土地承包经营权。在此，项继权指出，集体土地产权及由此形成的村民户籍也成为村民及村民自治的权力边界，村民自治仅仅是拥有村集体产权的"村民"的自治。③随着土地流转及规模化经营，农村人口流动加剧，户籍—村民资格—土地承包经营权三位一体的格局被打破，乡村社区由封闭走向开放。我国法律对土地流转及规模化经营，经历以下认识过程：1988年《宪法修正案》第10条第4款规定，"土地使用权可以依照法律规定转让"，在立法上第一次

---

① 徐勇、项继权:《开放乡村的社区重建》,《华中师范大学学报》（人文社会科学版）2009年第3期。
② 袁方成、李增元:《农村社区自治：村治制度的继替与转型》,《华中师范大学学报》（人文社会科学版）2011年第1期。
③ 项继权:《农村社区建设：社会融合与治理转型》,《社会主义研究》2008年第2期。

明确了农村土地流转的合法地位。土地第二轮承包后，我国农村土地承包经营权的流动逐渐松动。1994年12月，国务院批转的农业部《关于稳定和完善土地承包关系的意见》规定："在坚持土地集体所有和不改变土地农业用途的前提下，经发包方同意，允许承包方在承包期内，对承包标的依法转包、转让、互换、入股，其合法权益受到法律保护，但严禁擅自将耕地转为非耕地。"1995年颁布的《担保法》第34条、36条明确规定："抵押人依法承包并经发包方同意抵押的荒山、荒沟、荒滩、荒丘等'四荒'地的土地使用权可以抵押。""以乡（镇）村企业的厂房等建筑物抵押的，其占用范围内的土地使用权同时抵押。"以上法律、法规的规定，使农村土地流转方式由单一的转包方式发展到转包、转让、互换、入股、抵押、继承等多种方式并存。2002年《农地承包法》取消了发包方对土地承包经营权流转的不合理限制，明确规定承包方可以将土地使用权依法采取转包、出租、互换、转让、抵押、入股等方式流转。党的十七届三中全会指出："现有土地承包关系要保持稳定并长久不变。推进农业经营体制机制创新，加快农业经营方式转变。""允许农民以转包、出租、互换、转让、股份合作等形式流转土地承包经营权，发展多种形式的适度规模经营。有条件的地方可以发展专业大户、家庭农场、农民专业合作社等规模经营主体。"实践中，农民以多种形式（转包、出租、转让、互换、股份合作等）流转土地承包经营权合法化，打破地界、户界界限的土地规模经营成为我国农地流转的发展方向。随着土地流转及规模化经营，传统村治"户籍—土地"关系被彻底打破，村民自治治理空间被拓展。在土地流转过程中，农村大量人口由经济不发达农村流向城市或发达地区农村。对于流入到发达地区农村的农民而言，他们因经营土地、就业等原因到乡村社区生活与居住，他们在乡村社区基础设施建设、计划生育、社会治安等方面履行与本村村民同等的义务，他们要求参与到乡村社区公共管理中，享有与本村村民同等待遇与具有本村村民资格。然而，折晓叶指出，在村集体经济发达的东南地区农村，村籍制度是经济发达地区村庄工业化过程中出现的一种独特现象，是单个村庄超前发展，与其他村庄之间形成巨大差别后进行自我保护和加强利益控制的一种制度，也是巩固地缘关系的制度化形式。作为一种社区身份，它仍以户籍为其基础。不仅如此，这套制度实际上已经演变成一种与工资、福利、就业、教育等相关联的制度综合体系，拥有村籍，就具有了优先选择职业，享受村民福利、补贴或集体分配，以及在村内批地建房办厂、入股投资分红等权利。① 以户籍为标准认定本村村民资格的做法与日益瓦解的"土地—户籍"关系冲突，使得外来人口无法参与村庄政治，村庄可持续发展所需人才无法得到充分供给，村民自治持久发展缺乏生命力。同时，随着外来人口的激增，村委会对村庄公共管理与公共服务范围进一步扩展，将外来人口纳入村庄治理范围之内，实现外来人口与本村村民融合性相处成为村委会首要任务，以户籍为标准认定本村村民资格这一封闭性的做法与村庄日趋开放的治理模式相冲突。②

（二）村社一体的组织体制与乡村社区多元主体政治参与之间的矛盾

农村家庭联产承包责任制实施以前，乡村社区经济结构和社会结构较为单一，乡村社区经济以集体经济为主，农民在村统一集体管理下生产和生活，乡村社区成员无明显分化，乡村社区具有较强的封闭性和同质性特征。改革开放以来，在国家政策、地方政府的扶持及市场经济大环境作用下，乡镇企业异军突起，非农产业逐渐发展成乡村社区经济结构中的重要组成部分，乡村社会的单一的经济和社会结构逐步瓦解，乡村社区个体与组织的异质性增强，乡村社区内各个体与组织的分化加剧。随着乡村社区市场经济发展，单一集体经济逐渐发展为个体经济、私营经济、股份制经济、集体经济等经济成分，单一集体经济组织相应发展为个人独资企业、私营企业、股份制经济组织、村集体经济组织等多种所有制经济组织。

---

① 折晓叶：《村庄边界的多元化——经济边界开放和社会边界封闭》，《中国社会科学》1996年第3期。

② 唐鸣、尤琳：《村委会选举中选民登记标准的变迁逻辑：动因、发展方向和条件——兼评新〈村民委员会组织法〉》，《中南民族大学学报》（人文社会科学版）2011年第3期。

同时，在不同因素作用下，乡村社区还存在不同组织形式。随着农业生产的社会化及市场化，乡村社区兴起"养殖协会"、"种苕协会"等各种经济合作组织；伴随乡村社区传统文化资源的复苏，老人协会、红白理事会等村落民间组织成立；随着城乡一体化进程的推进，更多单位及企业进驻乡村社区，参与到乡村社区建设。由于非农经济及非集体经济的崛起，村民对村集体依赖减弱，他们参与到多种经济体中，到外地务工和经商日渐频繁，乡村社区的成员身份日益多元化，乡村社区居民主要包括本村村民、外来务工人员、驻村单位和企业员工、退休返乡者等。陆学艺按照农民实际从事的职业、使用生产资料的方式和对所使用生产资料的权力，将改革以来的农民划分为8个阶层：农业劳动者阶层、农民工阶层、农民雇工阶层、个体工商户和个体劳动者阶层、私营企业主阶层、知识型劳动者阶层、乡村集体企业管理者阶层和农村社会管理者阶层。[①]对乡村社区阶层的划分，表明乡村社区社会结构日益分化为不同阶层，多元主体的存在必然会产生多元利益格局和利益诉求。何增科认为，协调多元化的利益，整合多元化的资源，将原子化的个体整合到各种不同的社会共同体中，使其获得归属感和安全感，通过协商对话和平等交流促使多样化的思想观念形成共识和扩大认同，[②]是当前我们亟须解决的问题。当前乡村社区社会管理体制落后于乡村社区经济与结构分化的实际，没有建立针对已经分化的农民个体和组织利益需求的管理方式，从而使得现有的管理机制无法适应多样化的社会需求。[③]

（三）城乡分离二元体制与城乡公共服务一体化之间的矛盾

新中国成立以来，为了实现现代化发展目标，国家采取"农业支持工业"，"农村支持城市"的发展战略，为更好地在乡村社区汲

[①] 陆学艺：《当代中国社会阶层研究报告》，社会科学文献出版社2002年版。
[②] 何增科：《论改革完善我国社会管理体制的必要性和意义》，《毛泽东邓小平理论研究》2007年第8期。
[③] 钟涨宝、狄金华：《社会转型与农村社会管理机制创新》，《华中农业大学学报》（社会科学版）2011年第2期。

取资源以支持城市工业发展,国家通过户籍制度把我国居民分割成泾渭分明的市民与农民两大部分,城乡之间在教育、就业、社保、医疗等方面形成二元隔离状态,这就导致在公共服务提供上也呈现二元分离状态:由国家财政承担城市在公共服务提供的支出,乡村社区村民自我承担本社区公共服务的成本和支出。在"人民的事业人民办"的乡村社区公共服务体制下,为了修建农业生产必需的农田水利设施、道路桥梁等基础设施,为乡村社区孤寡老人提供救助,村委会通过向农民收取村提留的方式筹集所需资金。在此时期,村委会主要工作内容是完成乡镇政府下达的"纳粮收款"、"计划生育"等行政任务。这就导致无论是完成乡镇政府布置的任务,还是向乡村社区提供公共服务,村委会都面临向农民收钱收费的压力。在"目标考核制"压力下,村委会有时候甚至采取暴力手段向农民收钱收费,这不仅异化了村委会自治的功能,而且导致村民对村委会的不信任,恶化干群关系,影响村民自治深入发展。同时,在基层组织与管理体制上,依然存在城乡二元分离的局面。在城市基层,采取街道办事处和居委会及城市社区管理体制,在农村基层,采取乡镇政府和村委会及村民小组的管理体制。城乡二元化的组织与管理体制不仅不利于城乡资源的流动和有效配置,阻碍我国经济和社会发展,而且不利于城乡居民的合作和社会融合,导致农民对城市及社会在心理上的疏离和隔阂,引发社会矛盾及社会风险。

进入21世纪以来,随着工业化进程的不断深入,工业生产逐渐成为社会生产的主要成分,工业部门逐渐成为国民经济的主导部门,国家适时进行重大战略调整,进入"工业反哺农业","城市支持农村"新阶段。党的十六大提出"统筹城乡经济社会发展",党的十七届三中全会明确提出,"我国总体上已进入以工促农、以城带乡的发展阶段,进入加快改造传统农业、走中国特色农业现代化道路的关键时刻,进入着力破除城乡二元结构、形成城乡经济社会发展一体化新格局的重要时期。"党的十七届四中全会强调,"要统筹城乡基层党建工作,促进以城带乡、资源共享、优势互补、协调发展。"2010年中央1号文件提出,"要深入贯彻落实科学发展观,把统筹城乡发展作为全面建设小康社会的根本要求,要努力形成城乡经济社会一体化新格局。"随着城乡一体化进程推进，城乡之间在户籍、居住、就业、社保、教育、医疗、税收等方面的二元分离制度正在消除，城乡二元分离的公共服务格局也将发生改变。党的十六届六中全会决议提出"以发展社会事业和解决民生问题为重点，优化公共资源配置，注重向农村、基层、欠发达地区倾斜，逐步形成惠及全民的基本公共服务体系"、"实现基本公共服务均等化"。党的十七大进一步指出"要加快推进以改善民生为重点的社会建设"。党的十八大提出，要"加快完善城乡发展一体化体制机制，着力在城乡规划、基础设施、公共服务等方面推进一体化，促进城乡要素平等交换和公共资源均衡配置，形成以工促农、以城带乡、工农互惠、城乡一体的新型工农、城乡关系"。为了让城乡居民共享改革成果，实现城乡均等基本公共服务战略目标，国家将加大对乡村社区在义务教育、医疗服务、公共卫生、公共安全、社会保障等方面的财政投入。同时，结合农业生产的特点和农民实际需求，国家将加大在基本农田水利建设、农业技术推广服务、畜禽防疫等方面的服务和资金支持。随着乡镇政府职能由"管治"向"服务"转变，村委会的工作内容和工作方式将相应发生重大改变。因此，在村民自治组织基础、财政基础和工作内容发生重大改革情况下，村民自治体制及乡村社区整个组织与管理体制将从城乡分离中走出来，在乡村社区重构管理与服务平台，建立新型的乡村社区管理与服务体制，建构城乡一体化的城乡基层组织与管理体制将是历史发展的必然。

二 农村社会管理创新实践

社会管理有广义和狭义上两种理解。狭义的观点认为，社会管理作为政府的一项职能，与政治管理、经济管理相对，指的是政府对社会公共事务中排除掉政治统治事务和经济管理事务的那部分事务的管理与治理，其所涉及的范围一般也就是社会政策所作用的领域。① 广义的观点认为，社会管理主要是指政府和社会组织对社会生活、社会结构、社会制度、社会事业和社会观念等各个环节进行组织、协调、服务、监督和控制的过程。② 在此，我们持广义的观点。一般而言，现代社会管理既是政府向社会提供公共服务并依法对有关社会事务进行规范和调节的过程，也是社会自我服务并且依据法律和道德进行自我规范和调节的过程，③ 需要政府、市场和社会的资源与能力相互整合，共同参与社会管理，形成了协作性、网络化社会管理格局。④ 因此，农村基层社会管理的体制创新根本目的是培育社会力量，积极引导多元主体参与社区事务的制定和执行，社会力量通过制度化参与，形成乡村社区事务处理上多元主体合作与协商的局面，实现政府公共管理与公共服务与社区自我管理与服务有效衔接和互动。具体而言，农村基层社会管理的体制创新应体现以下价值诉求：适应乡村社区日益开放和流动的实际，实现对乡村社区外来人员无缝隙社会管理和无差异公共服务，增强外来人员对所居住乡村社区的认同感和归属感；重视乡村社区多元主体利益诉求，吸纳多元主体参与乡村社区的治理；将政府提供公共服务延伸至乡村社区，实现城乡无差别的基本公共服务提供，实现城乡之间的有机融合与整合；提升乡村社区自治组织自治能力，培植乡村社区社会资本和现代乡村治理自组织，提升乡村社区自我服务和治理能力。

（一）农村社区重建

社区是一定地域范围内的人们基于共同的利益和需求、密切的

---

① 李伟程：《社会管理体制创新：公共管理学视角的解读》，《中国行政管理》2005 年第 5 期；陈振明：《什么是政府的社会管理职能》，《新华文摘》2006 年第 3 期。

② 郑杭生主编：《中国人民大学中国社会发展研究报告 2006——走向更讲治理的社会：社会建设与社会管理》，中国人民大学出版社 2006 年版，第 255 页；邓伟志主编：《创新社会管理体制》，上海社会科学院出版社 2008 年版，第 4—6 页；何增科：《论改革完善我国社会管理体制的必要性和意义——中国社会管理体制改革与社会工作发展研究之一》，《毛泽东邓小平理论研究》2007 年第 8 期。

③ 李培林：《创新社会管理是我国改革的新任务》，《人民日报》2011 年 2 月 22 日。

④ 吕志奎：《中国社会管理创新的战略思考》，《政治学研究》2011 年第 6 期。

交往而形成的具有较强认同的社会生活共同体。[①] 农村社区为农村社会管理和公共服务提供了组织平台和服务平台，承担着对农村社会管理和提供公共服务的基本职责，是农村基层社会管理的社会基础。通过农村社区的建设，能够促进农村土地、资金、人才、技术和信息等要素的优化配置，能够增强村级组织功能，打破村庄间的壁垒，实现社会管理与服务资源整合和共享。因此，各地在农村基层社会管理创新实践中，加强农村基层社会的社区重建成为必然选择。正因如此，2004年召开的中国共产党十六届四中全会指出，要"加强社会建设和管理，推进社会管理体制创新"，形成"党委领导、政府负责、社会协同、公众参与的社会管理格局"。2006年10月，中共十六届六中全会《中共中央关于构建社会主义和谐社会若干重大问题的决定》提出"全面开展城市社区建设，积极推进农村社区建设，健全新型社区管理和服务体制，把社区建设成为管理有序、服务完善、文明祥和的社会生活共同体"。2007年党的十七大提出，要"建立健全党委领导、政府负责、社会协同、公众参与的社会管理格局"，"把城乡社区建设成为管理有序、服务完善、文明祥和的社会生活共同体"。2013年党的十八届三中全会提出，要"统筹城乡基础设施建设和社区建设，推进城乡基本公共服务均等化"。

2007年开始，民政部先后在全国确定了304个"全国农村社区建设实验县（市、区）"，大力推进农村社区建设工作。从全国范围而言，政府在农村社区政策的制定和执行、农村社区的推广中居于主导地位，但是由于各地实际情况的差异，农村社区建设中政府力量与社会力量之间的投入、政府资源与社会资源之间的配置各有不同，这就形成了不同的农村社区发展模式。

1. 江西"一会五站"村落社区建设

为了发展农村经济，维护政治稳定和社会各项事业进步，改善农村环境，江西省2001年决定发展农村社区。考虑到自然村落实

---

① 项继权：《农村社区建设：社会融合与治理转型》，《社会主义研究》2008年第2期。

际情况的不同和利益需求上的差距,江西省决定把农村社区建设的工作重点放在村落社区,提出"一会五站"村落社区建设新思路。所谓"一会五站","一会"就是农村村落社区志愿者协会,"五站"则是协会下设的公益事业服务站、卫生环境监督站、文体活动联络站、社会互助救助站和民间纠纷调解站等五个工作站。农村村落社区志愿者协会的主要成员由在村落社区德高望重、影响力和组织管理能力较强"五老"组成,即老党员、老干部、老模范、老知识分子、老复员军人等。村落社区志愿者协会是村落社区内的村民自愿组织起来的群众自治组织,它的会长、副会长和各服务站的站长都是由民主选举产生,其活动内容是组织全体村民共同完成由全体村民协商后的事务,其活动经费的筹集和使用要受到全体村民的监督。作为村落社区群众自治组织,"一会五站"在村"两委"指导下,在农村村落公益事业、卫生环境、文体活动、互助救助、治安纠纷调解等方面发挥重要作用。由于村落社区是熟人社会,是滕尼斯所说的"一种原始的或天然状态的人的意志的完善的统一体"。[1] 在这一基于血缘、地缘和宗教等纽带形成的生产和生活共同体内,村民仍有可能"只以存在整体成员身份和意志作出行动"。[2] 因此,村落社区内部虽存在利益不一致,但村落社区仍是乡村社会独立的基本生活单元并在基层社会文化网络中发挥一定作用。[3] "一会五站"村落社区建设通过民主化的机制、民主化的参与来唤醒村民对村落社区的认同,用村落社区共同利益来激发、激活民间力量和参与热情,改变了过去村委会及村民小组行政化色彩,形成了"党委政府领导、民政部门指导、村级组织牵头、志愿者协会主办、社会力量支持、村民广泛参与"六方参与的农村基层管理体制新格局。2003年,江西在100个自然村开展村落社区建设试点。

2. 浙江温州以推进城乡一体化为重点的农村社区建设

为推进城乡统筹发展和加强农村社会管理创新,温州探索对村

---

[1] [德]斐迪南·滕尼斯:《共同体与社会——纯粹社会学的基本概念》,商务印书馆1999年版。

[2] [美]黄宗智:《华北的小农经济与社会变迁》,中华书局1986年版。

[3] [美]杜赞奇:《文化、权力与国家:1900—1942年的华北农村》,王福明译,江苏人民出版社2010年版。

级组织"转、并、联"的改革，构建以农村社区建设为主体的村级组织架构和治理体系。在农村社区设置上，温州考虑本地区社会结构、生产方式及农村基层组织形态演变过程等因素，以2—3公里服务半径和1万人口集聚规模为标准，结合"1+X"镇村布局、农房集聚点改造以及"三分三改"等工作，对原有以行政村为基础的村级组织进行"转、并、联"三种基本方式的改革。[①]

"转"是指将村转为城市社区党组织和居委会，同时撤销原村党组织和村委会，"转"主要适用于城中村和城郊村。

"并"是指将居民迁入中心镇的农村社区后，合并组建农村社区党组织和居委会，同时原则上撤销原村党组织和村委会，"并"主要适用于乡镇中心区的村、居民小区、移民居住点或农户集聚点。温州在中心镇建立的农村新社区是城镇化社区，是城乡一体化社区。农村新社区的主要居民是"三户三改"的农户，该社区居民具有社区居民和农村经济组织成员的城乡双重身份，因此，农村新社区是既具有城市社区功能，又具有农村社区功能的新社区。通过农村新社区建设，有效整合各种服务资源，提高农村新社区服务水平，从而吸引更多农村居民在农村新社区居住，让更多人享受城乡统筹带来的各种服务和福利。因此，农村新社区与村之间有明确的职责划分，即"生产原则上以村为主、生活原则上以社区为主"，农村新社区服务中心主要工作是提供公共服务和社会管理。[②] 农村新社区服务中心整合了行政村原有的党员服务、便民服务、综合治理等职责，每个新社区都建立了"一站式"服务大厅，承接了县市各部门及乡镇政府下放的事务，为新社区居民提供民政事务、劳动保障、卫生计生、文化体育、规划建设、党员服务等64项便民服务。为保证农村新社区人员和经费配置到位，社区专职工作者主要在乡镇干部、农村工作指导员中选派和从大学生村官中选聘产生，通过在农村新社区设置专职人员，保证乡镇政府命令和任务在农村

[①] 中共温州市委组织部：《温州市以农村"转并联"改革为依托 开创基层区域化党建工作新格局》，2012年3月2日（www.wzdj.gov.cn）。

[②] 薛光伟、范学序：《温州：依托农村社区化改革 创新基层党建新格局》，2012年1月13日，中国非公企业党建网。

新社区得以贯彻执行。同时，县乡财政对农村新社区给以财政支持。温州市每年财政投入1亿元作为农村新社区建设经费，县乡财政将农村新社区建设投入、工作运行和人员待遇经费纳入年度财政预算，通过县乡财政支持，保证农村新社区工作顺利开展。在农村新社区组织设置上，改革原来以单个行政村为单位设置村级组织的模式，设置农村新社区管委会、议事和监督委员会，并进一步加强各种自治组织、群团组织和民间组织建设。通过农村新社区管委会、议事恳谈会和监督委员会的召开，发动农村新社区居民参与本社区公共事务管理，可以解决农村新社区建设中"做什么"、"怎么做"和"做得怎么样"的问题。其他各种自治组织、群团组织和民间组织的设置，以农村新社区服务中心为主阵地，由农村新社区服务中心工作人员发动群众力量，组建各种志愿者服务队，并将社区各种有一技之长的人员组织起来，为本社区居民提供各种便民服务。从而实现政府主导农村新社区建设带动居民自觉参与，政府财政资金前期投入带动居民的后期投入，政府公共服务的提供带动居民自我服务，最终实现乡镇政府行政管理与农村新社区自我管理的有效衔接和互动。

对于不能"转"、"并"的村，主要通过"联"的方式，将邻近的几个村联合起来建立农村新社区。"联"是指多个村联合设立联村党组织和管委会。联村党组织根据各地实际设党委或党总支，联村党组织设专职书记1名，由副科级领导干部或副科级后备干部担任，联村党组织下设若干个所辖村党支部，所辖村党支部原有的组织设置不变。联村管委会作为乡镇政府的派出机构，在联村党组织领导下开展工作，联村管委会设主任1名，由联村社区党组织书记兼任，所辖村村委会原有的组织设置不变。联村管委会主要工作是完成乡镇政府布置的任务，指导所辖各村委会的工作，指导所辖区乡村社区制定发展规划及村民住宅建设，统筹管理辖区土地及经济发展，发展辖区公共事务管理，为辖区居民提供公共服务等。通过联村管委会，乡镇政府加强对农村新社区的权力渗透和管理力度。

3. 山东诸城以公共服务为中心的农村社区建设

山东省诸城市为了解决农村公共服务缺乏的问题，实现城乡基本公共服务均等化的目标，探索出"政府主导、多方参与、科学定位、贴近基层、服务农民"的农村社区建设模式。自2007年以来，诸城市把1257个村庄规划为208个农村社区，一般以2公里、涵盖5个村、1500户左右为标准设置农村社区。每个农村社区设立社区发展委员会，指导与协调社区工作的开展，社区发展委员会不是一级行政管理机构，社区发展委员会与服务的村委会或居委会之间不存在上下级隶属关系，彼此之间是相互支持和协作的关系。社区发展委员会的核心机构是社区服务中心，具体承接乡镇政府及有关部门延伸在农村的政务服务及有关公共服务，在承接乡镇政府及有关部门下达委托的工作时，坚持"权随责走、费随事转"的原则。[①]

　　农村社区服务中心在实践运行中具有以下的特点。首先，农村社区服务中心的建设体现出较强的政府主导色彩。在资金投入上，为了确保农村社区服务中心有足够经费，实行以市镇两级财政投入为主，社会各界参与为辅的做法。在人员配置上，为了保障农村社区服务中心持续运转，每个社区配备7名专职工作人员，人员主要由乡镇政府、站所、医院等机构选派。为了激发这些专职人员工作积极性，对于在农村社区工作一年以上、群众满意度高的社区工作人员，优先晋升职称、提拔重用。同时，还发挥民间力量参与农村社区建设，积极吸纳党员干部、团员青年及热心公益、具有各类专长人士投入农村社区服务中来。其次，农村社区服务中心有效整合政府公共服务资源。农村社区服务中心一般设医疗卫生、社区警务、灾害应急服务、社区环卫、文化体育、计划生育、社会保障、社区志愿者等八个服务站（室）和一处慈善超市、一个办事服务厅，通过各个服务站（室）的职责履行，为本社区居民提供"一揽子"服务。通过农村社区服务中心这一服务平台，乡镇政府及有关部门将服务延伸到农村社区，直接对农民提供各种服务，实现了权力下放、人员下沉、服务下移，让农民"小事不出社区、大事有人代理"。基于农村社区服务中心这一服务平台，越来越多的部门将

[①] 李秀忠、李松玉：《实现基本公共服务均等化的有效途径探索——诸城市农村社区建设个案思考》，《山东师范大学学报》（人文社会科学版）2008年第6期。

服务职能延伸到农村社区服务,从而避免各部门在服务提供中"各抓各的事、各干各的活"的"单打一"现象,实现了政府公共服务资源的整合,实现了政府公共服务资源提供的效益最大化。实践中,正是依托于农村社区服务中心这一渠道与平台,越来越多的公共服务资源向农村社区提供,初步打破城乡二元隔离的公共服务提供体制,促进城乡基本公共服务的提供。最后,农村社区服务中心与村委会之间有明确职能划分。农村社区服务中心不是一级政府行政机构,而是为本社区居民提供公共服务的一个平台,农村社区服务中心与村委会之间不存在上下级隶属关系,农村社区服务中心不能干预村委会日常运作,二者之间有明确的工作重点。农村社区服务中心侧重于为本社区居民提供公共服务和救贫帮扶,村委会侧重于对村级公共事务的管理、发展村集体经济和组织农民进行农业生产等。由农村社区服务中心承担村委会原来为乡村社区提供公共服务和部分社会管理的职能,减轻了村委会的负担,使村委会能够有更多的人力和物力搞好村民自治建设,对乡村社区进行公共管理,有利于村委会自身建设和增强凝聚力。

4. 湖北秭归的"微观组织再造"

"民间组织型"农村社区以自然村落为单位,注重挖掘民间力量,通过村落社区微观组织自我服务和自我管理,形成以国家和农村社会良性互动、国家外部支持与农村内源发展相互补充为基础的新型农村社区。

为了解决农村税费改革合村并组以后,村组范围扩大导致农村公益事业"无人管事、无钱办事、无章理事"的难题和困境,湖北秭归县自2004年开始就在全县12个乡镇推广杨林桥镇"撤组建社"的村民自治新模式。"撤组建社"是指改革传统的村级行政体制,撤销村民小组、建立以农村社区理事会为平台的村民自治组织。在设置农村社区时,坚持"地域相近、产业趋同、利益共享、规模适度、群众自愿"的原则,每个社区一般由30个左右的农户组成,社区理事会的理事长、理事由社区农户直接选举产生。社区理事会接受村党支部的领导和村委会指导,社区理事会成员没有工资报酬和行政职务,其工作方式以"议事恳谈"为主,在广泛听取和征求社区农户的意见和建议基础上，由社区农户对社区事务达成一致。通过"撤组建社"，构建新型的"村委会—社区理事会—互助组—农户"这一农村社会管理体制，实现了社区内自治、社区间联合自治、以村为单位自治等三个层次有机结合。社区理事会是农村社区群众自治组织，在社区内自治中发挥主导作用。由于社区理事会成员由社区农户直接选举产生，其职责是发动和动员社区农户参与社区建设，自力更生兴建社区基础设施，以弥补政府公共服务和村委会集中服务的不足。因此，在一个由30个左右的农户组成的农村社区，村民自治单元更为微观化，村民行使自治权利的方式更为直接，在对社区事务进行商议时，往往由农村社区理事会牵头，"议事恳谈、一事一议"，每个农户的利益和民主权利能够得以表达和尊重，并找到了解决问题的办法和途径，每个村民的参与社区建设的热情得以激发。社区间联合自治是指社区间的事务，在村委会协调下，由两个或两个以上的社区理事会成员"议事恳谈"，共同商议需要社区间合作的事务，实现村民在跨社区公共服务自我供给中合作和互助。在以村为单位的自治中，社区理事会把社区30个农户的意愿汇集起来，通过整体的形式向村委会反映，改变过去分散的村民和处于强势地位村委会对话的力量不对等状况，提高农民政治参与地位和参与能力，从而促使村委会在履行职务时更贴近村民的利益和需求，真正做到对全体村民负责。此外，"村委会—社区理事会—互助组—农户"农村社区建设模式，不仅实现了村级三个层级自治的有机结合，而且通过构建新的社区村民志愿服务平台和组织体系，拓宽社区服务的内容，增加了社区服务供给主体，实现政府公共服务与社区自我服务、村委会集中服务与社区分散服务的合理分工和有效衔接。自建立社区以来，有83820个农户自愿筹资1000多万元，新修公路900多公里，常年维修公路1180公里，全县90%的社区、80%以上的户通公路，农村供电、饮水、通信等公益事业，也得到了较快发展。

5. 浙江镇海农村社区新老居民的社会融合

为了实现新老村民的融合，浙江省宁波市镇海区在农村基层社会组织管理体系上提出了"三加三加一"设想。所谓"三加三"就是在原来传统的村委会、村党支部和经济合作社的基础上，相对应地新建3个组织，在村党组织统一领导下开展工作。一是以外来人口党员为主成立党支部，建立"新××人"党支部。"新××人"党支部成员通过加强对外来流动党员的教育和管理，发挥外来党员的示范骨干作用。"新××人"党支部成员可以列席村党委、村民委员会、和谐共建理事会会议，"新××人"党支部书记由党委书记兼任，副书记由做事公道、有威信的外来人员担任。二是以外来人口自我管理、自我服务、自我教育为主旨的自治组织，建立"新××人"管理委员会。"新××人"管理委员会是按照"以外管外"的思路，将外来人员吸纳到当地村民自治中来，"新××人"管理委员会在村党支部的领导下开展工作。"新××人"管理委员会由"新××人"代表推选产生，"新××人"管理委员会主任由村主任兼任，并在管理委员会中挑选一人作为脱产专职管理人员。"新××人"管理委员会的议事机构是代表会议，代表会议每年召开一次，由"新××人"管理委员会向代表会议负责并接受其监督。三是由村辖区企事业单位联合发起，资源共享，和谐互助，成立和谐共建理事会。在镇海大部分农村，驻村企业、事业单位较多，外来人口较多，有些地方的外来人口甚至超过了本地人口，为了促进破解本地居民与外来农民工的融合问题，充分发挥外来人口和驻村企业、事业单位的作用，镇海创建"和谐共建理事会"，"和谐共建理事会"的章程规定：和谐共建理事会是以村党总支为核心，以村区域内有关单位为主体，按照共驻、共建、共享的原则，发动各方面的力量参与和谐管理的有关载体。其基本工作内容为"五联"，即思想教育联抓，环境卫生联创，社会治安联防，服务设施联建，文体活动联动。最后一个"加一"，就是区和街道将政府管理职能延伸，重心下移，在村级建立社区工作站。社区工作站的职责包括党建服务、生产服务、公共服务事业、综合治理服务、社会保障服务、计生卫生服务、文化体育服务。社区工作站在村党组织领导和村委会运作下具体实施社区化管理工作，站长一般由党支部书记或村委会主任兼任。① 镇海通过"三加三加一"农村基层组织的设置，将外来人口吸纳到社区组织中，积极引导参与社区建设，提高新居民对所居住社区的认同感和归属感，形成政府、社会组织、社区居民共同参与农村社区建设的格局。政府、社会组织、社区居民通过农村社区这个核心载体进行协商和合作，形成了以政府公共服务为支撑、社区自我管理与服务为补充、社会力量积极参与的管理和服务体制，实现农村社区多元主体共同参与社区建设的目标。

（二）农村社区组织重构

组织就是为实现某方面的特定目标，按照一定规则和程序排列组合起来并开展活动的群体。② 从某种意义上说，任何一种治理均需要构建相应的组织体系，以实现有效的权力运作。③ 项继权分析"乡政村治"体制时指出，"乡政村治"不仅重新构造了农村基层组织与管理体系，而且国家权力与社会权力、农村基层政府与农村基层自治组织之间的权力边界也得以重新划定。④ 赵树凯从农村的社会结构分化，农民的需求层次不断提升和需要结构日趋复杂的角度，提出农村管理体制不适应这种新的需求和新的变化，进而他指出解决这种不适应的关键是农村社区建设，乡村组织的拓展等组织体系创新。⑤ 这说明，实践中的农村基层管理创新时常借助于基层组织的重构来实现。事实上，村民自治制度的实践从一开始就确定以农村基层组织重构为重心，在相当长的时间内村民自治的主要任务也是定位在组织重构上。⑥ 同样，农村社区建设这一新型的社会

---

① 陈世伟：《包容式融入：开放乡村中农民工的社区融合——基于浙江省宁波市镇海区的实证考察》，未刊稿。

② 卢福营：《村民自治背景下的基层组织重构与创新——以改革以来的浙江省为例》，《社会科学》2010年第2期。

③ 卢福营：《"协同服务"：农村基层社会管理的创新模式——浙江省舟山市岱西镇调查》，《学习与探索》2012年第1期。

④ 项继权：《从"社队"到"社区"：我国农村基层组织与管理体制的三次变革》，《理论学刊》2007年第11期。

⑤ 赵树凯：《乡村治理：组织和冲突》，《战略与管理》2003年第6期。

⑥ 曹海林：《从"行政性整合"到"契约性整合"：农村基层社会管理战略的演进路径》，《江苏社会科学》2008年第5期。

管理体制也体现了国家权力与社会权力、乡镇政府与农村社区组织之间的权力边界划分的问题。值得注意的是，由"村组制"到"社区制"是我国农村基层组织与管理体制的第三次重大改革①，在这种"支助型制度变迁"中，上层领导人对改革的激励和支持与基层群众的创造和努力共同推动了制度变迁过程。②因此，在农村社区建设中，由于地方政府对农村社区建设理念、目标及农村社区建设内容理解不同，导致在农村社区建设中，政府力量与社会力量之间的投入、政府资源与社会资源之间的配置不同，也形成了不同的农村社区建设模式。究其实质，农村社区建设不同模式的区别在于政府与社会之间形成何种组织架构及由组织架构所反映的权力关系。在此，我们将分析基于农村社区建设村级组织及乡镇政府机构在实践中的创新，并从中分析二者之间关系的互动。

1. 村级组织架构的拓展

（1）农村社区服务中心

综合各地农村社区服务中心的实际情况，我们认为，农村社区服务中心具有四个方面的共性。

第一，农村社区服务中心一般设置于建制村或者跨村区域设置。由于农村社区组织与村委会是并存于农村基层社会的两个建制单位，甚至其人员边界和地域范围都是相同的，如何处理二者之间的关系，是农村社会管理中不可回避的问题。按照农村社区组织的设置，农村社区组织与村委会之间的关系表现为三种形态："村社分离"、"村社一体"、"交叉任职"。"村社分离"是指农村社区组织与村委会分开设立，实行"分离制"主要是实行"一村多社区"和"多村一社区"的地方，如江西、湖北等在村委会下设农村社区组织，山东诸城等地跨村区域设置农村社区服务中心。"村社一体"是农村社区组织与现存的村委会组织合一，"交叉任职"是农村社区组织与村级组织之间的人员交叉任职。在"一村多社区"的江

---

① 项继权：《从"社队"到"社区"：我国农村基层组织与管理体制的三次变革》，《理论学刊》2007年第11期。

② 项继权：《20世纪晚期中国乡村治理的改革与变迁》，《浙江师范大学学报》（社会科学版）2005年第5期。

西、湖北等地农村的农村社区组织一般以志愿者协会形式存在，在"一村一社区"和"多村一社区"的农村社区一般设置农村社区服务中心。实践证明，农村社区服务中心设置于建制村或者跨村区域设置，可以取得三个方面的成效：一是利用现有的村委会政治和组织资源优势。在建制村设置农村社区服务中心，农村社区服务中心可以依托现有村委会的政治和组织资源，在工作中得到村委会人力和物力资源上的支持，同时由于村委会与社区居民联系较多，社区居民对在村级设置农村社区服务中心有更多的地域和心理上的认同。二是实现公共服务提供的规模效应。现阶段，乡村社区急需的公共服务主要包括兴建道路桥梁、农田水利等基础设施，对村庄环境进行整治改造，提供饮水、供电、通气、教育、医疗、社会保障等公共产品，这些都是资本密集型公共产品或服务，只有提供规模服务才能获得最大的效能。按照惯例，政府向农村提供公共服务一般是以村为单位，由于村庄规模较小，居民居住分散，这就导致政府公共服务提供中费时费力并且存在资源浪费等现象。跨村区域设置农村社区服务中心，可以促进公共服务资源的优化配置，提高公共服务的效能。三是引导农民向社区中心村聚集。在绝大多数农村，因人员外流导致"空心村"现象较为常见，为了整合优化社区资源，引导农民向社区中心村聚集，促进中心村的发展，实践中探索出将紧邻乡镇中心区的几个村合并成一个社区，或者在因"迁村腾地"形成的居民小区建设一个新社区，通过农村社区服务中心服务的提供吸引社区居民向中心村聚集。

第二，农村社区服务中心的职能是提供服务。从服务的内容和组织方式看，农村社区服务中心主要职责是提供"社区自办服务"、承接"上级派驻服务"、"代理代办服务"及吸引"社会参与服务"。[1]"社区自办服务"是指农村社区服务中心下设专门的服务组织或服务平台，由本社区选配人员为本社区居民提供服务。一般情况下，社区卫生、社区环卫、文教体育、计划生育、综合治理、农

---

[1] 民政部基层政权和社区建设司：《中国农村社区发展报告（2009）》，西北大学出版社2011年版。

业科技推广等服务，属于社区内公益事业和公共事务，可以由社区自我筹集资源和资金实行自我提供。如重庆永川社区居民服务中心普遍设立了"五室两站一社一校一场"，有村级组织办公室、社区警务室、计生卫生室、科普阅览室、文体活动室、民政工作站、双拥工作站、综合服务社、村民学校、体育场。承接"上级派驻服务"是指农村社区服务中心提供服务场地，由乡镇政府及有关部门直接选派人员进驻农村社区服务中心，向农村社区居民提供延伸到农村的政务服务及有关公共服务。为了整合政府各类行政资源，将"服务送到农民家门口"，乡镇政府及有关部门选派人员进社区提供服务，为社区居民提供社区警务、计划生育、农村低保及劳动就业等政策性、专业性较强的服务项目。如重庆永川利民村农村社区服务中心设置治安警务室、工作站、民政工作站等，乡镇政府及有关部门在规定时间派驻人员进入社区，实行政府服务送上门。"代理代办服务"是社区服务中心代理代办乡镇政府及有关部门相关服务。"代理代办服务"一般包括两种情况，一是在上级部门没有派驻人员直接进入农村社区提供服务的地方，通常由社区代理办理服务。如上海市嘉定区从2008年起，按照市民政局的统一部署，在村级层面上建立社区事务代理室，为村民提供更加方便、快捷的服务，目前已建成60个代理室。二是对于一些可以委托给社区完成的行政事务或临时性工作，由乡镇政府及有关部门与社区协商，委托农村社区服务中心予以完成，并按"权随责走、费随事转"的原则，给予相应的工作经费或补贴。吸引"社会参与服务"是指农村社区服务中心提供场所，吸引一些经济组织在社区提供各种便民服务。如一些地方以"万村千乡市场工程"为依托，鼓励和支持企业和中介组织进入社区，创办"农资农家店"、"便民超市"或"爱心超市"。

  第三，农村社区服务中心与村委会之间的关系。在"一村一社区"的地方，农村社区服务中心与村委会或"村社一体"，或"交叉任职"。在"多村一社区"的地方，农村社区服务中心与村委会是"村社分离"。无论是"村社一体"、"交叉任职"还是"村社分离"，都面临农村社区服务中心与村委会之间的关系划分的问题。

按照《村民委员会组织法》的规定，村委会对乡村社区公共事务进行管理和提供公共服务，由于大多数地方村委会与村集体经济组织合二为一，因此，村委会负责经营与管理村集体经济。实践中，明确将农村社区服务中心定位于为本社区居民提供公共服务的一个平台，农村社区服务中心与村委会之间不存在上下级隶属关系。农村社区服务中心与村委会之间有着明确的职责划分：农村社区服务中心侧重于为本社区居民提供公共服务和救贫帮扶，村委会侧重于对村级公共事务的管理、发展村集体经济和组织农民进行农业生产等。如温州规定，"生产原则上以村为主、生活原则上以社区为主"，农村新社区服务中心主要工作是提供公共服务和社会管理。

第四，农村社区服务中心与乡镇政府之间的关系。在农村社区服务中心与乡镇政府之间的关系上，各地都强调乡镇政府对农村社区服务中心的指导和协调关系。如山东诸城强调在组建农村社区服务中心过程中，由乡镇政府统一领导协调，负责日常管理，统筹经费使用和人员配备。在农村社区服务中心组建和运转中，在资金投入上一般实行以市镇两级财政投入为主，社会各界参与为辅的做法。同时，县乡财政对农村新社区给以财政支持。在人员配置上，为了保障农村社区服务中心持续运转，乡镇政府、站所、医院等机构会选派或者从大学生村官中选聘专职工作人员进入农村社区服务中心。同时，农村社区服务中心具体承接政府行政部门依法延伸在农村社区的基本政务服务及有关公共服务。如山东要求建立社区服务中心，具体承接政府行政部门依法延伸在农村社区的基本政务服务及有关公共服务。

（2）村级"社区和谐促进会"

随着人口流动的加剧，大量人口流入发达地区农村，由于现有管理制度上的缺陷及经济地位、地域文化、思想观念等方面的差异，本地社会对外来人口存在着"经济吸纳、社会拒入"的双重社会现象，导致外来人口无法融入本地社会，新老居民之间缺乏认同和沟通，导致本地社会逐渐产生本地居民与外来人口形成"板结化"新型二元社会结构。在对外来人员管理上，由于村委会是本地居民的自治组织，其人员边界局限于本地居民，在提供服务和管理上具有封闭性和排他性的特点。外来人口在正常的党团活动、环境卫生、就业及子女就学、扶贫帮困、文化活动和权益维护等方面有了更多的需求，但是村委会对外来人口的管理仅限于登记、做证等，在为外来人口服务和管理上存在缺位。社区和谐促进会能够促进外来人口与本地居民的沟通与融合，吸收外来人员参与本地社区的建设和管理，共享本地社区服务。从性质上看，社区和谐促进会接受村级党组织、村民委员会领导，是一个"政府引导、村级组织、新老村民共建共享"的具有民间性、共建性、互助性、服务性特点的群众组织，[①]社区和谐促进会的成立标志着乡镇政府传统的管理方式的改变，由单向的政府主动管理向双向互动管理转变，对外来人口由"防范控制为主"向"包容服务并重"转变，乡镇政府通过引导外来人员参与到本地社会事务管理中，为外来人员提供服务，促进新老居民的融合。通过社区和谐促进会，乡镇政府实现对外来人员社会管理的内容的拓展，将治保、警务、流动人口管理、矛盾调解等各项工作与外来工的招聘、培训、学习、劳动等各方面的工作有机地结合起来，形成推进和谐社会建设的合力。同时，新老居民通过社区和谐促进会增进沟通、减少双方隔阂。社区和谐促进会通过民意恳谈会、议事会等形式组织新老村民共谋村内事，听取外来人员对村务活动的意见与建议，提高外来人员的归属感和认同感，有利于化解各类矛盾纠纷。

(3) 村级"和谐共建理事会"

在经济发达地区农村，随着大量企业、单位入驻乡村社区，给村委会的管理带来以下难题：如何处理村与驻村企业、单位之间的关系，如何处理村民与驻村企业、驻村企业员工之间的关系，如何解决因工业发展带来的环境卫生、噪音污染、安全生产等问题，如何加大兴建公共设施的力度为外来人员提供均等的服务等。解决这些纷繁复杂的公共事务，单独依靠村委会这一地域性的自治组织显然是不够的。因此，应该充分调动驻村单位、企业在乡村社区建设

---

① 李勇华：《农村基层社会管理创新与村民自治制度的内洽性研究》，《东南学术》2012年第2期。

中的积极作用,实现共同管理乡村社区公共事务、维护乡村社区稳定的新格局。浙江镇海和谐共建理事会成员由驻村企业相关负责人、村干部、优秀外来人员代表共同组成。和谐共建理事会成为村与企业之间、企业与企业之间、企业与员工之间沟通的渠道,在村委会与企业之间的协调合作中,协助村委会在调处村民与企业、与企业员工的各种矛盾上发挥了重要作用。和谐共建理事会依靠村委会驻村单位和企业的力量,在乡村社区卫生医疗、计划生育、综合治理、环境卫生、文化娱乐、贫弱救助、解决村民就业、企业安全生产、签订劳动合同、职工养老保险、调解企业劳资矛盾等方面发挥积极作用。从性质上看,和谐共建理事会是乡村社区村委会与驻村单位、企业代表自觉自愿组成的群众自治组织,各成员单位有钱出钱、有力出力,通过定期召开理事会议共同交流、商讨,研究乡村社区公共事务的解决方法和措施,做好乡村社区各组织之间协调、服务工作,承载起社区治安卫生、文化教育、城乡发展、区域和谐等公共事务和各类服务,推进和谐社区的创建。和谐共建理事会的成立,表明对日益开放的乡村进行治理,必须改变村委会传统的封闭性管理模式,在管理主体上,要积极吸纳驻村单位及企业参与到乡村社区管理,形成乡村社区治理中村与企业之间资源共享、优势互补的良好态势;在管理对象上,应该将乡村社区新老居民都纳入社会管理范畴,实现对社区无缝隙的管理和均等服务的提供;在管理内容上,应当将乡村社区公共事务内容进行拓展,如解决村民就业、企业安全生产、签订劳动合同、职工养老保险、调解企业劳资矛盾等事项也应成为村委会新的公共职能。

(4) 村落"社区理事会"

由于人们对服务需求的多样化及多层次性,在乡村社区,仅仅依靠国家提供公共服务是不够的,还需要村委会提供集中服务、社区提供分散服务及村民提供自我服务。村民自治实施以来,村委会通过收取"三提五统"为乡村社区提供集中服务。为了减轻农民负担,新世纪开始进行以减轻农民负担为主的税费改革,并在乡村治理体制上展开以合并村组、合并乡镇、"减人减事减支"为主要内容的改革,这就导致村委会管理范围过大,组织与服务能力弱化,国家公共服务难以落到实处，需要以自治的方式加以处理的公共事务也陷于无组织依托办理的困境。为摆脱这一困境，湖北秭归以自然村或小组为单位成立社区理事会，组织村民参与村落社区公共事务，就是社区提供分散服务的具体表现。社区理事会一般联系30个左右的农户，由于农户大都"地域相近、产业趋同、利益共享、规模适度、群众自愿"，因此他们在村落社区生产生活中有着公共利益，有着所谓"同村"价值标准，这就使得他们在村落社区以共同成员身份行动成为可能。由于社区理事会是村民"自身事务的管理者"，村民能够从内心对其认同，因此，通过社区理事会，能够催生和建立起村民之间的合作、互惠、信任等品质，优化配置村庄的治理性资源，提高村民的合作能力和集体意识。[①] 从性质上看，社区理事会是由村民自发成立，在村党支部的领导和村委会的指导下兴办村落社区公共事务的民间组织，社区理事会与村"两委"之间是领导与被领导、监督与被监督，相互支撑、相互依存的关系。

2. 乡级管理机构的延伸

（1）山东诸城的农村"社区发展协调委员会"

为搞好农村社区建设，提高农村社区化服务质量和水平，真正把农村社区建设成为服务完善、管理有序、文明祥和的社会生活共同体，诸城市在每个农村社区都要建立社区发展协调委员会，办公地点一般设在社区服务中心。社区发展委员会一般为7人左右，社区发展协调委员会主任一般由社区党总支书记兼任，成员可由社区服务中心负责人或村级组织成员及其他相关人员组成。社区发展协调委员会的经费通过财政拨款、社会捐助、费随事转、有偿服务等多元化渠道解决。社区发展协调委员会在乡镇党委、乡镇政府的直接领导下，围绕社区化服务与建设开展工作，其主要职责有以下几个方面：研究并实施社区发展规划和年度计划；贯彻执行上级有关社区化服务与建设的部署；组织社区服务中心各站（室）开展好各项服务活动，管理和维护好社区服务中心资产；组织发动社会力

[①] 盛义龙、尹利民：《共治性社区：农村社区的构建及其走向——"L村"农村社区建设的经验与启示》，《社会主义研究》2011年第3期。

量，开展好农村社区村民最低生活保障、医疗救助、贫困大学生救助、优抚对象困难救助、优抚对象医疗救助等农村社区救助活动；大力加强社会主义精神文明建设；对政府有关部门和其他服务组织在社区服务的情况进行监督；发展社区志愿者服务队伍，组织开展各项志愿服务活动；协调和动员社区内单位、村（居）委参与社区建设，组织开展各种形式的共建活动，实现共驻、共建、共享，增强社区凝聚力和社区成员对社区的归属感、认同感。[①] 在此，可以将社区发展协调委员会职责内容划分为三类：一是代表乡镇政府履行在农村社区政务性事务，如研究并实施社区发展规划和年度计划、贯彻执行上级有关社区化服务与建设的部署、大力加强社会主义精神文明建设等；二是代表乡镇政府提供在农村社区公共服务，如组织社区服务中心各站（室）开展好各项服务活动、提供各种救助服务；三是组织社区力量进行自我管理和服务，如协调和动员社区内单位、村（居）委参与社区建设、发展社区志愿者服务队伍等。通过对社区发展协调委员会职责内容分析可知，社区发展协调委员会在性质上更接近乡镇政府的派出机构，主要是承接乡镇政府在农村社区的政务性事务及提供公共服务，但同时，社区发展协调委员会在以下几个方面区别于乡镇政府：社区发展协调委员会与社区内村庄不是领导与被领导关系，社区发展协调委员会的人员不是国家公务员，其经费来源不全是国家财政拨款。

（2）浙江温州的"联村社区管委会"

为加强和创新农村基层社会管理，建立完善农村基层社会管理服务体系，温州在尚不具备村转城市社区和合并设立农村社区条件的村，设立农村联合社区，并组建联村社区党组织和管委会。联村社区管委会一般由5—7人组成，主任由联村社区党组织书记兼任，副主任和委员根据工作需要配备，主要从大学生村官和村干部中选配，工资由财政负担。联村社区管委会作为中心镇政府的派出机构，在联村社区党组织的领导下开展工作。所辖村党组织、村委会

[①] 《诸城市民政局关于建立农村社区发展协调委员会的意见（试行）》（http://www.zcsqfww.cn/news.php?id=36）。

在联村社区党组织、管委会的领导、指导下落实工作任务。联村社区管委会主要职责是：指导所辖各村委会开展工作；组织实施辖区内建设规划和重点项目建设，指导村民住宅建设；统筹管理辖区内村民集体所有的土地和其他财产；支持和组织村民依法发展各种形式的合作经济和其他经济；管理辖区内的公共事务和公益事业，为村民提供基本公共服务和生产生活服务。由此可知，联村社区管委会主要有两个方面的职能：一是依法整合中心镇下放的部分职能，代表乡镇政府行使对乡村社区的管理，如指导所辖各村委会开展工作、组织实施辖区内建设规划和重点项目建设等；二是剥离建制村部分自治权，代表所辖区村委会行使原本属于村委会的职能，如统筹管理辖区内村民集体所有的土地和其他财产、支持和组织村民依法发展各种形式的合作经济和其他经济、管理辖区内的公共事务和公益事业等。联村社区管委会的成立标志着随着政府性公共服务的大规模下村，为了保证公共服务在乡村社区得以承接，国家行政管理权也随之下村。通过联村社区管委会，不仅实现国家公共品的供给在乡村社区得以统筹和协调，也使得以前由村委会承接的政府公共服务被剥离出来，从而让村委会得以腾出物力、人力更好地从事村民自治活动。但同时，应该注意的是，联村社区管委会组织和成员经费由国家财政支付，村干部相应成了拿政府津贴的社区专职干部，在工作时以服从乡镇政府意志和要求为准则，这就可能导致乡镇政府对乡村社区控制力度更大，同时，联村社区管委会将原属于村委会的自治职能剥离，实践中可能存在行政权侵蚀自治权之嫌。

（3）浙江舟山的"网格化管理"

为了消除农村基层社会管理服务的"真空地带"，满足群众日益增长的多元化需求，浙江舟山在农村基层社会管理中采取"网格化管理"。所谓"网格化管理"，就是在现有的乡镇、区划和村级组织设置不变的前提下，以尊重传统、着眼发展、便于服务和管理为原则，以自然村或相对集中居住区域为基础，以家庭为基本单位，将100户到150户家庭划定为一个网格，每个网格配备一支服务团队，团队里有乡镇干部、社工、民警、教师、医生等。由于服务团队人员构成的多元化，服务团队通过协同合作满足群众的多元化需求,实现基层社会管理服务资源有机整合,从而提升农村基层社会管理和服务水平。从管理组织体系上看,已经形成"市—县(区)—乡镇(街道)—社区(村)—网格—村民小组—农户"七级管理组织体系。在这七级管理组织体系中,网格服务团队扮演了主导者的角色,发挥了核心作用,网格服务团队的主要工作是以网格为单位收集社情民意,并以网格为单位将矛盾纠纷及时化解,为网格内居民提供惠民便民服务等。乡镇政府起到关键作用,为网格服务团队提供行政力量上的支持和帮助。乡镇政府领导班子成员一般每两个月一次到社区(村)集中听取网格管理服务团队的工作情况,对于基层和群众反映的问题,一般在乡镇范围内解决。乡镇层面无法解决的,逐级向市、县(区)管理服务办公室反映,寻求上级的帮助和支持。与此同时,社区、村两委等农村基层组织的功能被削弱,村民小组也已基本失去其组织功能。① 这表明,乡镇政府通过"网格化管理"加大对农村基层社会管理的力度。乡镇政府通过组建网格服务团队并依托这一平台,在管理时越过村两委、村民小组,直接管理村民和向村民提供服务。同时,乡镇政府也注重瓦解乡村社区民间资源,通过吸纳民间力量参与网格服务团队,实现多元主体参与农村基层社会管理目标。

(4)浙江余杭的"农村社区专职社工"

为了加强农村社区化管理,实现农村社区公共服务提供的职业化、专业化,浙江余杭在农村社区服务工作站设置专职社工。在人员配置上,以1000户为标准,规定1000户及以上的农村社区公共服务工作站按6名社工配备,999户及以下的按5名配备。在人员选聘上,农村社区专职社工由各镇乡党委、政府,按核定配备数和具体岗位统一组织开展,并对聘任社工的年龄、文化程度及聘用资格等提出具体要求。在工资待遇上,农村专职社工福利待遇与城市社工标准接轨,由区级财政补助50%,乡(镇、街道)补助50%。在报酬发放上,农村社区专职社工享受误工补贴的标准由村民代表

---

① 卢福营:《"协同服务":农村基层社会管理的创新模式——浙江省舟山市岱西镇调查》,《学习与探索》2012年第1期。

会议讨论决定，并接受村民代表会议对其履行职责情况的民主评议，每年进行一次民主评议，由村务监督委员会主持。在工作内容上，农村社区专职社工除提供社区服务工作站窗口服务工作外，还为村民代办建房、求学、计生、工商营业执照办理等事务。① 通过对农村社区专职社工的人员配置、选聘、工资发放、工作内容等方面的分析可知，农村社区专职社工的性质类似于乡镇政府向农村社区派驻的工作人员，具有"公职化"色彩，体现了城乡基本公共服务均等化战略下乡镇政府行政权力的下沉。具体而言，农村社区专职社工与村干部之间有着明显的职责分工，农村社区专职社工主要职责是办理乡镇政府延伸在农村社区的政务性事务及服务性事务，即村干部代为行使的"政务"，将"政务"从村委会职能中剥离，由政府派出专职社工出面完成，既实现了服务资源城乡统筹，也能够缓解村委会完成"政务"压力，促进村民自治活动深入发展。

三　农村基层社会管理创新下的乡村关系嬗变

各地开展的社会管理创新实践表明，通过组织重构，在乡村社区重构管理与服务平台，建立新型的乡村社区管理与服务体制，给传统的乡村关系增添了新的变数。②

（一）乡级管理机构的延伸对乡村关系的影响

为了实现乡镇政府管理的"横向到边、纵向到底"，提高乡镇政府的社会管理能力和成效，把社会问题和社会矛盾解决在农村社会基层，一些地方创造了"社区发展协调委员会"、"联村社区管委会"、"农村社区专职社工"或"网格化管理"，这些新延伸的组织

---

① 王俊禄：《浙江余杭：千名社工扎根农村提供"家门口"式服务》（http://www.gov.cn/jrzg/2012-01/03/content_2036166.htm）。余杭区民政局：《余杭区农村社区公共服务工作站专职社工实行"选聘结合"制度》（http://www.yuhang.gov.cn/class/class_523/articles/298730.html）。

② 尤琳：《社会管理创新视野的乡村关系调适》，《重庆社会科学》2013年第1期。

使得乡村关系产生了相应的变化。

1. 村委会与乡镇政府之间的协助与被协助关系将长期存在

李培林认为，现代政府社会管理的主要事务，是公民个人、家庭、基层自治社区和非营利性社会组织所不能办理的公共社会事务，这些社会事务涉及社会整体的公共利益，必须依靠国家权力和政府权威予以办理。[①] 具体而言，社会管理事项的内容主要有社会治安、公共卫生、计划生育、优扶救济、青少年教育等。乡镇政府是我国基层政府，其对乡村社区社会管理的事务，主要包括维护乡村社区治安，提供乡村社区公共卫生，在乡村社区普及九年制义务教育，保护乡村社区未成年人、老人、妇女等特殊主体等。由于乡镇政府对乡村社区社会管理的事项涉及乡村社区整体利益，关系到社区每个居民的切身利益，乡镇政府在执行以上事务时，需要村委会在人力物力上予以协助，因此，村委会负有法定的协助职责，这就形成了乡镇政府在对乡村社区社会管理中，村委会与乡镇政府之间关系是协助与被协助关系。实践中，虽然出现"社区发展协调委员会"、"联村管委会"、"农村社区专职社工"等专门的机构和人员，这些机构和人员主要办理乡镇政府延伸在农村社区的政务性事务及服务性事务，由于以上事务与乡村社区居民切身利益密切关联，上述机构和人员在办理诸如接受村民申请开具审批、证明，发放各类惠农补贴，向社区居民提供社区警务、社会保障、社会救助、计生服务、综治调解、环境卫生等事务时，均需要村委会开具相关的证明或提供相应的信息。因此，我们认为，在国家加大对乡村社区社会管理力度下，村委会协助乡镇政府更为必要，村委会与乡镇政府之间协助与被协助关系将长期存在。

2. 村委会与乡镇政府的合作力度将更为加强

"网格化管理"的网格服务团队以乡镇机关干部、村干部为主，吸收民警、教师、医生、农村后备干部、入党积极分子、优秀青年、社区大学生等参与。由于网格服务团队的核心成员是乡镇干部

[①] 李培林：《创新社会管理是我国改革的新任务》，《人民日报》2011年2月22日。

和村干部，网格服务团队对网格内村民进行管理的过程，体现了乡镇干部与村干部的合作，体现了政府公共管理与乡村社区自我管理的有机结合。因此，通过"网格化管理"，能够深入社区每个农户，有利于实现和维护社区居民的社会权利，同时把多元化的社会有效地组织起来参与农村基层管理，实现国家与社会互动的结构化。

3. 乡村关系有呈"行政化"发展的趋势

"网格化管理"使得乡镇政府对农村基层社会管理的力度得以加强，乡镇政府通过网格服务团队这一平台，直接联系管理村民，村委会、村民小组等农村基层组织功能相应被削弱。如果说"网格化管理"只是削弱村委会、村民小组等农村基层组织的自治功能，那么，"联村管委会"的设置表明乡镇政府主动"逼近"乡村社区，通过"联村管委会"干部的"逼近"，加强了乡镇政府对乡村社区的管理。按照有关规定，"联村管委会"整合了乡镇政府下放的管理和服务职能及村委会的经济管理职能。由于"联村管委会"的职能部分源于乡镇政府的授权，代表乡镇政府处理在联村社区的日常事务，加之联村党支部书记及管委会主任由乡镇副科级领导干部担任，"联村管委会"的活动场所建设所需经费及运行经费均得到财政补助，"联村管委会"在履行以上职责时更多地考虑乡镇政府在联村社区管理目标的实现。现阶段，完成乡镇政府的任务、对所辖区的"三分三改"和农房改造集聚工作应是"联村管委会"的首要和重点工作。因此，在对联村社区社会管理中，"联村管委会"更多呈现出乡镇政府派出机构的身份，这都可能导致乡镇政府利用"联村管委会"加强对村委会的行政干预，乡村关系有向"行政化"发展的倾向。

（二）村级组织架构的拓展对乡村关系的影响

随着城乡统筹发展战略推进、基本公共服务下乡以及城乡流动人口加剧，为了加强和创新农村社会管理，一些地方农村创设"农村社区服务中心"、"社区和谐促进会"、"和谐共建理事会"等机构，这些新拓展的组织对乡村关系发展产生以下的影响。

1. 乡镇政府与村委会在村民自治领域依然表现为指导与被指导关系

在对村级公共事务的管理上，创设了村落"社区理事会"、"社区和谐促进会"和"和谐共建理事会"等新兴组织。"社区理事会"的设置一般是以自然村或小组为单位，只是对现有的村级组织架构调适，乡村组织关系没有产生任何变动。"社区和谐促进会"和"和谐共建理事会"设置源于实现对村庄外来人口和驻村企业和单位的管理与服务。"社区和谐促进会"通过吸收外来人员参与本地社区的建设和管理，促进外来人口与本地居民的沟通与融合，是"政府引导、村级组织、新老村民共建共享"的具有民间性、共建性、互助性、服务性特点的群众组织。"和谐共建理事会"吸纳驻村单位、企业共同管理乡村社区公共事务，是乡村社区村委会与驻村单位、企业代表自觉自愿组成的群众自治组织。"社区和谐促进会"和"和谐共建理事会"接受村级党组织、村民委员会领导。由此可知，"社区和谐促进会"和"和谐共建理事会"的成立，是在现有村民自治制度和村级组织构架的基础上拓展和延伸，它们是村"两委"的下属组织，其工作职能都是村"两委"赋予的，都是村"两委"工作职能的适度延伸，它们的存在与运作非但没有动摇和削弱、反而巩固和加强了村党组织的领导核心和"村两委"的主导地位。[①] 由于"社区和谐促进会"和"和谐共建理事会"只是对现有的村级组织架构的拓展和延伸，因此，乡村组织关系没有产生任何变动。

2. 乡镇政府与村委会在政务性事务及政务性服务下沉中关系多样化

实践中，农村社区服务中心与村委会在机构设置上存在三种形态："村社一体"、"交叉任职"、"村社分离"，这三种形态的机构设置都面临如何划分二者之间关系的问题。一般情况下，将农村社区服务中心定位于为本社区居民提供公共服务的一个平台，农村社

---

① 李勇华：《农村基层社会管理创新与村民自治制度的内洽性研究》，《东南学术》2012年第2期。

区服务中心侧重于为本社区居民提供公共服务和救贫帮扶，村委会侧重于对村级公共事务的管理、发展村集体经济和组织农民进行农业生产等，这就形成"服务找社区，分红找村委会"的分工格局。基于农村社区服务中心与村委会之间的分工，乡村关系也相应产生两个方面变化：首先，在乡镇政府延伸至乡村社区政务性事务及政务性服务提供上，乡镇政府与派驻到农村社区服务中心工作人员之间是领导与被领导关系；在政务性事务及政务性服务提供过程中，农村社区服务中心委托村委会完成某项目一般遵循"费随事转"的原则，这就使得二者之间产生委托与被委托关系；在政务性事务及政务性服务下沉至乡村社区过程中需要村委会协助时，村委会与乡镇政府之间产生了协助与被协助关系。

3. 合作共治是乡村关系的未来发展趋势

在对乡村社区公共事务管理上，"社区和谐促进会"和"和谐共建理事会"成立的目的是对外来人口及驻村企业和单位的管理和服务，事实上，对外来人口及驻村企业和单位的管理和服务既属于乡镇政府对乡村社区社会管理事项，也属于村委会对乡村社会公共管理的事项，这就使得乡镇政府与村委会之间存在功能交融的公共事务，对于以上事务，乡镇政府与村委会应当合作治理，促使二者之间合作伙伴关系的达成，实现政府力量与社会力量互动，政府资源与社会资源的共享。同时，在乡村社区公共服务提供上，村落"社区理事会"是为了更好实现对乡村社区自我服务的提供。因此，农村社区服务中心与村委会在乡村社区服务提供上有明确的分工。一般而言，只要是各级政府出资提供的各类公共服务项目，或者是跨村修建的农村电网、小型水利设施、乡村道路、农村电信、电视网络等基础设施等，由社区服务中心来做，只要是村集体支付或村民筹资筹劳提供的公共服务项目，由村委会或者村落"社区理事会"来做。由此可知，农村社区服务中心把原本由村民自治组织承担的政府性事务包括政府性公共服务和公共管理剥离出来，从而形成政府公共服务与村民自我服务，政府公共管理与村民自我管理的理想格局。

第七章

公共服务能力中的乡村关系

恩格斯指出,"政治统治到处都是以执行某种社会职能为基础,而且政治统治只有在它执行了它的这种社会职能时才能持续下去。"① 同样,现代政府的管理本身就意味着一种服务,"管理"中有"服务","服务"中有"管理",政府对某些人提供的"服务"可能同时变成对其他人的"管理"。② 也有的学者认为,服务作为管理的出发点和归宿,管理是为了更好地服务,服务也是体现管理的一种方式,在许多情况下管理就是服务。③ 所谓服务型政府就是满足社会公共需求,提供充分优质公共产品与公共服务的现代政府。④ 因此,建设公共服务型政府要以人为本,为社会提供最基本的公共产品和公共服务。⑤

21世纪之初,我国明确提出建设公共服务型政府的目标。2005年初颁布实施的《国务院工作规则》第12条规定,"国务院及各部门要加快政府职能转变,全面履行经济调节、市场监管、社会管理和公共服务职能。"党的十六大把政府职能定位于经济调节、市场监管、社会管理和公共服务。党的十六届六中全会决议强调"实现基本公共服务均等化",党的十七大进一步强调"要加快推进以改

---

① 《马克思恩格斯选集》第3卷,人民出版社1995年版,第523页。
② 朱光磊、孙涛:《"规制—服务型"地方政府:定位、内涵与建设》,《中国人民大学学报》2005年第1期。
③ 彭向刚:《论服务型政府的服务精神》,《社会科学战线》2007年第3期。
④ 李军鹏:《公共服务型政府》,北京大学出版社2004年版,第197页。
⑤ 迟福林、方栓喜:《加快建设公共服务型政府的若干建议》,《经济研究参考》2004年第14期。

善民生为重点的社会建设",表明我国开始强调国家和政府在基本公共服务供给中应承担更多的责任,十八大提出"基本公共服务均等化总体实现"的目标,十八届三中全会明确,要"统筹城乡基础设施建设和社区建设,推进城乡基本公共服务均等化"。据此,《中共中央 国务院关于地方政府机构改革的意见》(中发〔2008〕12号)规定,"地方各级政府要结合实际,在全面履行职责的基础上,突出各层级政府履行职责的重点。要更加有效地贯彻实施中央方针政策和国家法律法规,加强对本地区经济社会事务的统筹协调,更加注重社会管理和公共服务,着力解决民生问题,强化执行和执法监管职责,增强处置突发公共事件和社会治安综合治理的能力。"具体到乡镇政府职能转变,《中央机构编制委员会办公室关于深化乡镇机构改革的指导意见》(中办发〔2009〕4号)规定,"改革后的乡镇要在四个方面全面履职,即促进经济发展、增加农民收入,强化公共服务、着力改善民生,加强社会管理、维护农村稳定,推进基层民主、促进农村和谐。"[①]

农村公共服务通常是指乡镇政府组织、市场组织、社会民间组织、社区自治组织、社区民间组织、社区农民,对农村经济生产和农民生活提供各种公共产品。根据农村公共物品在消费过程中的性质不同,可以将农村公共物品分为纯公共物品、纯私人产品和准公共产品。纯公共物品是指"每个人对这种物品的消费并不会导致任何其他人消费的减少"。[②] 纯公共物品具有受益的非排他性和消费的非竞争性特性,主要包括农村基层政府行政服务、大江大河治理、农村环境保护等。纯私人产品主要是指乡村社区的农民自发出资、自我提供的公共产品。纯私人产品具有竞争性和排他性的特征,主要是指农民自发修建农田水利、灌溉设施等。准公共产品是指介于纯公共物品和纯私人产品之间的物品,具有不完全非竞争性和非排他性的产品。按照准公共产品公共性质分为接近纯公共物品的准公

[①] 《中央机构编制委员会办公室关于深化乡镇机构改革的指导意见》(中办发〔2009〕4号)。

[②] [英]安东尼·B.阿特金森、[美]约瑟夫·E.斯蒂格里茨:《公共经济学》,上海人民出版社1994年版,第621页。

共产品、中间性公共产品和接近于私人产品的公共产品三类。其中，在性质上接近纯公共物品的包括农村义务教育、农村公共卫生、农村社会保障、农业科技推广、农田防护林、病虫害的防治等。中间性的农村准公共产品是指农村高中教育、职业教育、农村水利灌溉系统、中低产田改造、农村医疗、农村道路建设、乡村电网建设、农村文化馆等。在性质上接近私人产品的是指农村电信、电视、成人教育、自来水等。[①] 在公共产品供给上，纯公共物品一般由政府财政预算支付，纯私人产品强调农民私人投资，三类准公共产品的供给，强调政府主导作用下市场组织、社区自治组织、第三部门、社区农民等多元主体共同参与。纵观我国农村公共产品供给发展的实践，由于不同时期国家财源基础不同、对农村宏观战略不同，对于农村公共产品的供给，在不同时期供给主体不同、发挥作用不同，筹资渠道也不尽相同。

一 改革开放以来我国农村公共产品供给体制的变迁

（一）税费时期农村公共产品运行机制及困境

1. 农村公共产品运行机制

家庭联产承包责任制推行至税费改革前这一时期，农村公共产品运行机制表现为以下几个方面。

（1）筹资渠道

国家财政。根据公共财政理论，在对农村公共服务提供过程中，纯公共产品应该由国家财政支付，由政府免费提供，准公共产品提供中要遵循市场机制，同时需强调政府的主导作用。新中国成立以来，在"农业支持工业"的现代化发展战略下，我国采取城乡二元供给机制，强调"人民事业人民办"，导致在农村公共服务提供中，按照公共服务的属性相应划分政府责任的做法被摒弃，农村

---

① 李长健、涂晓菊、王悦：《农村公共产品供给模式与制度设计研究》，《教学与研究》2006年第10期。

公共服务的供给机制表现为以农民为主的"自给自足"型。人民公社时期，农村公共服务供给除了少部分来源于国家财政外，绝大部分通过人民公社、生产大队、生产队等农村基层政权组织组织农民筹资筹劳完成。随着"乡政村治"体制的确立，农村公共服务供给主体做出相应调适，乡镇政府代替人民公社成为乡镇范围内农村公共服务供给的主体，村委会代替生产大队或生产队成为村庄范围内公共服务供给的主体。相应地，农村公共服务筹资对象由人民公社时期的生产大队、生产队转变为农户。尽管农村公共服务供给主体和筹资对象产生上述变化，但是农村公共服务供给机制依然延续人民公社时期以农民为主的"自给自足"型供给机制。在中央政府对农村公共服务财政资金投入不足的情况下，作为农村基层政权的乡镇政府一直承担着主要的供给责任。国务院发展研究中心的一项调查也表明，2002年在全国义务教育投入中，乡镇财政负担了78%左右，县财政负担约9%，省级财政负担约11%，而中央财政仅负担2%左右。[①] 在农业型乡镇，乡镇政府用于农村公共服务的农民资金主要来自农民筹资或摊派，国家财政在农村公共服务中存在供给资金缺位。

乡村社区集体收入、农业四税及提留。在人民公社时期，生产队是人民公社的基本核算单位，生产队范围内的土地、牲畜、农具、山林、水面、草原等生产资料归生产队所有，由生产队组织农民统一参加农业生产和组织收益的分配。因此，尽管农民在事实上承担农村公共服务经费的支出，但是由于生产资料的集体所有和统一经营的生产方式，使得生产队等村集体经济组织成为农村公共服务的筹资对象，村集体经济组织除了直接缴纳村集体经济收入外，还组织农民参与乡村社区公共设施建设。家庭联产承包责任制推行以来，农户分散经营成为农业生产的主要方式，农民基于土地承包合同享有对承包土地的生产经营自主权，并享有受限制的土地流转权，[②] 农民逐渐摆脱对生产队等村集体经济组织的人身依附关系，

[①] 胡一帆：《农村义务教育财权与事权不对称》，《经济参考报》2002年8月5日。
[②] 董景山：《我国农村土地制度60年：回顾、启示与展望——以政策与法律制度变迁为视角》，《江西社会科学》2009年第8期。

与集体经济组织之间主要表现为合同关系。在农村公共服务供给上,农村公共服务的供给具有非竞争性与非排他性的特点,纯粹依靠农户个人供给不大现实,加之农村公共服务与农户的生产、生活密不可分,在农村公共服务供给中,往往由村集体经济组织作为供给主体。在我国绝大多数农村,村集体经济组织与村委会合二为一,作为乡村社区公共权力执掌者,村委会在经营、管理村集体财产的同时,也要对乡村社区公共事务进行管理和提供服务。由于村民的生产和生活都不得不与村委会联系在一起,村委会在乡村社区享有较强的公共权威。在村集体经济发达地区,村委会向农村提供公共服务资金来源是村集体经济收入,在村集体经济欠发达地区,由于村集体经济收入逐渐减少,为了筹集农村公共服务所需资金,农户家庭直接成为农村公共服务筹资对象,这一时期我国农村公共服务供给的资金来源主要表现为以下费用:首先,农业四税。农业四税是指农民直接缴纳的国家税收,包括农业税、除烟叶外农业特产税、牧业税和屠宰税。这些税收是农业型乡镇财政收入的主要来源。其次,三提五统。三提五统是指村级三项提留和五项乡统筹。村提留是村级集体经济组织按规定从农民生产收入中提取的用于村一级维持或扩大再生产、兴办公益事业和日常管理开支费用的总称,包括公积金、公益金和管理费。乡统筹是指乡镇合作经济组织依法向所属单位和农户收取的,用于乡村两级办学、计划生育、优抚、民兵训练、修建乡村道路等民办公助事业的款项。最后,共同生产费及其他各种集资、摊派。由于这一时期农村公共服务筹资主要由农民负担,以上三种筹资途径,乡村两级组织可以筹集到农村公共服务所需大部分资金。[①]

(2) 供给主体

乡镇站所。乡镇"七站八所"是乡镇直属事业单位"块块"部门和县级直属"条条"部门延伸到乡镇的派驻机构的一种通称。[②]

---

① 贺雪峰、罗兴佐:《农村公共品供给:税费改革前后的比较与评述》,《天津行政学院学报》2008年第5期。

② 袁方成:《使服务运转起来——基层治理转型中的农村公共服务》,博士学位论文,华中师范大学,2006年,第14页。

新中国成立以来，作为我国基层政权的重要组成部分，乡镇站所面向农村社会及广大农民提供社会管理和公共服务等政府职能，构建了以乡镇站所为主体的农村公共服务体系。从机构性质对乡镇"七站八所"进行划分，乡镇站所主要有三种类型：一是乡镇直管行政机构，包括财政所、计划生育服务站、民政婚姻办公室；二是乡镇直属事业机构，包括农业技术推广站、农业机械管理站、畜牧兽医站、水产工作站、林业站、企业管理站、农业经营管理站、水利管理站、电力排灌站、建设环保管理站、广播电视站、文化站、劳动就业所、教育站及镇中学、小学、卫生防疫站等；三是县直垂直派驻机构，包括派出所、税务所、工商所、国土所等。

村委会。村委会凭借其在乡村社区公共权威，其办理乡村社区公共事务和公益事业等公共事务时，如维护社会治安、调解民间纠纷、发扬社会公德、修建道路桥梁、建设社区公共环境等，是以村民对乡村社区公共规范的自觉遵守为前提，村民在公共需求满足的基础上，增强对乡村社区的认同和信任，乡村社区凝聚力相应得以增强。特别是在乡村社区基础设施修建上，由于村委会凭借其在乡村社区公共权威向农民收取提留及集资摊派，因此，村委会担负组织人力、物力对乡村社区公共设施进行建设的职能，如组织灌溉，修建机耕道、修挖大型堰塘水坝等蓄水或防洪设施等，为分散的农户提供农业生产所需的基础性条件。贺雪峰将村委会与村民关系概括为农民缴纳税费，村干部提供必要的公共品。[①]

（3）供给原则

家庭联产承包责任制下，由于农业生产的市场化，农民除了支付少量义工和积累工等劳动力成本外，大部分以货币的形式承担公共服务成本的支出。加之农业生产分散经营的特点，由农民直接向村委会缴纳"村提留"及共同生产费时，相对于人民公社时期的农民负担更为显性。由于三提五统和共同生产费及其他各种集资、摊派属于乡镇自筹资金，相对于农业四税等属于乡镇预算内收入，对于乡镇自筹资金的征收，上级财政监管和约束较少，在一定程度

[①] 贺雪峰：《农村土地的政治学》，《学习与探索》2010年第2期。

上助长了乡镇收费行为的随意性。加之当时实行"分灶吃饭"、"层层包干"的财税体制，极大刺激了乡镇政府的自利本性，导致对农民收取三提五统和共同生产费及其他各种集资、摊派超出合理范围。以农村基础教育为例，1986年通过的《义务教育法》虽然规定农村中小学教育实行"地方负责、分级管理的管理体制，经费保障以县、乡为主"，但是在教育经费支出中，县乡政府逃避经费支出责任，要求办学经费由农民负担，通过统筹、摊派等方式向农民征收行政事业性收费和基金、集资。① 特别是20世纪90年代以来，我国在农村推行普及九年义务教育制度，通过行政手段下达普九达标任务，在行政任务压力下，乡村两级要求农民筹资交款，用于校舍兴建等硬件建设。其中，农村中小学教育经费主要来源于全县农民缴纳农村教育费附加及集资办学款。

2. 税费时期农村公共产品供给的困境

由此可知，这一时期在供给主体上，由乡镇政府及其站所对辖区农村公共服务进行决策与管理，村委会作为筹资主体及供给主体发挥主要作用，农民则出钱出力。在供给资金来源上，采取的是农民个人缴纳主要部分，农村集体出小部分、政府实行补贴措施出小部分的筹资途径。这种单一的、排斥市场主体和社会主体的供给主体以及高度集中的资金安排，使得农村公共产品供给陷入以下困境。

（1）农村公共服务供给主体的错位

如前所述，我国农村公共服务主要是由乡镇站所提供的，但是，随着家庭联产承包责任制的推行和"乡政村治"体制确立，乡镇站所的职能与机构设置没有产生大的变化，乡镇站所隐伏的各种矛盾开始凸显出来，直接导致乡镇站所服务功能和水平的低下。第一，乡镇站所条块矛盾加剧。20世纪90年代湖北省乡镇站所设置中，由县直垂直派驻机构包括派出所、税务所、工商所、国土所，这些"条条"虽然在乡镇行政区划组建和运作，但是其机构设置上

---

① 卜晓军：《新中国农村公共服务供给的制度变迁》，《西北大学学报》（哲学社会科学版）2010年第1期。

强调上下对口，行政决策权基本由上级主管部门控制，使得"条条"部门在"人、财、物"上相对独立于乡镇政府。这种"条块"分割的设置，不仅导致乡镇政府所代表的社会整体公共利益被部门利益分割，形成部门利益化格局，难以优化配置政府公共服务资源，而且出现乡镇站所"块块"与"条条"职能交叉、权责不清等矛盾，农村的公共服务也难以实现。第二，乡镇站所政事不分、管办不分。从功能上看，乡镇站所应承担农村教育、医疗、公共卫生、科技等服务职能，实践中乡镇站所还承担该领域内行政管理和行政执法的职能，甚至有些站所同时从事经营性获得，形成乡镇站所行政职能、服务职能、经营职能三位一体的运作模式，造成"政事不分"、"事企不分"以及"管办不分"的局面，有些站所出现功能错位，往往以"管理"代替"服务"、以"创收"代替"服务"、以"罚款"代替"执法"。第三，乡镇站所短缺财政。1994年进行的分税制财政体制改革没有充分考虑到乡镇财政的利益，在中央财政与地方财政共享税分配中，地方财政占有比例较少，加之乡镇财政税源少，独享税种少，大部分乡镇财政陷入困境。[①] 在乡镇财权收入上收的同时，乡镇政府被下放更多事权，原来属于县级管理的农机站、水利站、农经站、农技站、畜牧兽医站、文化站、防疫站等"包袱"站所下放到乡镇管理。对此，徐小青指出，1993年以全国将"三农"生产服务机构下放到乡镇管理的体制改革为标志，农村原有的基层社会化基本服务体系走向衰落。[②] 这些被甩"包袱"的机构与相关业务部门关系断裂，过着"饿不死、吃不饱"的生活，所需日常运转经费或者由乡镇财政"差额"供养，或者自己向农民收费解决。"各地纷纷中断农业服务机构的财政供应，这些机构大都蜕变为以营利为目的的部门"。[③] 在以向农民收费为其主要目的的情况下，农村某些带有公益性服务的收费情况普遍偏高，乡镇站所提供的服务失去公益性，以获取收益作为主要的行为

[①] 张军：《乡镇财政制度缺陷与农民负担》，《中国农村观察》2002年第4期。
[②] 徐小青：《中国农村公共服务》，中国发展出版社2002年版，第89页。
[③] 林家彬：《我国农村公共服务体系构成与构建西部农村公共服务体系的重要任务》，载《中国公共服务体制：中央与地方》，中国经济出版社2006年版，第42页。

目的，致使原来那些事关农民利益的公共服务，如社会福利、基础设施、社会治安、水利管理、土地管理等缺失。[①]

对此，朱光磊、张志红用中国政府间的"职责同构"进行解释。所谓"职责同构"现象，就是从中央到地方政府，不同层级的政府在纵向职能、职责和机构设置上高度统一和同构。[②] 由于每一层级的政府管辖事情大致相同，就很容易出现每一层级政府职能、职责划分不明的现象。具体到农村公共服务提供上，从中央政府到地方政府，每一层级政府都负有农村教育、医疗、卫生、文化等方面的供给责任，但是对每一层级政府应当承担何种具体供给责任却规定不清，在财政支出压力下各级政府相互推诿，使得农村公共服务供给陷入一种悖论式的困境：本该由中央政府出资的项目，由乡村两级基层组织负担；本该由上级政府供给的公共产品，由上级政府下移事权，由乡镇政府承担；本该由政府或政府与农民共同提供公共产品，变成由农民独自承担。由此，乡镇政府将其应承担的供给责任转移给村委会，村委会在服务的决策和供给中主要遵循乡镇政府的意志，村委会事实上仍然是乡镇政府直属的一级行政组织，与此同时，接受乡镇政府管理的乡镇站所日益"官僚化"，这样，在农村公共服务供给中，村委会与乡镇站所都以乡镇政府的"内部组织"身份出现，[③] 为了保持农村公共服务供给目标的实现，乡镇政府不得不通过村委会加强对农民税费的征收。总之，在农村公共服务供给中，在政府内部，存在严重事权与财权不一致的现象，越是需要政府供给的项目，往往由村委会和农民自筹经费供给，越是农村最基层的政权组织，承担的供给责任就越大，其结果是加重农民负担和供给水平的低下。

---

① Lily Tsai, "Cadres, Temple and Lineage Institutions and Governance in Rural China", *The China Journal*, Vol. 48, No. 7, 2002, pp. 1–27.

② 朱光磊、张志红：《"职责同构"批判》，《北京大学学报》（哲学社会科学版）2005年第1期。

③ 关于"内部组织"和"内部化"，建议参见今井贤一等《内部组织的经济学》，生活·读书·新知三联书店2004年版，转引自吴理财《治理转型中的乡镇政府》，博士学位论文，华中师范大学，2006年，第84页。

（2）农村公共服务供给区域不均衡

改革开放以来至税费改革前，我国继续实行城乡二元分割的公共服务制度安排，国家对城市和农村在公共服务提供上采取不均衡财政供给，从总体上看，农村公共服务除了少量由国家财政支付外，大部分由农民筹资筹劳完成。分税制改革最大举措是将地方财政收入向中央财政转移，省、市、县级为了保持本级财政收入，通过制度安排使得乡镇财政收入向上转移。乡镇财权上收的同时，上级政府向乡镇政府事权不断下移，如本应当由中央财政支付的基础教育、计划生育等纯公共服务，也由乡镇政府提供。这就导致出现了乡镇财政收入减少而向农村提供公共服务事项增多这一困境。为了缓解财政支付压力和向农村提供公共服务，乡镇政府采取向农民征收"三提五统"等自筹资金，由于地缘差异等，我国农村各地区的经济发展不平衡，各地乡镇收取自筹资金差异较大，这也进一步加剧了各地区人均公共服务水准的差异性。[①] 曾小龙、史传林指出，在财源基础较好的东南部沿海地区，乡镇政府的资金充裕，乡镇政府能够提供较多的公共服务；而在财源基础较薄弱的中西部地区，乡镇政府的财政缺乏，公共服务供给不足现象更加突出。[②]

（3）农村公共服务供给结构失衡

由于农村公共服务决策机制采取自上而下的方式，政府提供公共服务更多体现县乡基层政府官员的意志和利益，而不是出于农民真实的需求表达。在农村公共服务供给中，基层政府官员的目标函数和农民的目标函数并不总是一致的，基层政权追求的主要是政绩和利益，农民追求的是农业生产和生活消费效用的最大化。[③] 因此，在农村公共服务供给中，县乡基层政府官员出于政治、经济需要，往

[①] 周黎安：《转型中的地方政府：官员激励与治理》，格致出版社、上海人民出版社2008年版，第178页。

[②] 曾小龙、史传林：《当前农村公共服务供给分析》，《改革与战略》2008年第8期。

[③] 陈朋：《农村公共产品的供给模式与制度设计思考》，《教学与研究》2006年第10期。

往以完成上级政府下达的各项升级达标的任务和指标为主要内容，农村公共服务供给结构失衡。实践中，农村公共服务供给主要集中于见效快、易出政绩的短期公共项目，而一些见效慢、期限长的农村公共服务，如农业科技推广、农业发展综合规划和信息系统、农村社会保障、农村公共医疗卫生等往往供给不足。对此，黎石秋指出，农村公共产品供给问题的本质是农民、农业和农村急剧增长的公共产品需求与农村严重短缺、失衡和低效的公共产品供给机制之间的冲突。[①]

（二）后税费时期农村公共服务运行机制的成效与限度

农村公共服务供给历史发展表明，公共服务供给水平的高低及政府供给力度大小取决于国家发展战略和公共政策对公共服务的重视程度及国家财政在公共服务领域投入的力度。当一国把发展经济作为首要目标时，国家在公共服务部门和农村投入较少，当一国重视社会的综合协调发展时，国家会考虑全社会各阶层共同利益及共同诉求，也会对公益性和服务性组织给以国家政策上的支持。[②] 从这个意义上来说，农村税费改革不仅是农村税费体制自身的改革，它还涉及乡村关系的调适、农村基层政治结构的转型及其功能的优化等一系列社会、政治领域的改革。因此，农村公共服务供给机制与其相应的农村税费体制相配合，二者之间具有内在统一性。税费时期，我国实行城乡二元公共服务体制，对农民在教育、医疗、公共卫生、社会保障等基本公共服务享有上有着种种歧视性的政策和制度，导致我国城乡居民之间在基本公共服务资源占用和服务水平上存在较大的差距。随着我国经济发展进入工业化中期阶段，我国逐步进入"以工补农，以城带乡"的发展阶段，国家对农村由"资源汲取"到"资源供给"，国家加大对农村公共服务财政转移支付，力

---

① 黎石秋:《农村公共产品供给的法律问题研究》，博士学位论文，湖南大学，2007年，第32页。
② 程又中:《我国农村公共服务组织体系及其建设的国际参照和本土机遇》，《社会主义研究》2005年第5期。

图实现城乡人们平等地享受均衡基本公共服务。

1. 后税费时期农村公共服务运行机制的成效

（1）筹资来源上，农村公共服务资金来源增加

国家财政对农村公共服务投入力度加大。后税费时期，中西部乡镇财政普遍陷入财政危机，对此，周飞舟认为，乡镇政府行为模式也在发生改变，从"要钱"、"要粮"变为"跑钱"和借债，乡村基层政权开始由"汲取型"转变为"悬浮型"。[①] 饶静、叶敬宗则指出，由于乡镇政府财权、人事权和事务权缺失，乡镇政府在财力和人力上无法提供公共服务，事实上成为高度依赖县级政权组织的"政权依附者"。[②] 鉴于此，中央加大对农村公共服务供给的投入力度。

"一事一议"成为乡村社区筹资新渠道。后税费时期，乡村两级组织向农民征收的用于农村公共服务的农业四税和"三提五统"及共同生产费等被取消，虽然国家加大对农村公共服务财政支出力度，但是由于农村村庄数量较多，各地农村对公共服务需求各有不同，公共财政转移支付无力负担全国范围内农村公共服务的供给。对于不是由公共财政供给的纯公共服务，如与农民利益密切相关的村庄社区内的准公共服务，可以通过"一事一议"制度的办法筹措资金，以农民社区组织为基础供给。所谓"一事一议"是指对农田水利基本建设、道路修建、植树造林、农业综合开发有关的土地治理项目和村民认为需要兴办的集体生产生活等其他公益事业项目所需资金，不再固定向农民收取，采取"一事一议"的筹集办法。开展"一事一议"，必须遵循"量力而行、群众受益、民主决策、上限控制、使用公开"的原则，由村民会议或村民代表会议讨论决定，"一事一议"筹集的资金由本村村民集体所有，由村委会负责管理并提供村级公共服务。

---

① 周飞舟：《从汲取型政权到"悬浮型"政权——税费改革对国家与农民关系之影响》，《社会学研究》2006年第3期。

② 饶静、叶敬宗：《税费改革背景下乡镇政权的"政权依附者"角色和行为分析》，《中国农村观察》2007年第4期。

(2) 供给主体上，乡镇站所改革促使农村公共服务供给主体多元化

作为税费改革的一项配套改革，各地又纷纷展开了以"减人减事减支"为主线的乡镇机构改革。从各地乡镇机构改革的实践来看，主要有三种改革模式：一是湖北省推行的市场化取向的"以钱养事"模式；二是江苏省推行的"强化乡镇政府公益性服务趋向的改革"；三是以安徽省为代表的"强化县级部门公益性服务趋向的改革"。① 安徽省早在2000年率先进行税费改革的同时就开始了乡镇机构改革，后来大多数省市乡镇机构改革都参照安徽的做法。安徽乡镇改革在加大对乡镇事业单位人员的精简的同时，按照乡镇站所职能的公益性与否整合现有乡镇站所，对于公益性服务机构实行全员聘用制，对于经营性的服务机构，政府可以通过委托代理、合同承包、向市场购买服务等方式，让其为"三农"提供公益服务。最引人注目的改革措施是，安徽试图构建以县级农技机构为主导、区域性推广机构为主体的农技推广体系，由专门机构承担公益性职能，经营性服务则按照市场化方式运作。江苏省强调以乡镇政府为主的农村公益性服务体系建设，乡镇事业单位可以以镇为单位或者跨镇设置，对乡镇事业单位内部改革坚持公益化为导向，将乡镇事业单位承担的行政管理职能转移到行政机关，将乡镇事业单位的经营性职能分离出来，引进市场化机制。湖北省乡镇事业单位改革以市场化为取向，通过建立"以钱养事"农村改革服务新机制，在服务中实现政府和市场相结合、无偿服务和有偿服务相结合。湖北省乡镇机构改革以湖北省咸安区乡镇站所改革为典型，后来湖北省乡镇机构改革均参照咸安的做法。咸安区乡镇站所改革中坚持"收章、摘牌、撤机构、人员整体分流"，乡镇直属站所全部撤销转制为企业或中介服务机构，在乡镇站所职能转变上，按照"行政职能整体转移、经营职能走向市场、公益服务职能面向社会"的总体思路进行，乡镇站所的行政管理职能向行政机关转移，行政执法职能

---

① 朱守银、廖洪乐、吴仲斌：《当前各地乡镇体制改革的主要做法及比较》，《红旗文稿》2006年第9期。

由区直主管部门承担，经营服务职能走向市场。在农村服务供给中，坚持"项目量化、公开招标、合同管理、农民签单、政府埋单、奖惩兑现"，即乡镇政府把应该提供的农村公共服务项目量化分解，面向社会公开招标或者将服务项目委托给特定的组织，乡镇政府与中标者或被委托者签订合同，约定双方在农村公共服务供给中的权利和义务，中标者或被委托者提供的公共服务必须得到农民的认可，乡镇政府按照合同约定付费给中标者或被委托者，以上做法通常被称为"花钱买服务，养事不养人"。通过分析乡镇机构改革的三种模式可知，对乡镇站所改革中均遵循市场化改革方向，将乡镇站所公益性职能与经营性职能分开，乡镇站所改制为企业或社会性组织，乡镇政府对农村经营性服务供给中，引入市场化手段，通过招标、委托代理等方式向社会购买服务，推动私营企业和社会组织参与和提供农村公共服务，实现农村公共服务的市场化、社会化、民营化、多元化、规范化和契约化。

2. 后税费时期农村公共服务运行机制的限度

（1）国家财政对农村公共服务投入的资金使用效率不高

考虑到乡镇政权在税费时期实施种种维护农民利益的行为，为了强化农民对国家的认同，中央对农村公共服务投入主要是"强化条条、弱化块块"和舍弃了行政体制的层层划拨，采取了瞄准率极高的直接面对农户的财政补贴这两条途径。"强化条条、弱化块块"主要是指通过自上而下财政转移支付向农村公共服务提供财政资金，如农村义务教育、农村农田水利设施及道路修建等，这些专项拨款一般由中央部门自上而下决策和实施。现阶段，由于中国大量的财政收支都高度分散在政府的各个部门，"国家财政部门化"现象较为突出[1]，因此，在中央各部门自上而下对农村公共服务供给做出决策时，其供给总量、供给结构和供给程序带有很强的行政指令性，不是根据农村社区的真正需求来决定的，[2] 存在的问题是公共品供给方与需求方的错位，更有甚者，中央各部门可能在提供农

---

[1] 周天勇：《攻坚：十七大后的政治体制改革研究报告》，新疆生产建设兵团出版社 2008 年版。

[2] 陶勇：《中国农村公共产品供应的理论研究》，《学习与探索》2006 年第 3 期。

村公共产品时，从自己的偏好出发，比如优先建设政绩工程、面子工程，且很难防止灰色行为。为了争取中央部门专项财政转移支付，各地纷纷"跑部钱进"，实践证明，能够争取到部门资金的村庄，往往不是急需该项目的村庄，而是拥有足够资源能够跑进项目的村庄，是"跑部钱进"最积极和最有关系的乡村，而与这个乡村需要公共品的强度本身几乎没有关系。① 由于各地项目申报成本过高而项目资金发挥成效甚微，政府对农村公共服务的转移支付资金漏损严重，农村公共服务更多表现为形式供给。中央对农村公共服务投入另一条途径是直接对农民生产和生活给以补贴。这种"撒胡椒面"式的平均分配给每户农户，对于每户农户而言，一年获得几百元农业生产补贴对改善家庭生产条件就显得杯水车薪。由此可知，国家采取越过农村基层政权组织的分散化和过疏化的服务供给，不仅不利于优化公共服务供给的资源配置，导致农村公共服务供给的规模效益低下，更可能导致村民与农村基层政权组织关系松散，形成了农村公共服务供给中乡村两级组织"双退出"实践效应，进而瓦解农村公共服务供给的组织制度基础。

（2）乡镇站所改制不彻底，尚未建立农村公共服务市场体系

从目前改革实践来看，有相当一部分县乡领导干部和职能部门负责人对乡镇综合配套改革认识模糊，认为此项改革只是传统机构精简和人员分流，一些已经改制的乡镇站所只是名义上与主管部门脱钩，实际还"藕断丝连"，其工作人员依然保留干部或者事业单位职工身份，在人事上、经济上、工作内容上没有真正走向市场和社会。即使是走向市场的改制后的乡镇站所，其人员大多是改制前"七站八所"工作人员，他们与乡镇干部有千丝万缕的联系，加之在改革初期，乡镇政府为扶持改制后的乡镇站所，在农村公共服务供给招标与监管上，"人情"、"关系"等现象屡见不鲜，农村公共服务供给主体仍然是改制后的乡镇站所。在缺乏"公正、公开、公平"竞争的农村公共服务供给市场，农村民间服务组织发育不足，农村公共服务市场体系没有建立，极易使乡镇站所改制"变味"、

---

① 贺雪峰：《农民公共品需求偏好的表达与供给》，《学习月刊》2008年第8期。

"回潮"。

（3）村委会组织乡村社区提供公共服务供给缺乏激励机制

由于"一事一议"的本义是维护农民合法权益，减轻农民负担，在维护农民利益成了一种新的"政治正确"时，为了不与农民发生正面的冲突，"软指标硬指标化"便成为乡村两级组织职能转变中的一个现实选择。① 同时，为化解因税费改革村级组织运转经费匮乏的压力，政府加大对村级财政的转移支付，村委会对乡镇财政依赖随之增强，乡镇政府随之强化对村委会的控制，村委会行政化的趋向更加严重。② 甚至很多地区的村级组织开始实行"坐班"制而日益成为准行政官僚化组织。③ 加之与税费改革配套的体制改革合村并组、精减人员，村级组织自身权威和治理能力出现严重弱化，很难有动力去真正落实"一事一议"筹资筹劳制度。④ 与此同时，在中西部地区大多数农村社会关联度很低，⑤ 以农民社区组织为基础的公共服务供给缺乏激励机制。在社会关联度很低的村庄内生性秩序较差，村民之间不受道德和舆论监督的约束，村庄因缺乏内聚力使得村民难以形成一致行动能力。由于农村公共服务供给具有非排他性和非竞争性特点，村民在供给过程中都面临搭便车、规避责任或其他机会主义行为诱惑，只有选择彼此信赖的委托人并将他们组织起来，才能够克服公共服务供给中的"公地的悲剧"和"囚犯的困境"。也就是说，在农村公共服务供给筹资中，要克服农村社区成员搭便车行为，就需要"一事一议"开展中村委会具有较

---

① 申端锋：《软指标的硬指标化——关于税改后乡村组织职能转变的一个解释框架》，《甘肃社会科学》2007年第2期。
② 项继权：《"后税改时代"的村务公开与民主管理——对湖北及若干省市的调查与分析》，《中国农村观察》2006年第2期。
③ 欧阳静：《村级组织的官僚化及其逻辑》，《南京农业大学学报》（社会科学版）2010年第4期。
④ 韩鹏云、刘祖云：《村级公益事业"一事一议"：历程、特征及路径创新——基于制度变迁的分析范式》，《经济体制改革》2011年第5期。
⑤ 贺雪峰、仝志辉认为，村庄社会关联是指村民之间的具体关系及建立在这种关系上的行动能力，若一个村庄中的大部分村民都缺乏调用相互之间关系的能力，则这个村庄缺乏社会关联，或社会关联程度很低。参见贺雪峰、仝志辉《论村庄社会关联——兼论村庄秩序的社会基础》，《中国社会科学》2002年第3期。

强组织和动员能力，但是在社会关联度很低的村庄，村委会不具有公共服务供给的组织和资源动员能力，由于无法解决少数人搭便车行为，村委会逐渐丧失组织公益事业的热情，"一事一议"无法持续开展，农村公共服务供给普遍缺乏适应新形势的治理技术创新。

二 农村公共服务供给的理想类型

反思农村公共服务供给机制可知，无论是税费时期还是后税费时期，一直由国家主导农村的公共服务供给，这种由政府长期垄断供给的"单打一"格局，不仅导致国家权力挤压市场与社会，损害市场竞争，而且在相当程度上造成农村公共服务供给不足和需求脱节的困境。为了摆脱后税费时期农村公共服务供给的困境，实现农村公共服务供给效用最大化，需要重塑农村公共服务体系，通过国家与市场、社会合作，构建政府、市场主体、社会主体共同参与的农村公共服务供给的"多中心体制"。有学者提出，公共产品供给事实上是一个政府行为的问题，涉及政府与市场的权力与职责、权利和义务的关系。[1] 因此，在农村公共服务供给中，政府与市场复合调节、公共部门与私人部门混合生产是最有效率的制度安排或选择。[2] 据此，在农村公共服务供给上，田思钰、徐晓军指出，政府与市场组织、自治组织和非营利性组织协同合作供给相对于单一政府供给更具有优势。[3] 当然，在农村公共服务供给领域引入多元主体参与供给，不是淡化乡镇政府的供给责任，而是通过合理定位乡镇政府在农村公共服务领域投入方式，实现乡镇政府与社会组织协

---

[1] 黎石秋：《农村公共产品供给的法律问题研究》，博士学位论文，湖南大学，2007年，第6—7页。

[2] 胡洪曙：《中国农村公共产品供给的制度分析与改革路径研究》，博士学位论文，中南财经政法大学，2005年，第150—151页。

[3] 田思钰、徐晓军：《农村公共服务供给私人化的困境与出路——以湖北省A村为例》，《理论与改革》2009年第4期。

同合作,① 实现农村公共服务供给效用最大化。

(一) 公共服务"多中心体制"的理论基础

按照奥斯特罗姆夫妇理论,公共服务的供给可以分解为"提供"和"生产"两个阶段,所谓提供是指"消费者得到产品的过程",包括"对服务活动的授权、资助、获得和监督"②,即提供者在决定公共服务供给的类型和供给水平基础上,可以通过授权和资助的方式,安排和监督其他机构生产,生产则是指"公共产品或服务得以成为存在物"③的过程。"一个地方性的提供单位能够组织自己的生产单位,比如建立一个地方政府机构,但它也能够从额外的生产者那里购买服务,或者加入其他提供单位所组织的共同服务的安排中去。"④他们认为,公共服务的提供者和生产者可以分离,公共服务的提供者和生产者可以是同一个单位或机构,也可以是不同的单位或机构,他们分离与否取决于其的成本核算。这些学者均强调一个共同的观点,即政府不能独自供给所有的公共服务,仅仅依赖政府供给的公共服务,其效率将极为低下,由于公共服务供给中"提供"和"生产"可以相对分离,意味着公共服务供给主体可以多元化。供给主体的多元化是指由以往政府单一供给主体转变为政府、市场组织、社区自治组织、第三部门、私人等多元供给主体。戴维·奥斯本认为,在供给主体中,政府的优势主要体现在稳定性、中立性,私人部门的优势主要体现在生产和获取利润的能力,第三部门的优势主要体现在有很强的社会责任感和产生社会信任的能力。其中,政府最适合政策管理、提高社会凝聚力,私人部门最适合经济任务、产生利润,第三部门最适合社会任务、志愿劳动的

---

① 笔者所说的社会组织是广义的,指除了政府之外的其他组织,包括市场组织、社会组织。

② [美]奥斯特罗姆、帕克斯、惠特克:《公共服务的制度建构》,上海三联书店2000年版,第16页。

③ [美]迈克尔·麦金尼斯主编:《多中心体制与地方公共经济》,上海三联书店2000年版,第4页。

④ 同上书,第423页。

任务、加强社区管理的任务。①戴维·奥斯本提出的政府、私人部门和第三部门在性质上类似于政府、社会组织，基于政府与社会组织之间表现为合作协商的关系这一论断，市场主体、社会主体进入一直由政府垄断集中供给的公共产品领域。关于市场主体、社会主体在参与农村公共服务供给过程中冲突及协商机制的论述，奥斯特罗姆夫妇指出，如果没有适当的机制来处理目标冲突和监督公共经济的运行，公共产品供给的民间参与将成为市场机会主义和政府机会主义的共同陷阱，成为"实施最粗俗形成的政治腐败的机制"②，无法带来社会预期的经济效益。因此，努力寻求政府、市场和社会在公共产品供给领域的均衡点，建立公共产品供给的多中心体制和互补机制成为当下新型农村公共服务供给机制构建的重点，③这意味着"多元善治"的社会治理格局和政府"治道变革"基本战略的形成。④

（二）公共服务"多中心体制"的分析模型

市场经济条件下，政府向市场组织、社会组织购买公共服务，实际上是政府将公共服务的"生产过程"让渡给市场组织、社会组织，以扩展公共服务范围，提升公共服务效率和质量。就政府向市场组织、社会组织购买公共服务的过程来看，这一过程有三个基本环节，即公共服务的安排、生产和消费，这就形成公共服务供给中三类主体：安排者（主要是政府）、生产者（政府、市场营利组织或者非营利的第三部门）、消费者。⑤根据他们之间的动态关系，公共物品安排过程中有4种基本类型和10种具体形式（见表7—1）。

---

① ［美］戴维·奥斯本、特德·盖布勒：《改革政府》，上海译文出版社1996年版，第43—48页。
② ［美］文森特·奥斯特罗姆、埃莉诺·奥斯特罗姆：《公益物品与公共选择》，毛寿龙译，上海三联书店1999年版。
③ 钟雯彬：《公共产品法律调整研究》，法律出版社2008年版，第140页。
④ 同上书，第72页。
⑤ 王浦劬、［美］莱斯特·M.萨拉蒙等：《政府向社会组织购买公共服务研究》，北京大学出版社2010年版，第8—9页。

表7—1 公共服务提供的制度安排

生产者	安排者	
	公共部门	私人部门
公共部门	政府服务 政府间协议	政府出售
私人部门	合同承包 特许经营 补助	自由市场 志愿服务 自我服务 凭单制

资料来源：[美] E.S. 萨瓦斯：《民营化与公私部门伙伴关系》，中国人民大学出版社2002年版，第69—71页。

分析表7—1可知，政府可以通过直接生产和间接生产两种方式提供公共产品。其中，政府直接生产包括政府直接提供公共服务，或政府通过协议委托其他政府部门提供公共服务。政府间接生产包括三种形式：（1）合同承包。合同承包是典型的政府购买公共服务的方式。政府与市场组织、社区自治组织、第三部门、私人等主体在合同中约定公共服务供给的数量和质量标准，政府根据合同向生产者支付一笔费用，由生产者按照合同内容提供特定公共服务项目。（2）特许经营。政府对一些公共服务的供给总量采用经营权控制，政府一方面通过特许经营的方式将生产者控制在一定合理的规模；另一方面，政府通过合同的形式，允许被特许经营者从事公共服务的生产，政府对被特许经营者提供的产品的质量进行监督和考核。建立以政府为主、企业和社会团体为辅的多元供给模式，并实行适度的市场化供给。（3）补助。政府给予公共服务的生产者一定的补贴、津贴、优惠、贷款、减免税收，为其生产提供政策上和资金上的优惠。由此可知，政府将自己在公共服务供给上定位于指挥、控制、协调、监督，而不是具体生产，[1]这就是所谓的"政府向社会组织购买公共服务"。针对政府向社会组织购买公共服务中二者地位不同，王浦劬、莱斯特·M.萨拉蒙等提出政府向社会组

---

[1] [美]阿瑟·奥肯：《平等与效率》，华夏出版社1999年版，第86页。

织购买公共服务的三种模式：第一种模式是独立关系竞争性购买模式。独立关系竞争性购买模式是指安排者和生产者地位平等，不存在资源、人事上的依赖关系，安排者提供公开竞争的方式确定最合适的生产者。第二种模式是独立关系非竞争性模式。独立关系非竞争性模式是指安排者与生产者相互独立，在选择生产者时，安排者常常采用非竞争性方式，有偏向性选择有良好社会声誉的生产者。第三种模式是依赖关系非竞争性模式。依赖关系非竞争性模式是指安排者与生产者之间存在依赖关系，安排者直接指定生产者，由于安排者与生产者是"上下级"关系，事实上提供公共服务的仍然是作为生产者的政府部门。①

（三）公共服务"多中心体制"的供给主体

1. 乡镇政府在农村公共服务供给中的职责

在农村基本公共服务提供中，政府是在农村公共产品供给方面最为重要且其他主体力量不能替代的主体。② 实践表明，农村公共服务供给制度的形成取决于中央政府与地方政府在供给中作用定位、国家财政资金分配等，农村公共服务供给制度的实质是中央政府与地方政府在供给中经过二者博弈后所形成的契约格局。③ 由于农村公共服务政府主体结构优化对于提高农村公共服务供给水平至关重要，因此，要变中央政府与地方政府的不合作博弈为合作博弈。④ 要达成中央政府与地方政府在公共服务供给中的合作互动关系，首先合理划分中央政府和地方政府在农村公共服务供给中的责任和范围。关于中央政府和地方政府在农村公共服务供给中的责任和范围划分，陈朋提出根据农村公共产品构成上的层次性进行划

---

① 王浦劬、[美] 莱斯特·M. 萨拉蒙等：《政府向社会组织购买公共服务研究》，北京大学出版社2010年版，第20—22页。
② 李长健、涂晓菊、王悦：《农村公共产品供给模式与制度设计研究》，《教学与研究》2006年第10期。
③ 方建中、邹红：《农村公共产品供给主体的结构与行为优化》，《江海学刊》2006年第5期。
④ 沈承诚：《从政府垄断到多元互动——农村公共产品民营化进程中的多重博弈关系解读》，《甘肃理论学刊》2005年第6期。

分，属于全国性的农村公共产品由中央政府承担，属于地方性的农村公共产品由地方政府承担，一些跨地区的公共项目和工程可由地方政府承担为主，中央政府在一定程度上参与和协调。① 按照这种划分标准，我们认为，中央政府提供的农村公共产品主要包括全国性的农村公共产品和服务，如大江大河大湖的治理、大型水利工程、大型水土保持工程、农业环境保护等；省、县级政府主要提供电力设施和小流域防洪防涝设施建设、小型水利设施建设、农作物病虫害预防、动物防疫、农业科技成果推广、各类市场信息等公共产品和服务；乡镇政府提供的公共服务主要是维护农村社会治安、制定城镇发展规划、小型水利灌溉、农业技术指导、良种培育、乡村道路建设、建立农村社会保障体系，为农民和乡镇企业提供咨询、培训等属于乡镇区域内的公共服务。应当特别指出的是，由于乡镇政府直接联系农村社会，乡镇政府提供的公共服务几乎涵盖农民生活的方方面面，因此，省、县级政府提供的公共服务，大多数也属于乡镇政府应该履行的职责，在此，可以将更多的责权配置给乡镇政府，乡镇政府提供农村公共产品经费应通过省、县级政府提供财政转移支付形式予以解决，即省、县级政府"出钱"、乡镇政府"办事"。项继权根据农民需求的公益性程度及其需求满足中对政府的依赖程度的不同，将公共服务分为"基本公共服务"和"非基本公共服务"两类，基本公共服务是指人们生产和生活必需并且无法通过其他方式有效供给的服务，主要包括义务教育、基本医疗、公共卫生、社会保障、基础设施、公共文化、优抚救助、公共安全等。基于基本公共服务对人们的重要性和不可替代性，政府是基本社会公共服务的提供者，是非基本社会公共服务的倡导者和参与者，同时是整个社会公共服务的规划者和管理者。② 农村基本公共服务是指与广大农民基本生产和生活相关的服务，包括农村义务教育、基本医疗、公共卫生、社会保障、公共文化、优抚救助、公共安全等以及全国或一定地域范围内的农业技术推广、农田水利、

---

① 陈朋：《农村公共产品的供给模式与制度设计思考》，《教学与研究》2006年第10期。
② 项继权：《基本公共服务均等化：政策目标与制度保障》，《华中师范大学学报》（人文社会科学版）2008年第1期。

道路建设等公共产品。因此，对于乡镇政府而言，乡镇政府是农村基本社会公共服务的提供者，是农村非基本社会公共服务的倡导者和参与者。

进一步讨论：以乡镇为服务平台整合"条条"为主的支农资金发放

通过实地调研，我们发现在农村基本公共服务经费支出方面，虽然中央财政在义务教育、公共卫生等基本公共服务项目上进行财政转移支付，但是县乡政府要担负提供基本公共服务所需运转经费、人员经费等支出。因此，在农业型乡镇，农业税取消后，乡镇财政收入锐减，大多数乡镇在农村基本公共服务供给上资金匮乏。为解决乡镇政府因财政资金紧张而导致政权"悬浮"的困境，实现中央财政支农资金最大效用，我们认为，可以改善"条条"财政支农资金发放方式。现阶段，我国现有从中央到地方涉农部门多达几十个，由乡镇政府对接水利局、农业局、水产局、畜牧局、科技局、粮食局等涉农部门，完成这些涉农部门下达的行政任务。由于乡镇政府事实上承担了将这些职能部门的力量整合起来的功能，在现有行政管理体制下，由乡镇政府作为统一的资源集聚平台向农村提供公共服务，能够避免"条条"供给体制下国家财政资金无序使用及浪费。应当明确的是，乡镇政府提供上述公共服务所需运转经费等支出应由中央财政下拨，省级财政对资金使用情况进行监督。乡镇政府通过农村公共服务的提供，脱离乡镇政权"悬浮"的困境，实现乡镇政府由"悬浮性"政权向"服务型"政权转变，真正将国家对农村公共服务政策和资源有效的转化，使得农民真正从中得到实惠。这样，不仅可以增强农民对乡镇政府的认同感和乡镇政府的合法性基础，还有利于促进国家对农村社会的进一步整合。

2. 村委会在农村公共服务供给中的职责

（1）村委会组织农民提供乡村社区自我服务

前文已经指出，国家将部分治权让与村委会的目的在于为了实现现代国家建设的目标，更好地将国家权力下沉到乡村社区，由村委会整合乡村社区传统治理资源，实现国家对乡村社区有效治理。

同时，国家将部分治权让与村委会的另外一个原因是，在现有国家财政资源有限情况下，由村委会发动村民对乡村社区进行公共管理和公共服务，可以实现国家通过村委会对乡村社区有效治理的目标。具体到乡村社区公共服务上，由于我国目前公共财政覆盖农村的范围和深度还不够，这就决定国家只能满足农民的基本公共服务需求。对于农民更高程度的公共服务需求，则只能依靠乡村社区的力量自我提供。现阶段，乡村社区内部道路、小型水利设施、村容村貌、环境卫生、饮水安全、村内活动场所等公共设施的修建和维护，主要由村委会组织人力物力予以完成。由于乡村社区公共设施建设主要是满足农民的日常生产和生活需要，因此农民能够积极参与乡村社区公共事务，农民在参与乡村社区公共事务中增强彼此联系，分散分离的个体农民也得以聚合。从这个意义上，农民参与乡村社区公共服务过程也是乡村社区整合的过程。

（2）村委会承接国家财政支农资金发放及使用

税费改革以后，国家明确城乡基本公共服务均等化的战略，通过基本公共服务广覆盖，实现城乡居民人人平等享受基本公共服务的目标。以国家惠农政策为例，为了促进农业生产和农民增收，国家加大在农业生产资源上的投入，2012年中央财政安排种粮补贴151亿元，农资综合补贴1078亿元，农机购置补贴200亿元，奖励资金277.65亿元；2011年中央财政安排良种补贴220亿元，渔业柴油补贴171.65亿元，生猪大县奖励资金32.5亿元，畜牧良种补贴资金11.9亿元，2012年中央财政将继续稳定实施以上补贴项目。[①] 在国家大量财政资金下拨到农村这一背景下，客观上需要加大村委会等乡村基层组织建设，为承接国家财政资金提供制度和平台支持。与之相反的做法是，由于税费时期在压力型体制下乡村基层组织向农民"要钱、要粮、要命"，致使公众普遍认为农村基层组织是"乱收费"、"破坏农民对国家信任"的根源，国家在惠农政策实施中直接越过乡村干部，采取瞄准率极高的方式直接将惠农

---

① 《2012年国家强农惠农政策措施汇总》，2012年3月28日，三农直通车（www.gdcct.gov.cn）。

补贴发放给农户。其直接后果是村委会公共权威日益削弱,日常运转经费支出困难,在乡村社区动员能力不足。

进一步讨论:以村为单位统筹国家财政支农资金发放及使用

纵观村民自治民主发展历程,税费时期以村委会选举为代表的民主实践最主要是服务于国家对农村资源汲取,通过村庄民主的形式将农民与政府的矛盾消解在村庄内部,这种民主应该被称为"汲取式民主";农业税取消后,在国家对农村公共服务供给财政资金充裕的情况下,以村民会议、村务公开为代表的民主手段更多的是表达农民对公共服务需求的偏好及对项目资金使用决策、对项目资金使用、管理过程的监督等,这种民主又称为"分配式民主"。[①] 事实上,以村委会为代表的乡村基层组织,基于血缘、地缘、亲缘等村庄传统文化网络,与农民有着天然的紧密联系。改革开放以来,尽管农村商品化、市场化导致农民自利性增强,村庄传统文化网络日趋瓦解,村庄集体行动能力减弱。但是,在以血缘、地缘为主的村庄共同体,信任、合作、互助等传统文化网络依然有形无形地影响着村民的生活及行为方式。对此,贺雪峰认为,村一级存在良好的分配公共资源的能力,具有良好的表达农村对公共品需求偏好的能力。[②] 在民主决策、村庄舆论、村庄公认道德准则等无形规约作用下,村委会在村庄资源分配和使用方面较为公平,能够维护绝大多数村民的利益,在办理本村的公共事务和公益事业时更容易赢得农民的信任与支持。为化解以上困境,我们认为,应以国家财政转移支付的增量来填补农村公共服务供给中资金的缺口,发挥村委会对国家财政支农资金的分配及管理能力。国家应加大对农村公共服务供给的转移支付力度,除了保持现有的直接划拨到农民头上惠农补贴水平外,还应改善国家财政转移支付资金的划拨方法,将更多财政资金以村组织为单位直接划拨,确保村委会在农村公共服务供给上的资金充裕,实现"还权于村,还利于民"。对于村委会而言,

---

[①] 赵晓峰:《村级民主政治转型:从汲取型民主到分配型民主——村治精英类型更替的视角》,《天津行政学院学报》2010年第5期。

[②] 贺雪峰:《农民公共品需求偏好的表达与供给》,《学习月刊》2008年第8期。

国家将用于村庄公共服务的财政资金直接划拨到村委会，村委会主要工作将发生相应的改变，如果说在此之前村委会承担的更多是为村庄公共服务供给而动员村民筹资筹劳，那么，现阶段村委会更多的是组织村民通过民主议事的方式决定资金的发放和使用，乡镇政府对惠农支农资金使用情况进行管理和监督。

3. 乡村社区社会组织是乡村社区服务自我供给的重要补充

随着经济发展和农民生活水平的不断提高，农民在日常生产和生活上有了更多需求，如村范围内的道路建设、村范围内的小型水利设施建设、村民在生产上的需求、村民文化生活需求、村集体福利等与本村村民生产生活密切相关的公共产品等。对于乡镇政府和村委会而言，在现有财力和物力情况下，这些公共产品是乡镇政府与村委会不能充分供给的。农村社会组织可以拾漏补缺，成为乡镇政府、村委会供给的重要补充，从而满足乡镇政府和村委会满足不了的农民需求和偏好。同时，农村社会组织是基于有着共同公共需求的村民自发成立，其工作主要内容是组织村民开展生产互助、生活互助、精神互助，村民在参与农村社会组织各种活动过程中，逐渐形成成员之间相互支持、相互帮助、相互信任的关系网络，农村社会资本得以增加。国外学者的调查研究表明，如果村里一半家庭都是某一个团体的成员，那么这个村的社会资本指标将比团体成员人数为零的村庄高出一个标准差。[1] 因此，乡村社区社会组织在公共服务供给中能够较好克服"搭便车"问题，与乡镇政府和村委会相比，具有较低的供给成本和较高的供给效率等优势。实践中，各地村民自发组织成立了农民专业合作组织、文化艺术团体、农村红白事理事会、各类群体协会（老年协会、残疾人协会、妇女协会等）等社会组织。这些社会组织不以赢利为主要目的，组织村民在自愿和互助的基础上提供一些公共产品，如农民专业合作组织在农民生产和生活等方面提供相应的技术服务和信息等。

---

[1] 郭忠华：《善治：中国的思考》，《理论与改革》2003年第2期。

三 农村公共服务供给"多中心体制"中的乡村关系

在农村公共服务供给"多中心体制"中，乡村社区社会组织及经济组织成为乡镇政府和村委会等传统供给主体的重要补充，乡村关系呈现多层次性。在坚持农村公共服务提供方式的市场化、社会化、民营化、多元化和契约化中，吸纳多元主体参与公共服务供给。在公共服务多元供给过程中，乡镇政府、村委会、农村社会组织的合作和博弈给传统的乡村关系带来了新的变量。[1]

（一）乡镇政府与村委会的关系

1. 村委会协助乡镇政府在农村基本公共服务的供给

前文研究指出，乡镇政府的职责是提供乡镇区域内基本公共服务，如维护农村社会治安、小型水利灌溉、农业技术指导、农村义务教育、社会保障、计划生育等，这些公共服务与农民生产、生活密切相关。由于这些服务项目直接与成千上万农民打交道，为了确保乡镇政府在农村基本公共服务供给上的高效率，很多地区设置农村社区服务中心承接乡镇政府在农村公共服务的供给。农村社区服务中心的活动经费主要由县、镇两级财政支付，工作人员也有乡镇政府派驻人员。通过农村社区服务中心，乡镇政府派驻人员向农民提供医疗卫生、社区警务、灾害应急服务、社区环卫、文化体育、计划生育、社会保障等服务，他们是以乡镇政府的名义提供种种基本公共服务，既实现乡镇政府直接对农民提供基本公共服务的目标，也表明由乡镇政府承担乡镇政府派驻人员行为后果。

虽然在制度设置上农村社区服务中心与村委会有一定的职责分工，即农村社区服务中心侧重于提供本社区公共服务，村委会侧重于对村级公共事务的管理等。但是，基于以下的原因，村委会与农村社区服务中心一起，在协助乡镇政府向农村基本公共服务供给上

---

[1] 尤琳：《农村公共服务多元供给中的乡村关系研究》，《求实》2013年第6期。

发挥积极作用。首先，从农村社区服务中心机构设置上看，一般情况下，农村社区服务中心设置于建制村，活动场所主要依托于村委会，除了乡镇政府等机构派出少量人员进驻农村社区服务中心，社区服务中心人员大多数由村委会成员兼任。对于村委会成员而言，他工作的主要内容就是为乡村社区村民提供公共管理与公共服务，这些公共事务与村民的生产生活有着密切的联系，大多数集中于维护村庄公共秩序、对村庄公共设施建设与维护、对贫弱群体的社会救助等，这些事务究竟是属于村庄公共事务，还是属于乡镇政府应该提供的基本公共服务，没有明确的界定和划分，大部分情况下，两种事务不是截然对立，而是相辅相成。例如，即使是纯村庄内部事务，如某村民因大病导致全家陷入极度贫困时，出于社会公平与维护社会稳定的角度，乡镇政府也担负着不可推卸的责任。因此，村委会成员在为村民提供更多的服务话语语境下，他们会积极协助乡镇政府向乡村社区提供基本公共服务。其次，村委会成员协助乡镇政府向农村提供基本服务是其法律的职责。由于乡镇政府向农村提供的基本公共服务与农民生产、生活密不可分，向农村提供均等的基本公共服务，既是实现宪法中规定农民生存权、发展权的需要，也是促进城乡居民均等享受公共服务，实现社会公平正义的客观需求。因此，村委会协助乡镇政府向农村提供基本公共服务是其法定义务。《村民委员会组织法》第5条第3款规定"村民委员会协助乡、民族乡、镇的人民政府开展工作"。第37条第1款规定"人民政府对村民委员会协助政府开展工作应当提供必要的条件"。分析两项规定可知，村委会协助乡镇政府开展工作，工作的范畴较为广泛，应该包括乡镇政府向农村提供的基本公共服务。当然，村委会协助乡镇政府向农村提供基本公共服务过程中，村委会为此支出的机构运转费用、服务及人员经费支付均由乡镇政府承担。具体而言，村委会协助乡镇政府向农村提供基本公共服务，主要包括以下一些事项：为村民申请婚姻登记、收养登记开具证明，协助乡镇政府做好计划生育工作，协助乡镇政府确定享受低保人员，协助乡镇政府救灾救济和优抚款物的发放和管理，协助乡镇政府确定国家给予农民的各项惠农补贴等。

2. 乡镇政府对村委会提供的自我服务给予政策、资金等扶持

在此，不容回避的问题是，农民参与乡村社区公共事务可能出现"合作困境"。随着农业生产私人化，传统小农身上"分"的小农意识开始复苏，在乡村社区公共设施兴建中"等、要、靠"等思想较为普遍，加之村委会等农村基层组织因资源匮乏呈现出"治理缺位"的现状，使得乡村社区合作行动的文化基础及组织制度基础逐渐松弛，为促进村级公共事务开展的一事一议无法持续开展。为走出农民参与乡村社区公共服务的"合作困境"，就需要乡镇政府积极主导农村公共服务供给中的治理技术创新。首先，在乡镇政府指导下，重塑村委会在乡村社区的公共权威，培植农民合作行动的社会资本。事实证明，作为村民行使自治权的自治组织，村委会只有真正遵循民主程序，才能增强村民对村级公共事务参与热情，增强乡村社区的凝聚力和村民对乡村社区的认同感。为促使村委会日常运行的民主化，重塑村委会在乡村社区公共权威，乡镇政府应该发挥对村委会"指导"功能。在乡镇政府指导下，通过规范村民会议、村民代表会议，保障村民决策权和监督权得以实现；积极开展村务公开及增强村财务管理透明度，促使村务工作公开透明；加强村委会成员能力建设，使之能承担起组织村民进行乡村社区公共服务提供的职责。通过以上种种努力，增强村民对村委会的信任。由于村委会在乡村社区拥有较高公共权威，能够较为便捷动员村民参与乡村社区公共服务供给的决策、资金筹措或成本分摊制度及资金的使用与管理。只有当他们以上权利得以实现，村民合作行动才能更好达成，村民也能在合作中逐步形成合作、互惠、信任等社会资本，村庄公共精神得以培养，乡村社区公共服务得以持续供给。其次，乡镇政府对一事一议项目的监督及为乡村社区自我服务提供合法性的支持。现阶段，村委会动员村民参与乡村社区公共服务供给主要是基于村民自愿和同意的一事一议。为了激发村民参与热情，2008年国家对村级公共服务实行"民办公助"原则，对一事一议配套财政奖补资金。2008年至2011年，全国各级财政共投入一事一议财政奖补资金1050亿元，带动村级公益事业建设总投入2800多亿元，共建成98.5万个项目。为规范一事一议的民主议事程序，国家对一事一议财政奖补资金使用和管理予以相关规定。《村级公益事业建设一事一议财政奖补资金管理办法》合理界定议事的边界和内容，对议事资金的使用，建设项目的公开公示制度及监督制度等。其中，特别强调乡镇政府就近监管的作用。《村级公益事业建设一事一议财政奖补资金管理办法》第 14 条规定，"一事一议财政奖补项目原则上实行乡镇报账制"，第 19 条规定，"乡镇财政所应当充分发挥财政职能作用，加强对一事一议财政奖补项目申报、审核、实施、验收、资金拨付等环节的监督检查。"① 实践表明，乡镇政府通过加强对一事一议财政项目的日常监督检查，促使村委会在组织村民参与乡村社区公共服务供给的同时加强自身组织建设，不仅确保奖补资金的合理安全使用，农民筹资筹劳积极性得到提高，而且增进村民对村委会及乡村社区的认同，维护农村社会和谐稳定。与此同时，乡镇政府除了监管一事一议财政奖补资金使用外，还为乡村社区自我提供公共服务提供信息、技术、组织与合法性等方面的资源。如村委会在执行教育、卫生、治安等公共事务时，如不借助国家的强制力则难以有效实施，这就决定在乡村社区公共事务和公益事业管理上，需要乡镇政府与村委会合作治理。

（二）乡镇政府与乡村社区各类组织的关系

1. 乡村社区社会组织的发育依赖于乡镇政府政策法律和资金上的支持

现阶段，国家对于民间组织主要还是采取控制型而不是发展型的监管策略，② 乡村社区社会组织发展轨迹与社会组织相类似，遵循的是体制内生成的路径，乡村社区社会组织发展程度与乡镇政府支持力度密不可分。在调研中我们了解到，有些乡村社区社会组织的成立源于乡镇政府的积极推动，如为了对水利设施的管理及向农民收缴水费而成立的用水协会、为了实现农业生产合作而成立的农

---

① 《关于印发〈村级公益事业建设一事一议财政奖补资金管理办法〉的通知》，2012 年 1 月 2 日，中央政府门户网站（www.gov.cn）。
② 顾昕、王旭：《从国家主义到法团主义——中国市场转型过程中国家与专业团体关系的演变》，《社会学研究》2005 年第 2 期。

民专业合作社；有些乡村社区社会组织虽然是源于农民对某项公共产品的公共需求而自发成立，但是在发展中得到乡镇政府甚至上级政府肯定，并通过行政力量大力推广，如湖北秭归社区理事会前身是"红白理事会"，因为成功实现了村落公共事务"共同议事"，秭归县进行了全县范围内的"撤组建社"活动。这表明，乡镇政府对乡村社区社会组织发育的政策支持较为随意，乡村社区社会组织的发展呈现出苦乐不均的现状。甚至有些乡村社区社会组织为了获得乡镇政府的资金，并不着力于农村公共服务质量的提升，而是致力于乡村社区社会组织的运作能力，长此以往，将不利于乡村社区社会组织深度发育与良性运转。在农民民主意识与民主能力尚不充分的情况下，为培植农村社会组织的发育，乡镇政府应该在政策、法律、资金方面对乡村社区社会组织予以支持，促进乡村社区社会组织发育与生长，进而形成乡村社区社会组织发展的合力。

2. 乡镇政府与乡村社区社会组织及经济组织在农村公共服务供给中表现为"公私伙伴关系"

在农村公共服务供给中，乡镇政府与乡村社区社会组织及经济组织目标一致：都是为了实现农村公共服务供给效用最大化，因此，在农村公共服务供给中，各供给主体之间相互独立、地位平等，政府通过合同或其他法定的方式，将农村公共服务的生产、执行等权力授予或委托给社会组织及经济组织，政府通过与社会组织及经济组织协商和合作，形成农村公共服务供给中的"公私伙伴关系"，共同致力于农民对公共服务需求的最大满足。但同时，由于政府部门是农村公共服务供给安排者，社会组织及经济组织是农村公共服务的生产者，因此，政府对乡村社区社会组织及经济组织还负有协调、监督、管制的职责。具体而言，村范围内的道路建设、村范围内的小型水利设施建设、村范围内的农技推广服务、村范围内的公共卫生服务、村民文化生活需求等事项，乡镇政府除了提供场地、资金、信息、技术等方面的资源外，还应直接与乡村社区社会组织及经济组织签订合同，依照"权随责走、费随事转"的原则，通过购买服务的方式实现对农村公共服务的提供。

典型案例：咸安"以钱养事"新型农村公共服务机制

咸安探索建立"政府承担、采购招标、合同管理、以钱养事"的公益服务事业的新机制。"政府承担"是指农村公共服务所需财政资金由政府"埋单"，但同时，并非由乡镇政府负责所有农村公共服务供给。乡镇政府主要提供生产资料市场监督、农机安全审查、病虫害测报、动植物检疫、气象预报、农产品质量检测等纯公共产品，对于市场信息、生产资料供应、产品销售、病虫害防治、技术服务等半公共产品和私人产品，乡镇政府则通过招标、购买、委托、合作等方式，采取市场化运作，由市场主体或社会组织供给。"以钱养事"是指乡镇政府将农村公共服务发包给市场组织或社会组织，政府付费标准是供给主体提供服务的数量、服务效果等。由于"事"种类不同，乡镇政府采取不同做法：对于禽流感等疫病防治、重大灾害等突发性事件，乡镇政府按照工作量给付报酬；对于森林防火等短期性任务，则通过一事一议付费；对于农技服务、畜禽防疫、计生服务，文化体育事业等长期性的项目，乡镇政府通过公开采购的形式，乡镇政府同中标者签订合同，在合同中明确双方权利、义务，按照合同约定给付中标者报酬，即"以钱养事，钱随事走"。因此，"采购招标、合同管理"主要是针对乡镇政府应该提供的长期性项目。

在此，我们选择双溪桥镇的个案再现农村公共服务供给这一动态过程。双溪桥在农村公共服务供给合同签订中遵循"农民点单→政府埋单→服务竞单→农民验单"的原则。双溪桥镇设置农村公共服务中心，农村公共服务中心整合民政、税务、计生、农业、林业、水利、科技、畜牧、建设、土地、司法、卫生等乡镇政府各项服务职能，农村公共服务中心在勘定农民的实际需求基础上，确定应向农民提供的服务项目并向社会公开招标。凡取得"农村公益性服务资格证书"的人员统一参加竞标，由乡镇政府和中标者签订服务合同，合同约定事项包括服务项目、服务范围、合同双方权利和义务、经费支付方式等。同时，还设置"一志三卡"这一合同执行全过程的监管与综合绩效考核制度。《公益性服务日志》是服务人员每天入户提供农村公共服务的记录表,《服务登记卡》是农户对上门服务人员工作进行监督的记录卡,《检查监督卡》是记载乡镇主管干部、村组干部和农户联合检查督导服务人员从事特定服务工作的表卡,《考核结算卡》则是镇中心有关人员按季度对其业务进行考核形成经费结算意见等情况的表卡。通过以上严格的考核评估,实现"农民验单、政府埋单",使得农村公共服务运行机制市场化、社会化,提高农村公共服务供给的质量和效率。[①]

应该注意的是,实践操作中中标者大多数是改制后乡镇站所,这些改制的站所虽与作为"母体"的乡镇政府脱离,但是与乡镇政府之间仍然保持千丝万缕的联系,在乡镇政府向这些组织购买公共服务过程中,可能会出现政府职能外包的情况。在农村公共服务供给中,中标者实际上仍然是乡镇政府的内部机构,中标者在接受乡镇政府下达的任务时,没有任何选择的权利与自由,服务合同的达成并没有经过双方平等协商,事实上双方之间仍然是上下级关系。

[①] 张立荣、方堃、肖微:《农村公共服务新模式:"以钱养事"+"无缝隙服务"——基于湖北省咸宁市咸安区的调查与研究》,《中国行政管理》2009年第7期。

结论与展望

一 "乡政村治"时期的国家治理能力

(一) 国家对乡村治理能力逐渐增强

"乡政村治"时期，在工业化、城镇化推进中，乡村社区发生诸如农产品供求结构性矛盾突出、社会结构转型加剧、城乡发展逐渐融合等新变化，国家对乡村社区由"资源汲取"到"资源反哺"，在实施社会经济政策上围绕现代农业建设展开，同时探索农村社会管理创新，加大农村公共服务财政支持力度，加强村民自治制度建设，国家对乡村治理能力逐渐增强，农民和乡村社会对国家的认同感相应得以增强，国家统治合法性基础得以夯实。

1. 资源汲取能力

税费时期，在上级政府向地方基层政府层层施压的"压力型"或"动员型"体制下，20世纪90年代国家把发展城市作为工作中心任务，农民除了向国家缴纳农业税外，还要负担乡村两级办学、计划生育、优抚、民兵训练、修建乡村道路等民办公助事业的款项及用于村一级维持或扩大再生产、兴办公益事业和日常管理开支费用等。为保证乡镇政府有足够的资源完成任务，乡镇政府加大对乡村社区资源汲取力度。同时，在乡镇建立一级财政的财政体制助长了乡镇政府的自利性。在谋求乡镇独立利益空间的激励下，乡镇政府在相当程度上成为利用手中权力谋求个体利益的主体，因此乡镇干部对国家和农村社会起到"离散作用"，这不仅加重了农民负担，而且导致国家基层治理的目标被乡镇政府的逐利目标替代，阻隔了国家政策在基层的贯彻执行，国家对于社会的渗透能力低下。

进入21世纪以来，随着工业化、城市化、现代化进程的加快，城市中的各类税收如工商税等变为国家主要财政来源，农业税在国家财政中的份额逐渐减少，而征收成本却在增加，导致干群关系紧张，引起了农村部分地区的治理危机。为此，国家适时进行重大战略调整，党的十六届三中全会中央提出城乡统筹、以工支农的方针，党的十七届三中全会提出着力破除城乡二元结构、形成城乡经济社会发展一体化新格局的构想。在城乡一体化进程中，随着2004—2013年"1号文件"出台，以税费改革、减免农业税、粮食补贴等为代表的一系列惠农政策得以实施。惠农政策是国家对乡村社会的一种整合机制，通过加强对农村公共服务的供给，实现了国家对农村社会由"资源汲取"到"资源反哺"，标志着国家对农村社会的整合方式由"汲取式整合"向"供给式整合"转变。其目的在于通过供给服务赢得农民认同，实现国家对乡村社会的整合。

2. 发展经济能力

在我国处于由计划经济向市场经济转型关键时期，为弥补市场机制发育不充分或运行失效的缺陷，加强政府对市场经济的管理和调控尤为重要。[1] 纵观中国农村经济发展30年的历程可知，由于中国治理体制是"上下分治的治理体制"，地方政府在遵循中央政府大政方针前提下，会根据本地集体传统和经济基础等因素，相应采取了不同的发展策略，乡镇政府和村委会在乡村社区经济发展中一直扮演"经济建设"角色，直接参与和干预乡村社区微观经济发展。[2] 20世纪80年代初期到90年代中期，在乡镇政府政策支持和村干部带头经营下，乡镇企业发展取得显著成绩。在这一时期，乡镇企业日益成为农村经济乃至国民经济的重要支柱和增长源。[3] 但

---

[1] 唐兴霖：《政府行为与农村发展——中国部分农村地区经济和社会发展进程中政府行为比较研究》，《政治学研究》2000年第1期。

[2] 曹正汉：《中国上下分治的治理体制及其稳定机制》，《社会学研究》2011年第11期。

[3] 刘牧：《非正式制度对于中国乡镇企业研究的重要性》，《中国特色社会主义研究》2005年第4期。

是，在"政企合一"的模式下，乡镇企业存在自身难以克服的局限，如产权模糊、政企不分、腐败丛生、内部管理混乱、缺乏激励机制等。据此，20世纪90年代初期，国家开始对乡镇企业进行改制，实现"政企分开"。乡镇改制过程一般由乡村干部主导，乡村干部在企业改制后又抓住新的经济增长点和新的角色定位，那就是招商引资，尤其是吸引外资。[①] 为鼓励和吸引外地资金的进入，乡村干部抓住地区性生产要素的控制权，特别是土地开发权。[②] 随着农地规模流转，分散的农户逐步被组织起来直接面向市场。米格代尔指出，农民越是依赖市场，他们就越依赖外界的条件和那些他们无法驾驭的人。[③] 实践证明，村集体经济组织发达的农村，农民仍然通过原有的农村集体参与市场竞争，不仅避免了建立新组织机构的高昂成本，还有助于维系社区凝聚力，减少个体农民和企业的风险，增强竞争力，促使一个激烈的竞争市场建立。[④] 因此，乡镇政府依然延续自农村经济体制改革以来"经济建设"角色，促进农地经营权规模流转及农业产业化经营。在农地经营权规模流转过程中，乡镇政府提供对土地承包经营权流转服务，如信息沟通、政策咨询、合同签订、价格评估等，也为因土地承包经营权流转引发社会问题提供配套保障，如失地农民就业与社会保障等。随着《中共中央 国务院关于加快发展现代农业 进一步增强农村发展活力的若干意见》"坚持依法自愿有偿原则，引导农村土地承包经营权有序流转"，"土地流转不得搞强迫命令，确保不损害农民权益"政策提出，乡镇政府将进一步加大土地规模流转中农民土地权益保护。在土地承包经营权规模流转的同时，为促进农业产业化经营，乡镇政府鼓励和培养土地股份合作社及各类专业经济协会，为土地股份

[①] 周黎安：《转型中的地方政府：官员激励与治理》，格致出版社、上海人民出版社2008年版，第305页。

[②] 曹正汉、史晋川：《中国地方政府应对市场化改革的策略：抓住经济发展的主动权——理论假说与案例研究》，《社会学研究》2009年第4期。

[③] ［美］米格代尔：《农民，政治与革命：第三世界政治与社会变革的压力》，李玉琪、袁宁译，中央编译出版社1996年版，第42页。

[④] 潘维：《农民与市场：中国基层政权与乡镇企业》，商务印书馆2005年版，第43页。

合作社及各类专业经济协会提供农业补贴资金及政策和法律支持。实践表明，在农业产业化经营发展中，以产业大户、致富能人为负责人的土地股份合作社及各类专业经济协会，在组织村民发展生产，提高村居组织化、专业化程度，实现增收致富中起到积极促进作用。由此可知，在构建集约化、专业化、组织化、社会化相结合的新型农业经营体系以及发展乡村社区经济等方面，乡镇政府具有较强发展经济能力。

3. 社会管理能力

税费时期，乡镇对于村级组织活动的几乎所有方面都直接监控。乡镇政府在自上而下的"压力型"体制下被要求实现各类目标——计划生育、社会治安、社会稳定、精神文明等，由于这些目标完成与乡镇政府政绩紧密相关，为了实现这些目标，乡镇干预和控制着村委会人事、财务及事务，将村委会纳入为受自己支配、忙于"政务"的行政组织。具体而言，乡镇政府主要从三个方面干预和控制村委会：第一，在人事上，主要表现为乡镇政府干预村委会选举，控制村委会成员配备。一些地方的乡镇政府为了有效管理和控制村委会，力图控制村委会成员选配权，如在村委会选举中，在村委会成员候选人的提名、竞选和投票的各个选举环节直接或间接施加影响，想方设法让自己内定的候选人当选，更有甚者以各种理由否定选举的结果，直接指定或委派村委会成员。第二，在财务管理上，乡镇政府通过"村财乡管"和决定村委会成员工资等方式，控制村级财务。自1990年以来，乡镇以清理、整顿村级财务，加强村级财务监督、管理为名，对村级账目和现金进行"代管"，并使"村财乡管"合法化和制度化。乡镇政府通过"村财乡管"这一直接控制村委会财务的方式，直接强化对村委会的控制。同时，乡镇政府在对村委会成员工作报酬发放上，制定一套量化考核指标，依据村委会成员完成考核指标上规定的任务决定工资及报酬的发放，并由乡镇政府核定村委会成员的工资标准。第三，在任务指标上，乡镇政府通过下达各种指令性计划、任务、命令和指标，决定村委会的主要工作内容。在"压力型"体制下，乡镇政府"任务重、手段弱"，为了摆脱自身困境及化解和转移自身管理成本，乡镇政府将村委会变成自己的"一条腿",并通过对村委会成员的"目标责任制"管理确保任务得以完成。此外,乡镇政府普遍建立了干部包村制度和管片体制,乡镇政府通过领导或者直接干预村委会工作、职务兼任、财务控制等方式,加强对村委会的干预和控制。由此可知,乡镇政府通过对村委会人、财、物方面行政化管理,促使村委会向科层化的官僚行政体制发展。但同时应该明确的是,目前村委会官僚化仅仅表现为村委会机构与人员的官僚化,而不是村委会权力运作的制度化、规范化与常规化。当乡村两级组织缺乏维持乡村秩序的常规性、规范化权力,乡村两级组织的制度化权力弱小,其对乡村社区治理能力较弱。[1] 同时,从村民自治的本义上看,村委会执掌乡村社区公共权力源于全体村民的授权,这也使得村一级决策向地方利益共同体的要求靠拢。[2] 但是,由于村一级行政组织的权威实际上受到国家行政权威的种种限制,村一级权威来源的转移并不彻底,在某种程度上,村委会的权威仍然依赖于上级党政机关的支持。[3] 据此,赵树凯指出村委会正陷入一种行政色彩强化、实际功能弱化的尴尬境地,即村级组织的"脆化",乡村关系在控制中逐渐脱节。[4]

进入21世纪以来,在农村市场经济发展、税费改革等外部环境的影响下,乡村社区内部社会环境也在发生相应的变化,从目前农村社会发展的现实来看,农村社会管理在社会转型期出现以下的新问题、新情况:日益开放的乡村社区要求改变传统村治封闭性和排他性的特点,多元利益主体参与乡村治理的需求要求改变村社一体的组织体制,城乡公共服务一体化的目标要求对乡村社区的资源进行整合。因此,改变现有乡村社区的组织、管理、服务体制,构建

---

[1] 欧阳静:《村级组织的官僚化及其逻辑》,《南京农业大学学报》(社会科学版) 2010年第4期。

[2] 周运清、王培刚:《全球乡村治理视野下的中国乡村治理的个案分析》,《社会》2005年第6期。

[3] 徐湘林:《"三农"问题困扰下的中国乡村治理》,《战略与管理》2003年第4期。

[4] 赵树凯:《乡村关系:在控制中脱节——10省(区)20乡镇调查》,《华中师范大学学报》(人文社会科学版)2005年第5期。

与开放、流动、分化和多样化相适应的新型农村组织体系、管理体系及服务体系，已经成为当前农村改革和发展中最迫切的任务。①针对农村社会管理出现的新问题、新情况，各地进行社会管理创新，开展农村社区建设，通过对乡村社区土地、资金、人才、技术和信息等要素的优化配置，能够增强乡村两级组织功能，打破村庄间的壁垒，力图实现社会管理与服务资源整合和共享。乡级管理机构向乡村社区延伸的同时，其功能得以拓展。如"社区发展协调委员会"主要是承接乡镇政府在农村社区的政务性事务及提供公共服务，"农村社区专职社工"主要是办理乡镇政府延伸在农村社区的政务性事务及服务性事务，"联村社区管委会"的成立标志着政府性公共服务的大规模下村与国家行政管理权下沉，"网格化管理"在消除农村基层社会管理服务的"真空地带"的同时，把多元化的社会有效地组织起来参与农村基层管理，实现国家与社会互动的结构化。由此可知，乡镇政府不断改善组织与管理体制，构建了与开放、流动、分化和多样化乡村社区相适应的农村社会管理体制。

4. 公共服务能力

税费时期，鉴于政治统治的有效性最终建立在被统治者认同的基础上，现代国家的国家认同愈来愈取决于为国民提供的服务。②自推行家庭联产承包责任制以来，在中央政府对农村公共服务财政资金投入不足的情况下，作为农村基层政权的乡镇政府一直承担着主要的供给责任，并构建以乡镇站所为主体的农村公共服务体系。随着农业经济发展的市场化、商品化，乡镇站所隐伏的各种矛盾开始凸显出来，如乡镇站所政事不分、管办不分、短缺财政等。应当明确的是，这一时期农村公共服务供给机制依然延续人民公社时期做法，农村公共服务除了少量由国家财政支付外，大部分由农民筹资筹劳完成。在乡村社区，由于村民的生产和生活都不得不与村委会联系在一起，村委会在乡村社区享有较强的公共权威，村委会向

---

① 徐勇、项继权：《开放乡村的社区重建》，《华中师范大学学报》（人文社会科学版）2009年第3期。

② 徐勇：《"服务下乡"：国家对乡村社会的服务性渗透——兼论乡镇体制改革的走向》，《东南学术》2009年第1期。

农村提供公共服务资金来源主要是向农民收取的"村提留"及共同生产费。总的说来，在这一时期，村委会一方面通过承包合同促使村民完成各种负担和任务，另一方面凭借其公共权威筹集人力、物力对乡村社区公共设施进行建设，如组织灌溉、修建机耕道、修挖大型堰塘水坝等蓄水或防洪设施等，为分散的农户提供农业生产所需的基础性条件。但是由于村委会的政府代理人和村民当家人的双重身份，在公共服务提供上，村委会以执行上级政府部门的意愿为主，村委会与农民之间的联系，是建立在要求农民分担农村公共服务供给的成本基础上。对于农民而言，这一时期公共服务的供给，表现为由农民直接缴纳农村公共服务资金和提供劳务，使得农民负担更为显现化。

进入21世纪以来，随着城乡一体化进程推进，需要改变长期延续的城乡二元公共服务体制，建立能够覆盖城乡、惠及全民的公共财政和由公共财政所支撑的公共物品供给体系。[①] 国家财政加大对农村基本公共服务投入力度，不仅派驻机构与人员向乡村社区直接提供政务性服务，而且尝试吸纳乡村社区经济组织、社区自治组织、社区社会组织等多元主体参与农村公共服务供给中。实践表明，通过以上行为，乡镇政府对乡村社区公共服务供给能力不断增强。在政务性服务供给中，乡镇政府直接选派人员进驻农村社区服务中心，向社区居民提供延伸到农村的政务服务及有关公共服务。在吸纳多元主体参与乡村社区公共服务供给上，乡镇政府对这些主体给予政策、资金上的支持。如对于乡镇政府委托农村社区服务中心完成的行政事务或临时性工作，乡镇政府按"权随责走、费随事转"的原则，给予相应的工作经费或补贴；乡镇政府为村委会自我服务供给提供信息、技术、组织与合法性等方面的治理资源；乡镇政府对乡村社区经济组织及社会组织除了给予合法性、资金等方面的扶持外，还通过合同或其他法定的方式向乡村社区经济组织购买公共服务。

[①] 徐勇、项继权：《公民国家的建构与农村公共物品的供给》，《华中师范大学学报》（人文社会科学版）2006年第2期。

5. 制度规制能力

随着1998年《村民委员会组织法》颁布实施及2008年新修订《村民委员会组织法》的颁布实施，国家通过法律规范界定国家权力与自治权力的边界，并规定乡镇政府与村委会之间是"指导与被指导关系"，为保证国家治理目标在乡村社区实现，《村民委员会组织法》明确规定村委会有协助乡镇政府的义务。为规范以村委会为代表的乡村社区自治组织行使乡村社区公共权力，《村民委员会组织法》规定村委会的产生必须通过竞争性选举的方式，赋予村民会议和村民代表会议享有民主决策权和民主监督权，通过法定的程序产生的村民监督委员会和民主理财小组是乡村社区监督机构，村民小组是联系农民群众的具体机构。实践中，形成了诸如村民直接提名候选人并根据提名得票多少按照差额选举的原则确定正式候选人的"海选"；在农村党支部的换届选举中，先组织民意测评，让村民对党支部委员候选人投"信任票"，信任票过半数以上者，才能成为正式候选人；由全体党员投"选举票"的"两票制"；由"党内推荐、群众推荐、党内选举"的"两推一选"；村党支部书记与村委会主任"一肩挑"；在"党支部领导下的村民自治运行机制，支部工作规范化，村民自治法制化，民主监督程序化"的"一制三化"制度；村委会选举中"秘密投票"原则、村务监督委员会制度、民主恳谈等体现现代民主理念的村民自治运行机制。因此，在乡村社区自治力量发育过程中，国家在制度上加强乡村社区自治组织的建设，在国家权力与乡村社区自治组织之间关系规范化与制度化，国家在乡村社区制度能力建设，不仅丰富和发展乡村社区自治力量，而且加强国家对乡村的治理能力。

（二）乡村社区自治力量的生长

伴随人民公社瓦解及国家从乡村社区撤离引发"权力真空"，"乡政村治"时期乡村社区自治力量再次生长，并在后税费时期发展迅速。具体而言，表现为以下几个方面。

1. 乡村社区自治组织自治权力的行使更为规范化

作为乡村社区自治组织的村委会，在后税费时期工作内容发生重要改变，其工作重心由农业税费的征缴转向对乡村社区提供公共服务，这为重塑村委会在乡村社区合法性基础提供契机。为重新赢得村民对其认同，村委会不断改进工作程序与工作方法，其在乡村社区公共权威逐渐增强。在"两委"关系处理上，各地强调"两委"成员交叉，进一步推进"一肩挑"。在落实村务公开和民主管理上，河南邓州"四议两公开"强调村里重大事项决定必须经过村"两委"、村代会协商一致，并且实现决议公开、实施结果公开；河北"青县村治模式"合理划分村党支部、村代会与村委会权限，实现各司其职。在对村委会监督上，各地设立村务监督委员会，由其负责村民民主理财，监督村务公开等制度的落实；村民会议或者村民代表会议每年负责评议村委会履行职责情况；对村民委员会成员实现任期和离任经济责任审计等。

2. 乡村社区社会组织在乡村社区公共服务供给中发挥积极作用

随着乡村社区经济社会的发展，农民在生产与生活中对公共服务呈现出多样化的需求，乡村社区社会组织相应成立。乡村社区社会组织主要包括两类，一是内生型乡村社区社会组织。后税费时期，由于"三提五统"的取消，村委会筹资能力下降，特别是在中西部经济欠发达地区的农村，缺乏足够的财政支撑下的村庄公共事务和公益事业出现无钱办事、无人办事的窘境，基于农民内生需求新兴的乡村社区社会组织相应成立。湖北秭归以自然村或小组为单位成立社区理事会，组织村民参与村落社区公共事务。与社区理事会性质上相类似的组织有老年人协会、红白喜事理事会等，这些乡村社区社会组织能够挖掘乡村社区传统文化资源、重建乡村社区社会资本，激发农民自我管理、自我服务、自我教育、自我监督的积极性，从而组织农民进行自我服务的供给。二是外生型乡村社区社会组织。在经济发达地区农村，随着大量人口流入及大量企业、单位入驻，给村委会的管理带来以下难题：由于村委会是本地居民的自治组织，其人员边界局限于本地居民，在提供服务和管理上具有封闭性和排他性的特点。为将外来人口纳入到一体化服务和管理中来，有效处理新出现公共事务，村级"社区和谐促进会"、"和谐共建理事会"等乡村社区社会组织相应成立。这些外生型乡村社区社会组织在对乡村社区管理与服务中，相对于传统治理手段，在管理理念上对外来人口由"防范"到"包容"，在管理主体上由"本村村民"封闭管理到吸纳"外来人口"与"外来单位"参与本村管理，在管理对象上由对"本村村民"管理到对"新老居民"无缝隙的管理和均等服务的提供，在管理内容上由"村民自治"事务向所有与"新老居民"生产、生活有关事务拓展。这些外生型乡村社区社会组织能够提高外来人员的归属感和认同感，化解各类矛盾纠纷，从而形成推进和谐乡村社区建设的合力。

3. 乡村社区经济组织促进乡村社区生产及服务的市场化

随着乡村社区农业生产及公共服务供给的社会化及市场化，乡村社区兴起"土地股份合作社"、专业技术协会、专业服务公司、农民用水协会、农民经纪人等乡村社区经济组织。在农业生产上，为了提高农民的组织化程度，增强抵御自然和市场风险的能力，实行产业化、规模化经营，各地农民在生产中打破了一家一户的封闭生产方式，实现了生产的联合，各地成立了土地股份合作社、"养殖协会"、"种苕协会"等农民专业合作组织。这些专业合作经济组织不仅在生产经营活动中充分体现了"民办、民管、民受益"原则，实现了农民平等参与、当家做主、自我理财的愿望，而且形成了区域化养殖、销售网络，促进了区域经济的发展。在公共服务供给中，各地探索构建公益性服务与经营性服务相结合、专项服务与综合服务相协调的新型农业社会化服务体系。如对于社区内公益事业和公共事务，由社区自我筹集资源、资金及由社区选配人员，在农村社区服务中心下设专门的服务组织或服务平台，为社区居民提供自我服务；同时，农村社区服务中心提供场所，吸引一些社区经济组织在社区提供各种便民服务，参与到乡村社区公共服务供给中。

（三）乡镇政府治理能力与乡村社区自治能力发展不均衡

"乡政村治"时期，随着国家对农村宏观战略调整，乡镇政府在农村基层社会的资源汲取能力、发展经济能力、社会管理能力、公共服务能力和制度建设能力不断增强，农村社区自治能力和农村基层治理制度化水平也不断提升。但是，从整体上而言，乡镇政府治理能力与农村社区自治力量之间是不均衡的。① 在税费时期，由于这一时期国家为了实现对乡村社区资源汲取、社会管理等治理目标，从总体上看国家权力的行使不受社会制约，甚至屡屡侵犯农民合法权益，国家权力与乡村社区自治力量没有呈制度化、规范化、程序化的运作。自农村税费改革以来，乡镇政府等基层政权治理能力得以增强，国家对乡村社区公共服务和社会管理力度加大。但同时，随着国家乡村治理能力的增强，乡镇政府行政功能进一步向乡村社区的弥散化，乡镇政府管控和包办许多原先由乡村社区自治组织完成的事项，许多原先由乡村社区自治组织发挥的自治功能由乡镇政府承担，乡镇政府行政权力在乡村社区无所不能，无所不包，乡村社区自治组织表现为对乡镇政府的依附，受到乡镇政府一定程度上的控制与约束，乡镇政府与乡村社区自治组织之间力量处于不均衡配置与互动，乡镇政府治理能力与乡村社区自治能力之间互动并非完全表现为制度化、规范化、程序化的互动。具体而言，表现为这几个方面。

1. 乡镇政府加强对乡村社区自治权的控制

后税费时期，在经济欠发达的中西部农村地区，乡村社区公共财力下降，随着大量村民外出打工经商，村庄"空心化"趋势越来越严重，村委会在兴办社区公共事务和公益事业时出现无钱办事、无人办事的窘境，村委会与村民日常联系日益疏远。为了维持村委会日常运作，乡镇政府加大对村级财政转移支付的力度，村委会日常运作经费、村干部的工资均由乡镇政府支付。特别是为保证村干部"收入有保障"，"干好有希望"，"退后有所养"的"一定三有"政策，乡镇政府对村干部实行严格的明岗定责、严格的目标管理和严格的考评制度，加大村干部对乡镇政府的依赖。对于乡镇政府而言，后税费时期虽然向农村征收税费压力减轻，但乡镇政府仍在招商引资、计划生育、综合治理等方面"一票否决"，这就迫使乡镇政府将这些事项列入对村干部考评的"一票否决"，并且，为保证

---

① 张艳国、尤琳：《农村基层治理能力现代化的构成要件及其实现路径》，《当代世界社会主义问题》2014年第2期。

乡镇政府政令及时下达，有些地方村委会开始实行"坐班制"，村委会有朝着乡镇政府的派出机构方向发展的趋势。

2. 乡镇政府过多干预乡村社区公共服务的供给

在乡村社区公共服务供给中，乡镇政府过多干预的行为，不仅不利于各类服务主体的充分发育，而且有碍于"公正、公开、公平"的市场化、社会化公共服务体系的构建。具体说来，主要表现为这两个方面：一是农村社区服务中心运转上。目前，在农村社区服务中心性质上没有统一的界定，由于实践中农村社区服务中心大多利用现有的村委会政治和组织资源优势设置，因此一般将其定位于为本社区居民提供公共服务的一个平台，属于乡村社区社会组织。但是，农村社区服务中心在组建过程中，往往由乡镇政府统一领导协调，负责日常管理，统筹经费使用和人员配备。特别是人员选配上，乡镇政府选派或者从大学生村官中选聘专职工作人员进入农村社区服务中心，如农村社区专职社工制度，这就使得农村社区工作人员具有"公职化"色彩，农村社区服务中心在性质上更类似于乡镇政府派出机构。因此，哪些事项属于由农村社区服务中心应该完成的乡镇政府延伸到乡村社区的政务性事务，哪些事务属于乡镇政府委托农村社区服务中心完成的行政事务或临时性工作，在实践中没有明确的划分，乡镇政府更趋向于直接向农村社区服务中心下达任务，阻碍农村公共服务供给市场化运行规则的建立。二是在农村公共服务竞争市场上，尽管将乡镇政府对乡村社区公共服务供给引入市场化手段，通过招标、委托代理等方式向社会购买服务，但是基于以下原因，改制后的乡镇站所依然是主要的供给主体。从目前乡镇综合配套改革的实践来看，有部分县市领导干部及职能部门负责人对改革认识较为模糊，改制后的乡镇站所工作人员依然保留事业编制，他们只是名义上与主管部门脱离，其人事、工资待遇、工作内容依然由主管部门掌管，改制后的乡镇站所没有真正走向市场。即使真正进行改制的乡镇站所，其工作人员仍是以前"七站八所"人员，他们与乡镇干部有"千丝万缕"的联系。因此，在农村公共服务供给招标与监管上，改制后乡镇站所通过打"人情牌"、"走关系"，在市场竞争中处于优势地位，这将不利于"公正、公开、公平"农村公共服务供给竞争市场的形成。

3. 乡镇政府加大乡村社区社会管理的力度

农村社会管理创新实践表明,乡级管理机构主动向乡村社区延伸目的之一是为了加强对农村基层社会管理,实现对乡村社区渗透和控制,乡村关系呈行政化发展趋势。例如"网格化管理"削弱村委会、村民小组等农村基层组织的自治功能,乡镇政府通过网格服务团队直接联系村民和实施管理,使得乡镇政府对农村基层社会管理的力度得以加强。在对联村社区社会管理中,"联村管委会"的设置表明乡镇政府主动"逼近"乡村社区,通过"联村管委会"干部的"逼近","联村管委会"更多呈现出乡镇政府派出机构的身份,这都可能导致乡镇政府利用"联村管委会"加强对村委会的行政干预。同时,联村社区管委会将原属于村委会自治职能剥离,实践中可能存在行政权侵蚀自治权之嫌。农村社区专职社工的性质类似于乡镇政府向农村社区派驻的工作人员,具有"公职化"色彩,体现了乡镇政府行政权力的下沉。

针对伴随国家对乡村治理能力增强,国家权力在实践中可能吞噬乡村社区力量的现象,吴毅总结为:"公共权力强制性和基础性两个方面关联密切,难以剥离,往往是一进俱进、一退俱退,一荣俱荣、一衰俱衰。即要么以强制性权力作支撑,基础性权力表现得强而有力,要么当强制性权力受到约束,或有所减弱之时,基础性权力也相应地被削弱甚至崩解。反之,为了重新增强基础性权力,似乎又只有再去寻求强制性权力作支撑,哪怕因此而牺牲农民的基本权利。"[①] 在国家治理能力建设中,国家权力与乡村社区自治力量处于不均衡配置与互动,不仅导致国家权力极易侵犯乡村社区,既不利于乡村社区自治力量生长,又制约国家治理能力建设。

但是,如前所述,随着这一时期乡村社区自治力量在不断生长,乡村社区经济组织及社会组织在经济活动中与乡镇政府合作发展、在公共服务供给中与乡镇政府合作供给、在社会管理中与乡镇政府合作治理,从而实现政府力量与社会力量互动,政府资源与社

[①] 吴毅:《记述村庄的政治》,湖北人民出版社2007年版,第79页。

会资源的共享。按照吴毅所说，在国家政权建设这一公共权力自身的双向互进，要求基层政权一方面要不断形塑自身的公共性，其运作受到制度规约，另一方面则要不断提高和完善其作为基层公共组织的供给与服务职能。① 因此，乡镇政府与村委会合作治理应是乡村治理发展的方向。我们也应坚信，随着乡村社区自治组织不断加强制度化建设，这些社区内自治力量必然对乡村社区民主运行提出更高的要求，正如彭真有针对性地指出："有了村民委员会，农民群众按照民主集中制的原则，实行直接民主，要办什么，不办什么，先办什么，后办什么，都由群众自己依法决定，这是最广泛的民主实践。他们把一个村的事情管好了，逐渐就会管一个乡的事情；把一个乡的事情管好了，逐渐就会管一个县的事情，逐步锻炼、提高议政能力。"② 乡村社区自治民主有可能会向政治民主转型。

二 合作治理与国家治理能力的现代化

（一）合作治理提出的历史背景

新中国成立以来，国家干预社会事务深度与广度日益加强，相应地，社会自治能力越来越弱，社会和民众对国家依赖性越来越大，全能主义国家日渐形成。邹谠认为，全能主义是指"政治机构的权力可以随时地无限制地侵入和控制社会每一个阶层和每一个领域的指导思想。全能主义政治指的是以这个指导思想为基础的政治社会"。③ 按照哈贝马斯对社会"三分法"的划分，国家、市场与社会是现代社会中"三足鼎立"的三个独立领域，现代社会应由政治社会、经济社会和市民社会三个部分构成，相应地，现代国家治

---

① 吴毅：《记述村庄的政治》，湖北人民出版社2007年版，第82页。
② 彭真：《通过群众自治实行基层直接民主》，载《彭真文选》，人民出版社1991年版，第608页。
③ ［美］邹谠：《二十世纪中国政治：从宏观历史与微观行动的角度看》，牛津大学出版社1994年版，第25页。

理结构应表现为法治政府、市场经济、公民社会三元鼎立的治理结构①。改革开放以来，随着社会自治组织和自治力量的兴起，治理主体由国家一元转变为多元，公民参政的意识和能力提高，其对自身利益的诉求也进一步增强。加之公共事务的不断增多和日益复杂，国家有限治理资源无法应对，因此，必须进行制度创新，改全能政府为有限政府，国家必须将有限的治理资源集中于一些关键的职能范围和权力领域，同时，国家向社会和市场全面放权，培植社会力量和市场力量，让国家与社会力量和市场力量一起管理公共事务。十八届三中全会报告首次提出"要推进国家治理体系和治理能力现代化"，国家治理体系和治理能力是一个有机整体，国家治理体系和国家治理能力，其实质指的是一个国家的制度体系和制度执行能力，推进国家治理体系的现代化和治理能力现代化，是同一政治过程中相辅相成的两个方面。在"推进国家治理体系和治理能力现代化"改革总目标指引下，首先应当明确国家治理的政府、市场、社会三大治理主体，它们恪守各自在国家治理中的行为边界，在国家治理体系和治理能力现代化中发挥不同的功能与作用。从这个意义上看，国家治理能力现代化是对国家、市场、公民社会等治理形式、力量或机制的一种宏观安排，希望通过国家力量、自由化的市场力量、社会自治力量协助治理，促使多元治理力量的合作伙伴关系达成，通过一种"多中心的治理之道"实现广泛社会中的众多治理目标。

（二）合作治理与国家治理能力的现代化

美国学者伯恩哈德认为，民主体制下唯一良好的权力配置是强国家与强公民社会和谐共存。在这种格局下，国家有足够的能力履行其职责，公民社会的力量也强大到足以防止国家过分自主而不对社会的要求作出反应。② 国家治理现代化要求国家与社会的合作治

---

① 何显明：《政府转型与现代国家治理体系的建构——60年来政府体制演变的内在逻辑》，《浙江社会科学》2013年第6期。

② 何增科：《公民社会与第三部门》，社会科学文献出版社2000年版，第7页。

理，这样既避免了资本力量主宰一切的"市场社会"的降临以及"有社会而无国家"的"全民干政的社会"，也有效地阻止国家权力行使时不与社会协商"全面专政的国家"。按照福山的分析维度，国家基础性权力的建设不是指增加国家或政府权力的大小范围，而是指国家治理能力即"国家通过社会中的商议和合作进程来渗透社会，组织社会关系和实施政策的能力"[①]得以增强。也就是说，国家治理能力的建设即"强化它们的国家制度的基础力量"[②]。在福山看来，强化国家制度的基础力量最好的路径是国家向社会放权，尽可能缩减国家的职能范围，国家通过行使一些关键性的经济、政治和社会职能，强化国家治理能力，提高国家政权的强度，从而建构起一个"小而强的国家"。[③] 因此，国家治理能力建设的关键是通过国家与社会的合作治理，缩减国家的职能范围、增强国家在经济、政治和社会等领域关键性职能，从而提高国家治理能力。

十八届三中全会公报指出："全面深化改革的总目标是完善和发展中国特色社会主义制度，推进国家治理体系和治理能力现代化。"胡鞍钢认为国家的现代化包括"有形的建设"和"无形的现代化"，"有形的建设"是我们所能看到的经济建设、政治建设、文化建设、社会建设，包括生态文明建设，"无形的现代化"又称为制度建设，更加准确地理解或许应该是制度建设的现代化。[④] 具体到国家治理能力现代化，由于国家治理能力包括两个层面的内容，即国家在资源汲取、发展经济、社会管理、公共服务、制度建设等五方面治理能力及国家能力行使中国家与社会之间达成正和博弈能力，国家治理能力现代化相应体现为两个幅度的现代化，一是国家对社会的资源汲取能力、发展经济能力、社会管理能力、公共服务能力、制度建设能力的现代化，二是国家能力行使中国家与社会之

[①] Ziya Onis, "The Logic of the Developmental State", *Comparative Politics*, Vol. 24, No. 1, 1991, pp. 109-126.

[②] [美] 弗朗西斯·福山：《国家构建：21世纪的国家治理与世界秩序》，黄胜强、许铭原译，中国社会科学出版社2007年版，第40页。

[③] 同上书，第16—18页。

[④] 胡鞍钢：《完善发展特色社会主义推进国家制度现代化》，2013年11月13日，光明网。

间正和博弈能力的现代化。那么，这两种能力的增强是同步进行还是在时间上有先后之分？王绍光提出中国转型分两步走：第一步是强化国家能力，第二步是向民主国家转变。并且，中国国家能力的提高和循序渐进向民主体制转变是同步进行。① 据此，我们认为，国家治理能力的现代化应当是国家在五方面治理能力的现代化与国家能力行使中国家与社会之间正和博弈能力的现代化同步进行。

三　合作治理下的国家乡村治理与乡村社区自治

(一)"强政府—强社会"和谐共生模式

从"统治"到"管理"，从"管理"再到"治理"，是全球政府治国转型的普遍趋势。中国乡村治理也必须遵循从"管理"向"治理"演进的历史逻辑。从党的十八大"发挥基层各类组织协同作用，实现政府管理和基层民主有机结合"目标的提出，到十八届三中全会公报"完善和发展中国特色社会主义制度，推进国家治理体系和治理能力现代化"改革总目标的确定，均表明国家为改善乡村治理，提升农村基层治理能力，使乡村社会通过良好的治理获得更美好的生活的图景。我们认为，在今后很长一段时期，大力推动农村基层治理能力现代化，必须大力改进乡镇政府治理机制、积极发挥农村社区各类组织在农村基层治理中的协同作用、建构乡镇政府与农村社会制度化的良性互动关系。② 据此，乡镇政府行政管理权与乡村社区自治权的合作治理模式应该表现为"强政府—强社会"和谐共生。在"强政府—强社会"和谐共生模式中，"强政府—强社会"是指国家权力与乡村社区自治力量的共同增强，一方面，强国家意味着乡镇政府行政管理权在政治、经济、文化、社会等关键领域具有较强治理能力，能够发挥市场与社会无法有效发挥

---

① 王绍光：《安邦之道：国家转型的目标与途径》，生活·读书·新知三联书店2007年版，第4—5页。
② 尤琳、陈世伟：《国家治理能力视角下中国乡村治理结构的历史变迁》，《社会主义研究》2014年第6期。

效用，如发展乡村社区经济、为乡村社区提供公共服务、维护乡村社区社会秩序等。另一方面，强社会意味着乡村社区自治力量不仅能够通过乡村社区组织，将分散农民组织起来，实现自我管理和自我服务等自治权，而且能够制约乡镇政府行政管理权在乡村社区无序侵蚀与扩张，防止因偶尔乡镇政府行政管理权失范给乡村社区带来的侵犯。由此可知，"强政府—强社会"和谐共生中乡镇政府行政管理权与乡村社区自治力量是双向互动的，既促进了乡村社区自治力量对乡镇政府行政管理权的认同，又促进了乡镇政府行政管理权对乡村社区的整合，[①] 他们彼此之间相互影响、相互依存，彼此支撑。同时，合理界定乡镇政府行政管理权与乡村社区自治力量的权力边界、职能边界、行为边界，在乡镇政府行政管理权与乡村社区自治力量之间建立起一种合法化、程序化、制度化的相互形塑的关系，促进乡镇政府行政管理权与乡村社区自治力量共生共强。

（二）国家权力与乡村社区自治力量互构

1. 乡镇政府行政管理权的缩减取决于乡村社区自治能力的增强

要实现"强国家、强社会"的组合，首先需要一个凝聚力强、有一定自主性、权力范围适度的国家。[②] 在乡村社区治理中，要增强乡镇政府在关键性的经济、政治和社会等领域的治理能力，需要缩减乡镇政府的职能范围和权力边界，具体说来，乡镇政府职能范围与权力边界的缩减取决于乡村社区自治能力。只有在乡村社区有发育成熟的自治组织和自治力量，乡村社区才能通过自生自发秩序进行自我管理和自我服务，才能向乡镇政府有效表达农民的利益和诉求，实现乡镇政府行政管理与乡村社区自治有效衔接与互动。否则，在乡村社区自治组织与自治力量缺失的情况下，乡镇政府即使想放权，由于乡村社区缺乏自治组织承接乡镇政府的放权，将出现由于国家秩序和自生自发秩序双重缺失而导致乡村社区陷入混乱的

---

① 段绪柱：《国家权力与自治权力的互构与博弈——转型中国乡村社会权力关系研究》，博士学位论文，吉林大学，2010年。
② 张长东：《国家治理能力现代化研究——基于国家能力理论视角》，《法学评论（双月刊）》2014年第3期。

状态。因此，乡镇政府治理能力的增强，取决于乡村社区自治力量的生长。

2. 乡村社区自治能力增强的可行路径

国家治理能力现代化背景下，国家只有持续不断地为社会自治提供法治支持、政策保障、资源供给，才能与社会良性互动，既从中获得社会维护国家稳定的能量，又因此得到国家善治的深厚社会动力。[1] 目前，乡村社区自治权的行使主要通过村委会这一乡村社区自治组织来实现，并集中表现为对乡村社区公共事务的管理。实践表明，除了乡村社区自治组织外，乡村社区社会组织在乡村社区公共服务供给中发挥积极作用，乡村社区经济组织促进乡村社区生产及服务的市场化。总的说来，乡村社区居民通过参与乡村社区各类组织，不仅满足其在生产与生活上多样化需求，而且自我管理、自我教育、自我服务等自治权得以丰富和拓展。在自我管理上，乡村社区居民参与到乡村社区各类组织中，乡村社区各类组织通过其内部规则规范与约束其成员行为，促使乡村社区居民逐渐养成民主生活方式，只有当民主成为乡村社区居民的一种习惯时，乡村社区民主才能得以深度发育。在自我教育上，相对于村委会这一由乡村社区精英参与的组织，乡村社区各类组织更能贴切居民的实际需求，也更具有"草根性"，因此能够吸纳广大乡村社区居民参与。乡村社区居民在乡村社区各类组织过程中，逐渐了解与他人沟通与交流的技巧，懂得在利益均衡过程中要妥协和宽容，并且培养集体行动中互助与互信的品质，形成遵从约定与规则的意识。在自我服务上，从整体上看目前投入到乡村社区公共资源较有限，乡村社区各类组织能够缓解兴办乡村社区公共事务和公益事业资金缺乏的不足，能够组织个体化农民参与市场竞争，扩展了乡村社区服务供给的来源，实现乡村社区居民自我服务的提供。由此可知，作为乡村社区孕育和发展新的民主力量，乡村社区各类组织提高了乡村社区居民自治能力，拓展了自治的空间，在此，应当明确的是，乡村社区自治力量不应该仅仅局限于乡村社区自治组织，乡村社区各类组

---

[1] 任剑涛：《国家释放社会是社会善治前提》，《社会科学报》2014年6月14日。

织均应成为乡村社区自治主体，乡村社区自治发展方向将以乡村社区自治组织为主要平台，但是不限于乡村社区自治组织自治，应该将乡村社区自治组织纳入到乡村社区自治的平台，在这一平台上，整合乡村社区自治组织与乡村社区各类组织之间的关系，充分发挥它们的群众性、自治性和民主性，孕育出群众自治的活力、基层管理的合力和民主成长的动力。①

（三）国家权力与乡村社区自治力量博弈

1. 乡村社区自治力量制约乡镇政府行政管理权扩张

现代民主国家目的是将其活动引向它所服务的人民认为是合法的这一终极目标上，并把权力的行使置于法治原则之下，②只有当制度能够为政治家们提供可靠预期时，他们才会努力增进国家能力而非通过建立各种庇护关系或各种政治伎俩来维护自身权力。③由于乡镇政府对乡村社区在权力配置、运行目标等方面起到主导作用，在现代民主机制下，除了强调乡镇政府采用非强制或弱强制的方式对乡村社区进行管理之外，也注重发挥乡村社区自治力量来制约乡镇政府行政管理权。乡村社区自治力量制约乡镇政府行政权力的机制主要通过个体化的农民结成自治组织的方式实现，正如托克维尔说："在我们这个时代，结社自由已成为反对多数专制的一项必要保障。"④村民通过公平、公开的方式选举乡村社区自治组织的成员，并通过民主决策、民主管理等方式行使乡村社区自治权，通过这种群体性自治权力抵制乡镇政府行政管理权对乡村社区的过度扩张和渗透，形成乡村社区自治权力对乡镇政府行政管理权的制衡关系，达到切实保障农民权利的目的。

---

① 林尚立：《基层民主：国家建构民主的中国实践》，《江苏行政学院学报》2010年第4期。

② ［美］弗朗西斯·福山：《国家构建：21世纪的国家治理与世界秩序》，黄胜强、许铭原译，中国社会科学出版社2007年版，第1页。

③ 张长东：《国家治理能力现代化研究——基于国家能力理论视角》，《法学评论》2014年第3期。

④ ［法］亚历西斯·德·托克维尔：《论美国的民主》（上卷），董果良译，商务印书馆1991年版，第216页。

2. 乡镇政府行政管理权对乡村社区自治力量自治权行使进行必要干预和调节

在乡村治理中，国家通过对乡村社区体制性行政放权，将基层管理权赋予乡村社区居民，乡村社区居民通过对社区内公共事务进行自我管理和自我服务，确保乡村社区居民的知情权、参与权、决策权和监督权得以实现，也就是说，只有国家给乡村社区自治组织以足够的自治空间，乡村社区自治力量才能得以生长。沿着以上的分析路径，当乡村社区面临自身无力解决的矛盾和冲突时，作为在乡村社区国家法令执行者的乡镇政府，能够凭借国家权力产生对乡村社区任何阶层、组织和团体一视同仁的约束力，并促使乡村社区各方利益主体按照国家法令规定的制度和程序，谋求所谓"随机性的制度化让步妥协"。国家的任务，诚如普利泽瓦斯基（Prezeworski）所说，就是去组织这种妥协，或说使利益冲突制度化。[①]

值得注意的是，历史经验表明，乡镇政府对乡村社区超强控制导致乡镇政府呈"全能主义"发展趋势，出现"强国家—弱社会"治理模式，不仅使得乡镇政府行政管理权对乡村社区自治权力的侵蚀，损害乡村社区自治力量发育，而且有可能导致国家与农民关系的"断裂"，损害国家在乡村社区的合法性基础。因此，乡镇政府行政管理权对乡村社区自治权力进行必要干预和调节的同时，应该避免对乡村社区自治权力的超强控制和过度干预。

---

① 甘阳：《"民间社会"概念批判》，载张静主编《国家与社会》，浙江人民出版社1998年版，第31页。

参考文献

一 中文著作

［澳］维斯、霍布森：《国家与经济发展：一个比较及历史性的分析》，黄兆辉等译，吉林出版集团有限责任公司2009年版。

［德］斐迪南·滕尼斯：《共同体与社会——纯粹社会学的基本概念》，商务印书馆1999年版。

［德］马克斯·韦伯：《经济与社会》，林荣远译，商务印书馆1997年版。

［法］卢梭：《社会契约论》，商务印书馆1980年版。

［法］亚历西斯·德·托克维尔：《论美国的民主》（上卷），董果良译，商务印书馆1991年版。

［美］邹谠：《二十世纪中国政治：从宏观历史与微观行动的角度看》，牛津大学出版社1994年版。

［美］阿瑟·奥肯：《平等与效率》，华夏出版社1999年版。

［美］奥斯特诺姆、帕克斯、惠特克：《公共服务的制度建构》，上海三联书店2000年版。

［美］白苏珊：《乡村中国的权力与财富：制度变迁的政治经济学》，浙江人民出版社2009年版。

［美］彼德·布劳：《社会生活中的交换与权力》，孙非、张黎勤译，华夏出版社1998年版。

［美］查尔斯·蒂利：《强制、资本与欧洲国家》，魏洪钟译，上海人民出版社2007年版。

［美］戴维·奥斯本、特德·盖布勒：《改革政府》，上海译文出版社1996年版。

［美］杜赞奇：《文化、权力与国家：1900—1942年的华北农村》，王福明译，江苏人民出版社2010年版。

［美］费正清、罗德里克·麦克法夸尔：《剑桥中华人民共和国史（1949—1965）》，王建朗译，上海人民出版社1991年版。

［美］费正清编：《剑桥中国晚清史：1800—1911（上卷）》，中国社会科学出版社1985年版。

［美］费正清：《美国与中国》，商务印书馆1987年版。

［美］弗朗西斯·福山：《国家构建：21世纪的国家治理与世界秩序》，黄胜强、许铭原译，中国社会科学出版社2007年版。

［美］古德：《家庭》，社会科学文献出版社1986年版。

［美］黄宗智：《华北的小农经济与社会变迁》，中华书局2000年版。

［美］李怀印：《华北村治——晚清和民国时期的国家与乡村》，中华书局2008年版。

［美］罗伯特·达尔：《论民主》，商务印书馆1997年版。

［美］罗伯特·达尔：《现代政治分析》，王沪宁等译，上海译文出版社1987年版。

［美］迈克尔·麦金尼斯主编：《多中心体制与地方公共经济》，上海三联书店2000年版。

［美］米格代尔：《农民，政治与革命：第三世界政治与社会变革的压力》，李玉琪、袁宁译，中央编译出版社1996年版。

［美］乔尔·S.米格代尔：《强社会与弱国家——第三世界的国家社会关系及国家能力》，张长东等译，江苏人民出版社2009年版。

［美］莫里斯·弗里德曼：《中国东南的宗族组织》，上海人民出版社2000年版。

［美］塞缪尔·P.亨廷顿：《变化社会中的政治秩序》，王冠华译，生活·读书·新知三联书店1996年版。

［美］文森特·奥斯特罗姆、埃莉诺·奥斯特罗姆：《公益物品与公共选择》，毛寿龙译，上海三联书店1999年版。

［美］西达·斯考切波：《国家与社会革命：对法国、俄国和中国的比较分析》，何俊志、王学东译，上海人民出版社2007年版。

［英］安东尼·B. 阿特金森、［美］约瑟夫·E. 斯蒂格里茨：《公共经济学》，上海人民出版社1994年版。

［英］安东尼·吉登斯：《民族—国家与暴力》，胡宗泽、赵力涛译，生活·读书·新知三联书店1998年版。

［英］卡尔·波兰尼：《大转型：我们时代的政治与经济起源》，浙江人民出版社2007年版。

［英］迈克尔·曼：《社会权力的来源》，陈海宏等译，世纪出版集团、上海人民出版社2007年版。

［英］米切尔·黑尧：《现代国家的政策过程》，赵成根译，中国青年出版社2004年版。

白钢、赵寿星：《选举与治理——中国村民自治研究》，中国社会科学出版社2001年版。

陈吉元：《中国农村社会经济变迁（1949—1989）》，山西经济出版社2000年版。

陈锡文：《中国农村改革：回顾与展望》，天津人民出版社1993年版。

邓伟志主编：《创新社会管理体制》，上海社会科学出版社2008年版。

费孝通：《乡土中国生育制度》，北京大学出版社1998年版。

郭道晖：《社会权力与公民社会》，译林出版社2009年版。

何增科：《公民社会与第三部门》，社会科学文献出版社2000年版。

胡鞍钢、王绍光、周建明：《第二次转型——国家制度建设》（增订版），清华大学出版社2009年版。

金太军：《村庄治理与权力结构》，广东人民出版社2008年版。

瞿同祖：《清代地方政府》，法律出版社2005年版。

李军鹏：《公共服务型政府》，北京大学出版社2004年版。

林毅夫、蔡昉、李周：《中国的奇迹：发展战略与经济改革》，上海三联书店1994年版。

卢福营：《冲突与协调——乡村治理中的博弈》，上海交通大学出版社2006年版。

陆学艺：《当代中国社会阶层研究报告》，社会科学文献出版社 2002 年版。

陆学艺：《当代中国社会结构》，社会科学文献出版社 2010 年版。

陆学艺：《社会建设论》，社会科学文献出版社 2012 年版。

陆学艺：《中国社会建设与社会管理：对话·争鸣》，社会科学文献出版社 2011 年版。

陆学艺：《中国社会建设与社会管理：探索发现》，社会科学文献出版社 2011 年版。

陆益龙、郑杭生：《农民中国：后乡土社会与新农村建设研究》，中国人民大学出版社 2010 年版。

苗月霞：《中国乡村治理模式变迁的社会资本分析——人民公社与"乡政村治"体制的比较研究》，黑龙江人民出版社 2008 年版。

民政部基层政权和社区建设司：《中国农村社区发展报告（2009）》，西北大学出版社 2011 年版。

潘维：《农民与市场：中国基层政权与乡镇企业》，商务印书馆 2005 年版。

彭勃：《乡村治理：国家介入与体制选择》，中国社会出版社 2002 年版。

彭真：《彭真文选》，人民出版社 1991 年版。

唐鸣、陈荣卓：《农村法律服务：行动与表达》，法律出版社 2009 年版。

唐鸣、陈荣卓：《农村法律和社会问题探究》，法律出版社 2008 年版。

王沪宁：《政治的逻辑——马克思主义政治学原理》，上海人民出版社 2004 年版。

王绍光：《安邦之道：国家转型的目标与途径》，生活·读书·新知三联书店 2007 年版。

魏光奇：《官治与自治——20 世纪上半期的中国县制》，商务印书馆 2004 年版。

吴理财：《从"管治"到"服务"：乡镇政府职能转变研究》，中国社会科学出版社 2009 年版。

吴理财：《改革与重建：中国乡镇制度研究》，高等教育出版社 2010 年版。

吴理财：《县乡关系：问题与调适（咸安的表述 1949—2009）》，中国社会科学出版社 2011 年版。

吴毅：《记述村庄的政治》，湖北人民出版社 2007 年版。

吴毅：《小镇喧嚣——一个乡镇政治运作的演绎与阐释》，生活·读书·新知三联书店 2007 年版。

项继权：《集体经济背景下的乡村治理——南街、向高和方家泉村村治实证研究》，华中师范大学出版社 2002 年版。

项继权：《民权与民生：中国农民权益实证调查》，西北大学出版社 2008 年版。

徐勇、赵永茂：《土地流转与乡村治理：两岸的研究》，社会科学文献出版社 2010 版。

徐勇、项继权主编：《村民自治进程中的乡村关系》，华中师范大学 2003 年版。

徐勇：《非均衡的中国政治：城市与乡村的比较》，中国广播电视出版社 1992 年版。

徐勇：《农民改变中国》，中国社会科学出版社 2012 版。

徐勇：《现代国家乡土社会与制度建构》，中国物资出版社 2009 年版。

徐勇：《中国农村村民自治》，华中师范大学出版社 1997 年版。

于建嵘：《岳村政治——转型期中国乡村政治结构的变迁》，商务印书馆 2005 年版。

张厚安、徐勇、项继权：《中国农村村级治理——22 个村的调查与比较》，华中师范大学出版社 2000 年版。

张厚安：《中国农村基层政权建设》，四川人民出版社 1992 年版。

张静：《基层政权——乡村制度诸问题》，浙江人民出版社 2000 年版。

张静：《现代公共规则与乡村社会》，上海人民出版社2006年版。

张乐天：《告别理想——人民公社制度研究》，东方出版中心1998年版。

张仲礼：《中国绅士研究》，上海人民出版社2008年版。

赵秀玲：《中国乡里制度》，社会科学文献出版社1998年版。

折晓叶：《村庄的再造——一个"超级村庄"的社会变迁》，中国社会科学出版社1997年版。

郑杭生：《多元利益诉求统筹兼顾与社会管理创新：来自南海的中国经验》，华中科技大学出版社2012年版。

郑杭生主编：《中国人民大学中国社会发展研究报告2006——走向更讲治理的社会：社会建设与社会管理》，中国人民大学出版社2006年版。

钟雯彬：《公共产品法律调整研究》，法律出版社2008年版。

朱新山：《乡村社会结构变动与组织重构》，上海大学出版社2004年版。

二 英文著作

Charles Tilly, *The Formation of National States in Western Europe*, University of Princeton Press, 1975.

Franz Schurmann, *Ideology and Organization in Communist China*, University of California Press, 1968.

Helen F. Siu, *Agents and Victims in South China: Accomplices in Rural Revolution*, University of Yale Press, 1989.

Jean C. Oi, *Rural China Takes Off: Institutional Foundations of Economic Reform*, Berkeley: University of California Press, 1999.

Kung-Chuan Hsiao, *Rural China: Imperial Control in the Nineteenth Century*, University of Washington Press, 1960.

O'Brien, Kevin J., "Implementing Political Reform in China's Villages", *The Australian Journal of Chinese Affairs*, Spring, 1994.

Vivienne Shue, *The Reach of the State: Sketches of the Chinese Body Politic*, University of Stanford Press, 1990.

三 论文

卜晓军：《新中国农村公共服务供给的制度变迁》，《西北大学学报》（哲学社会科学版）2010 年第 1 期。

曹海林：《从"行政性整合"到"契约性整合"：农村基层社会管理战略的演进路径》，《江苏社会科学》2008 年第 5 期。

曹正汉、史晋川：《中国地方政府应对市场化改革的策略：抓住经济发展的主动权——理论假说与案例研究》，《社会学研究》2009 年第 4 期。

曹正汉：《中国上下分治的治理体制及其稳定机制》，《社会学研究》2011 年第 11 期。

陈柏峰：《农民地权诉求的表达结构》，《人文杂志》2009 年第 5 期。

陈振明：《什么是政府的社会管理职能》，《新华文摘》2006 年第 3 期。

程同顺：《村民自治中的乡村关系及出路》，《调研世界》2001 年第 7 期。

程又中：《我国农村公共服务组织体系及其建设的国际参照和本土机遇》，《社会主义研究》2005 年第 5 期。

迟福林、方栓喜：《加快建设公共服务型政府的若干建议》，《经济研究参考》2004 年第 14 期。

楚成亚：《乡（镇）政府自我利益的扩张与矫治》，《当代世界社会主义问题研究》2000 年第 2 期。

崔智友：《中国村民自治的法学思考》，《中国社会科学》2001 年第 3 期。

董建辉：《传统农村社区社会治理的历史思考》，《中国社会经济史研究》2002 年第 4 期。

董江爱：《"两票制"、"两推一选"与"一肩挑"的创新性——农村基层党组织执政能力建设的机制创新》，《社会主义研究》2007 年第 6 期。

董江爱：《保障农民自治权的根本途径：选举程序规范与民主制度落实》，《江苏社会科学》2004年第4期。

董江爱：《关于党的领导与村民自治》，《理论探索》2003年第1期。

董景山：《我国农村土地制度60年：回顾、启示与展望——以政策与法律制度变迁为视角》，《江西社会科学》2009年第8期。

方建中、邹红：《农村公共产品供给主体的结构与行为优化》，《江海学刊》2006年第5期。

顾建平：《苏南乡镇企业改制：启示、问题与趋势》，《中国软科学》1999年第10期。

顾昕、王旭：《从国家主义到法团主义——中国市场转型过程中国家与专业团体关系的演变》，《社会学研究》2005年第2期。

韩鹏云、刘祖云：《村级公益事业"一事一议"：历程、特征及路径创新——基于制度变迁的分析范式》，《经济体制改革》2011年第5期。

何增科：《论改革完善我国社会管理体制的必要性和意义》，《毛泽东邓小平理论研究》2007年第8期。

何显明：《政府转型与现代国家治理体系的建构——60年来政府体制演变的内在逻辑》，《浙江社会科学》2013年第6期。

胡鞍钢：《完善发展特色社会主义推进国家制度现代化》，2013年11月13日，光明网。

贺东航：《中国村民自治制度"内卷化"现象与思考》，《经济社会体制比较》2007年第6期。

贺雪峰、董磊明：《农村乡镇建制：存废之间的思考》，《中国行政管理》2003年第6期。

贺雪峰、龚春霞：《找回村社：农地收益与农民所要》，《华中科技大学学报》（社会科学版）2010年第2期。

贺雪峰、刘岳：《基层治理中的"不出事逻辑"》，《学术研究》2010第6期。

贺雪峰、苏明华：《乡村关系研究的视角与进路》，《社会科学研究》2006年第1期。

贺雪峰、仝志辉：《论村庄社会关联——兼论村庄秩序的社会基础》，《中国社会科学》2002年第3期。

贺雪峰：《论民主化村级治理的村庄基础》，《社会学研究》2002年第2期。

贺雪峰：《农村土地的政治学》，《学习与探索》2010年第2期。

贺雪峰：《农民公共品需求偏好的表达与供给》，《学习月刊》2008年第8期。

黄东娅：《国家如何塑造抗争政治——关于社会抗争中国家角色的研究评述》，《社会学研究》2011年第2期。

黄冬娅：《多管齐下的治理策略：国家建设与基层治理变迁的历史图景》，《公共行政评论》2010年第4期。

黄冬娅：《国家基础权力研究述评：基于财政分析的视角》，《中山大学学报》（社会科学版）2010年第4期。

黄辉祥：《"两委"矛盾：现代国家建构的内在张力——基于现代国家建构理论的尝试性解释》，《中南民族大学学报》（人文社会科学版）2008年第6期。

黄辉祥：《"民主下乡"：国家对乡村社会的再整合——村民自治生成的历史与制度背景考察》，《华中师范大学学报》（人文社会科学版）2007年第5期。

黄秋菊：《俄罗斯转型期的国家制度能力与经济发展》，《俄罗斯中亚东欧研究》2011年第3期。

贾春梅、葛扬：《农地股份合作制的农民增收效应研究——基于1992—2009年佛山四市（区）的实证分析》，《南京师大学报》（社会科学版）2012年第1期。

焦长权：《政权"悬浮"与市场"困局"：一种农民上访行为的解释框架——基于鄂中G镇农民农田水利上访行为的分析》，《开放时代》2010年第6期。

金太军：《关于村民自治若干关系问题的深层思考》，《开放时代》2000年第1期。

景跃进：《村民自治：国家与社会边界的重塑》，《江苏社会科学》1996年第6期。

景跃进：《国家与社会视野下的村民自治》，《中国书评》1998年5月号。

郎友兴、何包钢：《村民会议和村民代表会议——村级民主完善之尝试》，《政治学研究》2000年第3期。

李海金：《"符号下乡"：国家整合中的身份建构——侧重于土地改革时期的分析》，《贵州社会科学》2007年第11期。

李培林：《创新社会管理是我国改革的新任务》，《人民日报》2011年2月22日。

李培林：《巨变：村落的终结——都市里的村庄研究》，《中国社会科学》2002年第1期。

李伟程：《社会管理体制创新：公共管理学视角的解读》，《中国行政管理》2005年第5期。

李勇华：《农村基层社会管理创新与村民自治制度的内洽性研究》，《东南学术》2012年第2期。

李芝兰、吴理财：《"倒逼"还是"反倒逼"——农村税费改革前后中央与地方之间的互动》，《社会学研究》2005年第4期。

林尚立：《基层民主：国家建构民主的中国实践》，《江苏行政学院学报》2010年第4期。

刘涛：《六十年中国乡村治理逻辑的嬗变》，《中共贵州省委党校学报》2010年第1期。

卢福营：《"协同服务"：农村基层社会管理的创新模式——浙江省舟山市岱西镇调查》，《学习与探索》2012年第1期。

卢福营：《村民自治背景下的基层组织重构与创新——以改革以来的浙江省为例》，《社会科学》2010年第2期。

马宝成：《国家管制与村庄民主的行政化——山东秋村调查》，《北京行政学院学报》2002年5月。

毛丹、张志敏、冯钢：《后乡镇企业时期的村社区建设资金》，《社会学研究》2002年第6期。

毛飞：《宏观体制困境的基层映射：村民自治背景下的乡村关系问题》，《理论导刊》2003年第4期。

欧阳静：《"维控型"政权——多重结构中的乡镇政权特性》，《社会》2011年第3期。

欧阳静：《村级组织的官僚化及其逻辑》，《南京农业大学学报》（社会科学版）2010年第4期。

潘嘉玮、周贤日：《村民自治权与村民经济自主权》，《华南师范大学学报》（社会科学版）2003年第4期。

彭大鹏：《村民自治的行政化与国家政权建设》，《北京行政学院学报》2009年第2期。

秦晖：《税费改革、村民自治与强干弱支——历史的经验与现实的选择》，《开放时代》2001年第9期。

渠敬东、周飞舟、应星：《从总体支配到技术治理——基于中国30年改革经验的社会学分析》，《中国社会科学》2009年第6期。

任剑涛：《国家释放社会是社会善治前提》，《社会科学报》2014年6月14日。

饶静、叶敬宗：《税费改革背景下乡镇政权的"政权依附者"角色和行为分析》，《中国农村观察》2007年第4期。

申端锋：《软指标的硬指标化——关于税改后乡村组织职能转变的一个解释框架》，《甘肃社会科学》2007年第2期。

申端锋：《税费改革后乡村组织的职能转变：问题与走向》，《古今农业》2007年第1期。

沈承诚、金太军：《基层行政管理权与社区自治权良性互动的路径研究——以苏州Z市为例》，《江苏社会科学》2010年第5期。

沈延生：《村政的兴衰与重建》，《战略与管理》1998年第6期。

孙立平：《向市场经济过渡过程中的国家自主性问题》，《战略与管理》1996年第4期。

孙潭镇、朱钢：《我国乡镇制度外财政分析》，《经济研究》1993年第9期。

唐鸣、徐增阳：《什么村民？什么村？》，《河南师范大学学报》（哲学社会科学版）2010年第3期。

唐鸣、尤琳：《村委会选举中选民登记标准的变迁逻辑：动因、发展方向和条件——兼评新〈村民委员会组织法〉》，《中南民族大学学报》（人文社会科学版）2011年第3期。

唐鸣、尤琳：《取予之间的治道变革与国家整合——以国家惠农政策对鄂西G村基层治理的影响为个案》，《中共四川省委省级机关党校学报》2012年第1期。

唐鸣：《村民会议与直接民主》，《华中师范大学学报》（人文社会科学版）2009年第6期。

唐鸣：《村民自治视野中乡村矛盾的法理分析》，《湖北行政学院学报》2006年第4期。

唐鸣：《农村基层党政关系问题研究》，《当代世界社会主义问题》2009年第3期。

唐兴霖：《政府行为与农村发展——中国部分农村地区经济和社会发展进程中政府行为比较研究》，《政治学研究》2000年第1期。

童志锋、郁建兴：《从政府本位到社会本位：社会管理体制变革的新分析框架》，《中共浙江省委党校学报》2011年第1期。

陶林：《21世纪中国农村土地制度创新与展望》，《学术论坛》2008年第12期。

田思钰、徐晓军：《农村公共服务供给私人化的困境与出路——以湖北省A村为例》，《理论与改革》2009年第4期。

王荣武、王思斌：《乡村干部之间的交往结构分析——河南省一乡三村调查》，《社会学研究》1995年第3期。

王绍光、胡鞍钢：《关于中国国家能力的研究报告》，中国科学院打印本，1993年。

王绍光、马骏：《走向"预算国家"——财政转型与国家建设》，《公共行政评论》2008年第1期。

王思斌：《村干部的边际地位与行为分析》，《社会学研究》1991年第4期。

汪永成：《经济全球化进程中政府能力的供求变化及平衡战略》，《武汉大学学报》（社会科学版）2002年第2期。

王小映：《土地股份合作制的经济学分析》，《中国农村观察》2003年第6期。

王雅林：《农村基层的权力结构及其运行机制——对黑龙江省昌五镇的个案研究》，《中国社会科学》1998年第5期。

魏星河：《村委会选举对现实乡村关系的影响——对经济不发达地区村委会选举的实地考查》，《社会主义研究》2004年第2期。

吴理财：《从税费征收视角审视乡村关系的变迁》，《中州学刊》2005年第6期。

吴理财：《村民自治与国家重建》，《经济社会体制比较》2002年第4期。

吴淼：《选择性控制：行政视角下的乡村关系——对湖南省H镇政府与村关系的个案阐释》，载徐勇、项继权主编《村民自治进程中的乡村关系》，华中师范大学出版社2003年版。

吴清军：《乡村中的权力、利益与秩序——以东北某"问题化"村庄干群冲突为案例》，《战略与管理》2002年第1期。

吴晓燕、李赐平：《农地流转与基层社会治理机制：成都例证》，《改革》2009年第12期。

吴晓燕：《农村土地承包经营权流转与村庄治理转型》，《政治学研究》2009年第6期。

吴毅：《"双重角色"、"经纪模式"与"守夜人"和"撞钟者"——来自田野的学术札记》，《开放时代》2001年第12期。

吴毅：《双重边缘化：村干部角色与行为的类型学分析》，《管理世界》2002年第11期。

项继权：《20世纪晚期中国乡村治理的改革与变迁》，《浙江师范大学学报》（社会科学版）2005年第5期。

项继权：《从"社队"到"社区"：我国农村基层组织与管理体制的三次变革》，《理论学刊》2007年第11期。

项继权：《"后税改时代"的村务公开与民主管理——对湖北及若干省市的调查与分析》，《中国农村观察》2006年第2期。

项继权：《基本公共服务均等化：政策目标与制度保障》，《华中师范大学学报》（人文社会科学版）2008年第1期。

项继权：《农村社区建设：社会融合与治理转型》，《社会主义研究》2008年第2期。

项继权：《乡村关系的调适与嬗变》，《华中师范大学学报》1998 年第 2 期。

项继权：《乡村关系行政化的根源与调解对策》，《北京行政学院学报》2002 年第 2 期。

项继权：《中国农村社区及共同体的转型与重建》，《华中师范大学学报》（人文社会科学版）2009 年第 3 期。

项继权：《中国乡村治理的层级及其变迁——兼论当前乡村体制的改革》，《开放时代》2008 年第 3 期。

萧楼：《柔性政权："政治动员"下的乡镇和村庄——东南沿海 D 镇个案分析》，《浙江学刊》2002 年第 4 期。

徐湘林：《"三农"问题困扰下的中国乡村治理》，《战略与管理》2003 年第 4 期。

徐勇、项继权：《开放乡村的社区重建》，《华中师范大学学报》（人文社会科学版）2009 年第 3 期。

徐勇：《"服务下乡"：国家对乡村社会的服务性渗透——兼论乡镇体制改革的走向》，《东南学术》2009 年第 1 期。

徐勇：《"行政下乡"：动员、任务与命令——现代国家向乡土社会渗透的行政机制》，《华中师范大学学报》（人文社会科学版）2007 年第 5 期。

徐勇：《"宣传下乡"：中国共产党对乡土社会的动员与整合》，《中共党史研究》2010 年第 10 期。

徐勇：《"政党下乡"：现代国家对乡土的整合》，《学术月刊》2007 年第 8 期。

徐勇：《村民自治的成长：行政放权与社会发育——90 年代以来中国村民自治发展困境的反思》，《华中师范大学学报》（人文社会科学版）2005 年第 2 期。

徐勇：《论乡镇管理与村民自治的有机衔接》，《华中师范大学学报》1997 年第 1 期。

徐勇：《县政、乡派、村治：乡村治理的结构性转换》，《江苏社会科学》2002 年第 2 期。

徐勇：《现代国家的建构与村民自治的成长——对中国村民自治发生与发展的一种阐释》，《学习与探索》2006 年第 6 期。

徐勇：《乡村治理结构改革的走向——强村、精乡、简县》，《战略与管理》2003 年第 4 期。

徐勇：《政权下乡：现代国家对乡土社会的整合》，《贵州社会科学》2007 年第 11 期。

徐增阳、任宝玉：《"一肩挑"真能解决"两委"冲突吗——村支部与村委会冲突的三种类型及解决思路》，《中国农村观察》2002 年第 1 期。

徐增阳、杨翠萍：《合并抑或分离：村委会和村集体经济组织的关系》，《当代世界与社会主义》2010 年第 3 期。

徐珍源、蔡斌、孔祥智：《改革 30 年来中国农地制度变迁、评价及展望》，《中共济南市委党校学报》2009 年第 1 期。

杨瑞龙：《我国制度变迁方式转换的三阶段论——兼论地方政府的制度创新行为》，《经济研究》1998 年第 1 期。

杨善华、罗沛霖、刘小京、程为敏：《农村村干部直选研究引发的若干理论问题》，《社会学研究》2003 年第 6 期。

杨善华、宋倩：《税费改革后中西部地区乡镇政权自主空间的营造——以河北 Y 县为例》，《社会》2008 年第 4 期。

杨善华、苏红：《从"代理型政权经营者"到"谋利型政权经营者"——向市场经济转型背景下的乡镇政权》，《社会学研究》2002 年第 1 期。

杨善华：《家族政治与农村基层政治精英的选拔、角色定位和精英更替——一个分析框架》，《社会学研究》2000 年第 3 期。

杨震林、吴毅：《税费改革中乡村利益张力下的村级财务困境——对中部某省 T 乡的观察》，《华中师范大学学报》（人文社会科学版）2004 年第 4 期。

姚洋：《中性政府——对转型期中国经济成功的一个解释》，《经济评论》2009 年第 3 期。

尤琳、陈世伟：《国家治理能力视角下中国乡村治理结构的历史变迁》，《社会主义研究》2014 年第 6 期。

尤琳、陈世伟：《后税费时期乡镇政府治理能力研究》，《社会主义研究》2013年第6期。

尤琳：《农村公共服务多元供给中的乡村关系研究》，《求实》2013年第6期。

尤琳：《社会管理创新视野的乡村关系调适》，《重庆社会科学》2013年第1期。

于建嵘：《乡镇自治：根据和路径——以20世纪乡镇体制变迁为视野》，《战略与管理》2002年第6期。

俞可平、徐秀丽：《中国农村治理的历史与现状——以定县、邹平和江宁为例的比较分析》，《经济社会体制比较（双月刊）》2004年第2期。

俞可平：《治理和善治引论》，《马克思主义与现实》1999年第5期。

俞可平：《中国治理变迁30年（1978—2008）》，《吉林大学社会科学学报》2008年第3期。

袁方成、李增元：《农村社区自治：村治制度的继替与转型》，《华中师范大学学报》（人文社会科学版）2011年第1期。

曾小龙、史传林：《当前农村公共服务供给分析》，《改革与战略》2008年第8期。

张艳国、尤琳：《农村基层治理能力现代化的构成要件及其实现路径》，《当代世界社会主义问题》2014年第2期，《新华文摘》2014年第21期全文转载。

张建华：《浅析新的历史时期下乡村关系》，《农业经济》2010年第5期。

张建君：《政府权力、精英关系和乡镇企业改制——比较苏南和温州的不同实践》，《社会学研究》2005年第5期。

张静：《国家政权建设与乡村自治单位——问题与回顾》，《开放时代》2001年第9期。

张军：《乡镇财政制度缺陷与农民负担》，《中国农村观察》2002年第4期。

张开云、李倩、石虹霞：《农村村社治理研究——基于"中山模式"的分析》，《中南民族大学学报》（人文社会科学版）2010年第5期。

张立荣、方堃、肖微：《农村公共服务新模式："以钱养事"+"无缝隙服务"——基于湖北省咸宁市咸安区的调查与研究》，《中国行政管理》2009年第7期。

张汝立：《目标、手段与偏差——农村基层政权组织运行困境的一个分析框架》，《中国农村观察》2001年第4期。

张晓山：《简析中国乡村治理结构的改革》，《管理世界》2005年第5期。

张长东：《国家治理能力现代化研究——基于国家能力理论视角》，《法学评论（双月刊）》2014年第3期。

赵树凯：《乡村关系：在控制中脱节——10省（区）20乡镇调查》，《华中师范大学学报》（人文社会科学版）2005年第5期。

赵树凯：《乡村治理：组织和冲突》，《战略与管理》2003年第6期。

赵晓峰：《村级民主政治转型：从汲取型民主到分配型民主——村治精英类型更替的视角》，《天津行政学院学报》2010年第5期。

赵晓峰：《税改前后乡村治理性危机的演变逻辑》，《天津行政学院学报》2009年第3期。

赵晓力：《通过合同的治理——80年代以来中国基层法院对农村承包合同的处理》，《中国社会科学》2000年第2期。

赵一红：《我国村民自治制度中的自制规章与国家法律关系现状的分析》，《政治学研究》2007年第2期。

折晓叶：《村庄边界的多元化——经济边界开放和社会边界封闭》，《中国社会科学》1996年第3期。

郑杭生：《改革开放三十年：社会发展理论和社会转型理论》，《中国社会科学》2009年第2期。

钟涨宝、狄金华：《社会转型与农村社会管理机制创新》，《华中农业大学学报》（社会科学版）2011第2期。

周飞舟:《从汲取型政权到"悬浮型"政权——税费改革对国家与农民关系之影响》,《社会学研究》2006年第3期。

周飞舟:《生财有道:土地开发和转让中的政府和农民》,《社会学研究》2007年第1期。

周黎安:《中国地方官员的晋升锦标赛模式研究》,《经济研究》2007年第7期。

周运清、王培刚:《全球乡村治理视野下的中国乡村治理的个案分析》,《社会》2005年第6期。

朱光磊、孙涛:《"规制—服务型"地方政府:定位、内涵与建设》,《中国人民大学学报》2005年第1期。

朱守银、廖洪乐、吴仲斌:《当前各地乡镇体制改革的主要做法及比较》,《红旗文稿》2006年第9期。

朱守银、张照新:《南海市农村股份合作制改革试验研究》,《中国农村经济》2002年第6期。

朱新山:《村民自治发展的制度困境》,《开放时代》2000年第1期。

朱宇:《19世纪中叶至20世纪中叶中国乡村治理结构的历史考察》,《政治学研究》2005年第1期。

四 博士论文

段绪柱:《国家权力与自治权力的互构与博弈——转型中国乡村社会权力关系研究》,博士学位论文,吉林大学,2010年。

郝耀武:《中国农村村民自治权研究》,博士学位论文,吉林大学,2009年。

胡洪曙:《中国农村公共产品供给的制度分析与改革路径研究》,博士学位论文,中南财经政法大学,2005年。

黎石秋:《农村公共产品供给的法律问题研究》,博士学位论文,湖南大学,2007年。

袁方成:《使服务运转起来——基层治理转型中的农村公共服务》,博士学位论文,华中师范大学,2006年。

张健:《中国社会历史变迁中的乡村治理研究》,博士学位论文,西北农林科技大学,2008年。

郑人豪:《新农村建设与村民自治法律问题研究》,博士学位论文,中国政法大学,2007年。

后 记

本书是由我的博士论文修改而成的。

我在华中师范大学攻读了学士、硕士、博士，在这美丽的桂子山上，留下了我求学的每一步脚印，对这里的一草一木，我都充满了无限的眷念与不舍。我是大学毕业后再回母校攻读硕士、博士，其中甘苦，我心自知。庆幸的是，因为有了众多老师的帮助，我的求学之路才显得不是那么的困扰与艰辛。我首先要感谢对我人生有重大影响的四位恩师。

感谢我的博导唐鸣教授。唐老师博学、乐观、豁达、宽容，能成为他的学生，是我最大的荣耀与自豪。从录取之日起，唐老师为我指明研究方向，给我提供研究素材，帮我理清研究思路。在论文撰写过程中，唐老师给予我最大的鼓励与支持，给论文提出非常多宝贵的修改意见，其孜孜不倦的教诲给我以极大的启迪。面对我急于求成的急躁心理，唐老师不仅宽容我的过失，还对我不断地进行引导与帮助。可以说，我在学术上每一点小小的进步，都凝聚着唐老师对我的关心与爱护。今后，我将在唐老师的引导下，继续致力于城乡基层治理研究！

感谢我的博士后合作导师张艳国教授。张老师治学严谨，学术造诣深厚，能成为他的学生，是我最大的幸运！张老师承担了大量的科研、教学、管理工作，在百忙之中非常关心我的学习和工作。恩师的鼓励和教诲历历在目，我的每一个进步，都凝聚着恩师的心血。恩师不仅传道授业，还给我很多人生的启迪，与恩师相处，我得到比知识更重要的精神财富，那就是作为一位学者所需要的素养和品质。师母康凤云教授为人和蔼、做事严谨认真，康老师对我学业和生活的关心和爱护让我倍感温暖，这份恩情我将永远铭记于心。

感谢我的硕导曹海晶教授。曹老师博学而和蔼、睿智而温和、大气而温柔，能成为她的学生，是我最大的幸福。多年来与曹老师的交往，早已形成亲人般的情谊，她一直关心我的学业与家庭，当我面临读书、就业等人生的关键转折点时，因为她的指导和帮助，使我的人生没有走弯路，从而获得家庭的幸福和学业上的进步。对此，我感激不尽！曹老师的为人为学给我树立了完美的典范，亦是我今后努力的方向。

我还要感谢生命中的另一位恩师项继权教授。项老师对我在学业及家庭的关心，点滴难忘。还记得我考博时项老师给予的帮助，还记得刚进校时我在学习陷入迷茫时项老师给予的鼓励，还记得我在论文写作中思路混乱时项老师给予的建议。项老师身上所体现的睿智、谦和、和蔼，无不让我感受到其人格魅力，激励着我在学术之路上不断探索。老天定会眷顾好人，愿老师早日康复！

在我的求学生涯中，能够加入政治学研究院这个优秀的团队学习，是我一生的骄傲，在这里，我要特别感谢徐勇教授的无私帮助、支持、鼓励和指点。非常感谢程又中教授、俞思念教授、陈伟东教授、王建国副教授在开题中对我耐心的指点，他们的宝贵建议帮助我顺利完成博士论文的撰写，我还要感谢邓大才教授、吴理财教授、刘义强教授、袁方成教授，感谢他们在课堂上给予的教诲和指导，及给予我在学业上的关心与帮助；陈荣卓教授亦师亦友，感谢他在我学习和生活中给了诸多指导和帮助，真是非常感谢；我还要感谢赵琳老师、邵云华老师、王静老师对我的帮助。

博士论文撰写是个痛苦的过程。值得庆幸的是，因为有众多师友的支持与帮助，使得我在漫漫求学道路上，倍感温暖与感动。感谢师兄尹利民教授，他对我的论文给予很多好的建议，使我受益匪浅，在他的支持与协助下，使我的论文撰写事半功倍；感谢乔海斌、刘琳娜、张昆、石子伟、胡建华、万君、石冬明等同窗好友对我的论文提出的建议，感谢他们对我生活的帮助；我还要感谢室友黄媛媛、赵苗苗及好友向夏莹在生活和学业上的帮助与关心，因为她们，我的博士生活有了更多的快乐与阳光，我会永远怀念和她们在一起的美好时光。

我还要感谢大学时代好友宜昌市妇联办公室主任周玲，感谢她及其先生宜昌市五峰土家族自治县县委常委、宣传部部长魏杰为我调研提供的方便及帮助。感谢枝江市组织部副部长胡创业、枝江市民政局副局长毛兴华、枝江市问安镇镇长王晓聪、枝江市问安镇副镇长白琳丹、枝江市问安镇关庙山徐加强书记，感谢他们为我调研提供的便利。

我要感谢江西省社科联主席祝黄河教授，感谢他对我的成长的关心和帮助；感谢江西师范大学教师教育处处长彭隆辉教授、教务处副处长许红缨教授，因为有他们，让我在南昌感受到家人般的关心和温暖；感谢马克思主义学院院长周利生教授，副院长王员教授，感谢他们的关心、督促和帮助，让我能在工作和学业上不断地进步；感谢教务处赵苗老师，马克思主义学院刘明老师，感谢中国社会科学出版社王茵老师、马明老师，因为他们的辛勤劳动，这本书才得以顺利出版。

我要感谢我的家人和朋友。感谢我的爱人陈世伟博士，他一直理解和支持我对学术的追求，多年来两人相知相扶，共同分享成长中的愉悦与艰辛。因为有他的支持，我才能心无旁骛地脱产攻读博士学位，他不仅在我的论文写作陷入困顿的时候给我以慰藉和帮助，使我得以保持良好的心态完成学业，还对我的论文提出修改意见，我这篇博士论文凝聚了他的心血和智慧。感谢我的儿子陈宇轩，他理解妈妈要当一个好博士的理想，小小年纪独自承受思念妈妈的痛苦，庆幸的是，他聪明伶俐，健康成长、学习进步，给了我极大的情感慰藉和内心的安慰。感谢我的母亲及公公婆婆，他们对我的学业给予最大的理解和帮助，使我摆脱家务事的烦琐，能够专心地完成博士学业。如果说我们的事业有一点点进步，那都是源于他们无私的付出，在此，祝愿他们身体健康，快乐幸福！我还要感谢哥嫂对我的学业的理解和支持，侄子懂事好学，亦是对我博士学业无言的支持。我要感谢黄勇教授、刘常春副教授，与他们多年的交往，让我感受到朋友之间应有的信任与担当。感谢况小春工程师、熊花研究员及他们聪明、可爱、懂事的儿子况子宣，感谢他们给予陈宇轩一个快乐的童年。我还要感谢多年好友文杰、何小红、付晓东、万华云、王玉蓉、吴勇、曾春霞对我的学业和生活上的支持与帮助，因为有了他们，我觉得自己是个幸福而幸运的人！

最后，我要把这篇博士论文献给我的先父，他关切的眼光陪伴我走过万水千山，但愿我的勤奋与努力能够告慰他的在天之灵。

尤　琳
2015 年 9 月于江西师范大学瑶湖校区